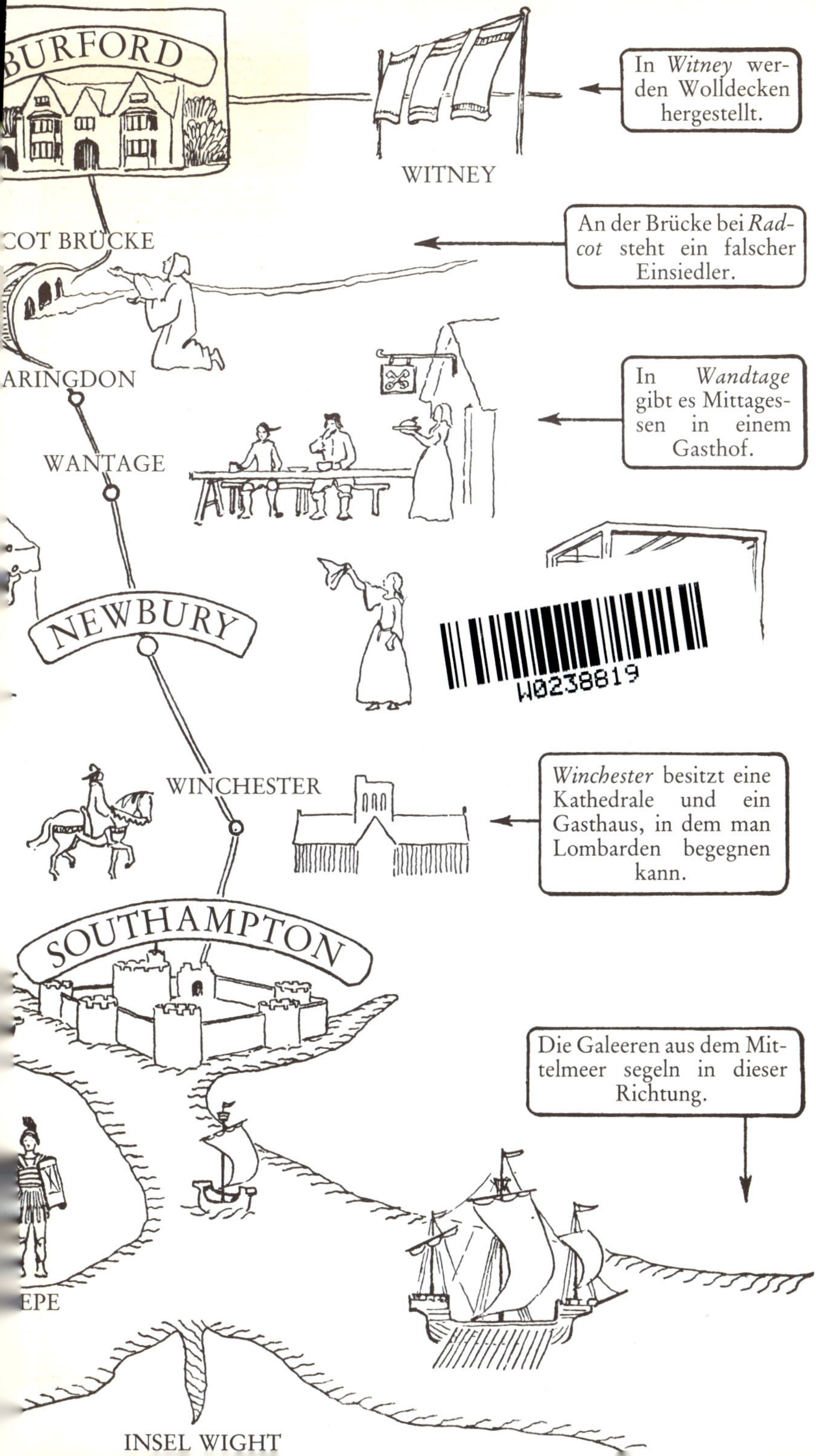
BURFORD
WITNEY
In *Witney* werden Wolldecken hergestellt.
COT BRÜCKE
An der Brücke bei *Radcot* steht ein falscher Einsiedler.
ARINGDON
WANTAGE
In *Wandtage* gibt es Mittagessen in einem Gasthof.
NEWBURY
WINCHESTER
Winchester besitzt eine Kathedrale und ein Gasthaus, in dem man Lombarden begegnen kann.
SOUTHAMPTON
Die Galeeren aus dem Mittelmeer segeln in dieser Richtung.
EPE
INSEL WIGHT

CYNTHIA HARNETT

NICOLAS UND DIE WOLLSCHMUGGLER

14
32
90
124

Archiv

Giuliano
=
Giuliano d. Medici

Hal hält die Pferde und Nicolas klettert auf den Baum, um Cecily zu befreien (Kapitel 9).

CYNTHIA HARNETT

Nicolas und die Wollschmuggler

Eine abenteuerliche Geschichte
aus der Zeit
der großen Kaufherrn

VERLAG FREIES GEISTESLEBEN

Die englische Originalausgabe erschien unter dem Titel
»The Wool-Pack«
im Verlag Methuen & Co., Ltd., London © 1977
und wurde mit der »Carnegie Medal« ausgezeichnet.

CIP-Kurztitelaufnahme der Deutschen Bibliothek

Harnett, Cynthia:
Nicolas und die Wollschmuggler: eine abenteuerliche
Geschichte aus der Zeit der großen Kaufherrn /
Cynthia Harnett. [Übers.: Sabine Gabert]. –
Stuttgart: Verlag Freies Geistesleben, 1984.
Einheitssacht.: The wool-pack ‹dt.›
ISBN 3-7725-0809-X

Übersetzung: Dr. Sabine Gabert
Illustrationen: Cynthia Harnett
Umschlag: Herbert Holzing

Satz und Druck: Hans Hawelka, Stuttgart

Inhalt

Nicolas lag im Schatten einer Eiche.

Reiter am Horizont

Nicolas Fetterlock hatte sich im Schatten einer Eiche ausgestreckt und blickte in das junge Laub empor. Er war verschwitzt und schmutzig, und es tat gut, hier oben auf dem Hügel zu liegen.

Rings um ihn, von allen Hügeln nah und fern, erscholl das Blöken von Schafen, das hohe ängstliche Geschrei der Lämmer und das tiefere beruhigende »Bäh« der Mutterschafe. Weit in der Ferne konnte er die Stimmen der Dorfkinder hören. Sie waren unten am Fluß damit beschäftigt, Wolle zu sammeln. Sie sammelten jede kleinste Wollflocke, die an Hecken und Büschen hängen blieb, wenn das Fell der Schafe sich darinnen verfing. Und was sie sammelten, brachten sie nach Hause zu ihren Müttern, die die Wolle wuschen, spannen und zu warmen Kleidern für den Winter verarbeiteten.

Seit dem frühen Morgen hatte Nicolas beim Waschen der Schafe geholfen. Es machte Spaß, die dummen Schafe eins nach dem anderen mit langen Stangen in den Fluß zu stoßen, so daß sie ein Stück stromabwärts schwimmen mußten, ehe sie wieder auf sauberes

Weideland herausklettern durften. Er arbeitete gerne mit den Männern zusammen, mit Giles, dem Schafhirten, mit Colin und Tom, und vor allem mit Hal, dem Sohn des Schäfers, der sein bester Freund war.

Im Augenblick jedoch hielt er sich absichtlich versteckt. Er hatte eine Unterrichtsstunde geschwänzt. Er verabscheute den Unterricht. Eigentlich hätte er sich gewaschen und sauber angezogen in der Schreibstube beim Verwalter seines Vaters einfinden sollen, der ihm all den langweiligen geschäftlichen Teil des Wollhandels beibrachte. Aber anstatt dort hinzugehen, sauber und gut vorbereitet, mit gespitzten Federkielen, hatte er nur, schmutzig wie er war, zur Tür hineingelinst. Der Verwalter war nicht da, und so hatte er sich wieder fortgestohlen, zurück zu den Schafen.

Auch wenn er jetzt nach Hause kam, würde es Verdruß geben. Seine Mutter würde ärgerlich sein, wenn sie ihn so sah, im Schäferkittel und mit nackten Beinen, anstatt in ordentlichem Wams und Hose. Um das Unglück voll zu machen, stank er auch noch; dessen war er sich durchaus bewußt. Schafe waren nun einmal übelriechende Geschöpfe, und nasse Schafe rochen am schlimmsten. Seine Kleider stanken einfach, und das merkte seine Mutter natürlich sofort.

Es ließ sie gleichgültig, daß die Schafe seinem Vater gehörten, der einer der reichsten Wollhändler im südenglischen Cotswolds-Gebiet war. Standen nicht ein Schäfer und zahllose Arbeiter in seines Vaters Diensten, um die schmutzige Arbeit zu verrichten? So würde sie fragen. Dann würde sie angewidert an ihrer Parfümkugel riechen und ihn wegschicken, damit er sich umkleide.

Doch wenn er Glück hatte, würde ihr Zorn nicht lange anhalten. Morgen würde alles vergessen sein, denn morgen wurde sein Vater von Calais zurückerwartet, wo er einer Zusammenkunft der Wollhändlergilde beigewohnt hatte. Der Wollhandel, Englands bedeutendster Gewerbezweig, wurde von den dreihundert führenden Wollhändlern geleitet, der »Fellowship of Merchants of the Wool

Staple« (Gilde der Wollkaufleute), und in Calais hatten sie ihr Hauptquartier. Nicolas verstand nicht ganz, was sich eigentlich bei diesen Zusammenkünften abspielte, zu denen sein Vater jedes Jahr einige Male reiste; er wußte nur, daß die Gilde die Wollpreise festsetzte und zahllose strenge Anordnungen erließ, nach denen sich jeder zu richten hatte, der mit dem Wollhandel zu tun hatte. Als Kaufmann der Gilde anzugehören war eine feine Sache, und hier in den Cotswolds, wo jedermann sich seinen Lebensunterhalt im Zusammenhang mit den Schafen verdiente, war sein Vater ein sehr angesehener Mann. Nicht nur, daß er die Wolle, die von anderen erzeugt wurde, kaufte und verkaufte, wie das viele andere Wollhändler taten; nein, er hielt auch eigene große Herden in diesem welligen Hügelland. Er hatte sich am Rande der kleinen Stadt Burford ein schönes Haus gebaut, aus Stein, und eines Tages würde Nicolas in seine Fußstapfen treten und auch ein Kaufmann der Gilde werden.

Bequem im Schatten ausgestreckt, begann Nicolas schläfrig zu werden, als ihn plötzlich die schrillen Töne einer Rohrpfeife aufschreckten. Das war Hal, der seinen Hunden pfiff. Nicolas setzte sich auf und blickte um sich. Die Schafe waren den Hügel heraufgezogen und weideten nun ganz in der Nähe. Mitten unter ihnen, Nicolas den Rücken zukehrend, stand Hal und blies auf seiner Hirtenpfeife.

Nicolas legte die Hände trichterförmig zusammen und rief ihm ein lautes »Hallo« zu. Hal blickte sich um und kam mit seinen langen, wiegenden Schritten den Hügel herauf. Er war ein hochaufgeschossener, schlaksiger Bursche und einen halben Kopf größer als Nicolas, obwohl er nur knapp zwei Monate älter war. Er hatte seine Kapuze zurückgeschlagen, sein derbes, treuherziges Gesicht war von der Sonne tief gebräunt.

»Ich ahnte nicht, daß du hier bist, Master, ich dachte, du wärst zu deinem Unterricht bei Master Leach gegangen.«

Nicolas runzelte die Stirn. Es versetzte ihm immer einen Stich, wenn Hal ihn mit »Master« anredete. Das war etwas ganz Neues,

Hal gibt den Hunden Befehle.

offensichtlich eine Anordnung seines Vaters, des Schäfers, und sollte wohl daran erinnern, daß sie nun beide erwachsen wurden. Seit ihren ersten Lebenstagen waren sie wie Brüder miteinander aufgewachsen, denn Hals Mutter war Nicolas' Amme gewesen.

»Master Leach war fortgegangen«, sagte Nicolas kurz angebunden. »Ich ging zur Schreibstube, aber er war nicht da. Lang gewartet habe ich nicht, – da kannst du Gift drauf nehmen.«

Master Leach, der Verwalter – sein eigentlicher Titel war Wollpacker – war ein kalter, mürrischer Mann, und die beiden Jungens konnten ihn nicht ausstehen. Auch sonst konnte niemand ihn leiden.

Hal grinste. »Vor einer Stunde sah ich ihn unten beim Fluß«, sagte er, »aber jetzt ist er nicht mehr dort, er ging zur Stadt. Ein Glück, daß du ihm nicht begegnet bist.«

»Ich werde hier bleiben«, meinte Nicolas. »Hier wird er sicher nicht vorbeikommen. Was tust denn du? Ich hörte, wie du den Hunden gepfiffen hast.«

»Ich sammle die Mutterschafe ein«, erklärte Hal. »Ich will sie heute abend noch alle zählen und sicher einpferchen. Dann sind sie morgen früh bereit zum Waschen. Je eher wir mit dem Waschen fertig sind, desto eher können wir mit der Schur anfangen. Und die Schur soll dieses Jahr ganz groß gefeiert werden.« Er schmatzte mit den Lippen, rollte die Augen und rieb sich den Bauch, um die Genüsse beim Festmahl anzudeuten.

Nicolas lachte. Hal konnte so komische Gesichter schneiden; Gaukler auf dem Jahrmarkt hätte er werden sollen! »Soll ich kommen und dir helfen?« bot er an.

»Besser nicht«, meinte Hal. »Master Leach könnte dich entdekken. Am besten bleibst du hier, bis er nach Hause gegangen ist.«

Er pfiff seinen beiden Hunden, Fan und Rolf, und kehrte zu den Schafen zurück.

Zufrieden legte Nicolas sich wieder nieder. Es reute ihn kein bißchen, daß er geschwänzt hatte. All das Zeug, das er bei Master Leach lernen sollte, war so entsetzlich langweilig. Hauptsächlich handelte es sich da um lange Listen, die in dicke Geschäftsbücher eingetragen waren, Listen von so und soviel Ballen Schurwolle, »Halbsäcke« genannt, und von so und soviel Schaffellen, »Wollfelle« genannt, die von London oder Sandwich oder Southampton ins Ausland verschifft werden sollten, nach Calais oder sonst einem Hafen auf dem Kontinent, der von der Gilde zugelassen war. Und man erwartete von ihm, daß er all die verschiedenen Wollqualitäten kennen sollte, ihre Preise und alle Einzelheiten der Verpackung.

Diesen Unterricht bekam er zusätzlich, denn außerdem ging er jeden Morgen zum Pfarrer, um Lesen, Schreiben und lateinische Grammatik zu lernen. Das tat er gern. Er mochte den Pfarrer; es waren noch andere Jungen in seiner Klasse, und außerdem war es die Bedingung, unter der er zu Hause bleiben durfte. Sonst hätte man ihn entweder als Lehrling nach London geschickt oder in irgendeine weit entfernte Klosterschule gesteckt.

Langsam wurde ihm seine Lage unbequem; so rollte er sich auf den Bauch, stützte das Kinn in die Hände und blickte über die Hügel. Oben auf dem Kamm zog sich die alte Viehtreiberstraße entlang, nach Witney und Oxford in der einen Richtung, in der ande-

Leach auf seinem Schecken.

ren nach Northleach und dem entfernten Gloucester. Er sah, wie sich gegen den Himmel eine lange Reihe von Packpferden abzeichnete, mit Wollballen beladen, die in östlicher Richtung zog. Wahrscheinlich kamen sie von dem fünf Meilen entfernten Northleach, wo die großen Exportkaufleute mit den lokalen Wollhändlern zusammentrafen und um die besten Posten der berühmten feinen Cotswold-Wolle feilschten. Packpferde waren das einzige Transportmittel für die Wolle, da das Flüßchen Windrush für Lastkähne nicht taugte: und diese Kette geduldig dahintrottender Tiere mochte vielleicht sogar bis London ziehen.

Ganz in der Nähe trieb ein alter Mann einen widerstrebenden Esel mit einem Stock den Grashang hinauf. Das war der bucklige Hubert von Witney, eine vertraute Gestalt, der jede Woche kam, um das von den Häuslerfrauen gesponnene Wollgarn abzuholen und den Webern zu bringen, die daraus Decken herstellten.

Plötzlich tauchte hinter einer Baumgruppe ein einsamer Reiter auf, ein hochgewachsener Mann, der auf einem buntscheckigen Pferd saß. Nicolas hielt den Atem an und wagte nicht, sich zu rühren. In der Sonne leuchteten die schwarzen und weißen Flecken des Pferdes so hell, daß kein Irrtum möglich war. Es war Master Simon Leach, der Verwalter. Offensichtlich hatte er jeden Gedanken an eine Unterrichtsstunde mit Nicolas aufgegeben, hatte die Schreibstube abgeschlossen und ritt nun heim zu seinem Haus in Westwell, das ein paar Meilen entfernt lag. Nicolas folgte ihm mit den Augen, wie er die Straße oben auf dem Hügel überquerte und auf der anderen Seite verschwand. Dann seufzte er erleichtert auf. Wie schon so oft zuvor war er froh über das buntscheckige Pferd, das schon aus großer Entfernung leicht zu erkennen war. Jetzt konnte er nach Hause gehen.

Doch als er sich aufsetzte und reckte, sah er in der Ferne etwas glitzern. Von Osten her näherte sich eine kleine Gruppe von Reitern. Noch waren sie zu weit entfernt, als daß er etwas Genaues hätte erkennen können, aber das Glitzern konnte nur davon herrühren, daß sich die Sonne auf Rüstungen spiegelte. Es schienen ihrer sechs zu sein, doch nur die hinteren vier waren bewaffnet. Wer um alles in der Welt mochte heutzutage in der Begleitung von Bewaffneten reiten? Noch vor einigen Jahren, vor dem Ende der Rosenkriege, wären bewaffnete Soldaten ein ganz gewöhnlicher Anblick gewesen. Doch die Schlacht bei Bosworth, in der Richard III. gefallen war, lag schon acht Jahre zurück; seitdem trug Heinrich Tudor die Krone, und seitdem war alles friedlich.

Inzwischen hatte sich die kleine Gruppe so weit genähert, daß sie deutlich zu sehen war. An der Spitze ritten zwei vornehme Herren, der eine hochgewachsen und elegant auf einem großen grauen Pferd; der andere war klein, in einen schwarzen Umhang gehüllt, und hockte nachlässig im Sattel. Ihnen folgten vier Wachen in Kettenhauben und Harnisch, die ein schwer beladenes Packpferd mit sich führten.

Nicolas kam zu der Überzeugung, daß es sich um Kaufherren handelte, und zwar um reiche. Er sah einen großen Windhund an der Leine neben dem grauen Pferd herlaufen. Das mußten bedeutende Herren sein, daß sie in solcher Aufmachung reisten. Er überlegte gerade, wer sie wohl sein könnten und wohin sie reisen mochten, als plötzlich und unvermutet ein Chaos ausbrach.

Die bisher so ruhigen und gesitteten Pferde der Kaufleute scheuten, Hufe stampften, Waffen rasselten, Rüstungen klirrten und gellendes Geschrei in fremder Zunge war zu hören. Nicolas konnte sich nicht erklären, was geschehen war, bis er einen kleinen dunklen Schatten pfeilschnell den Hügel herab auf sich zujagen sah. Ein

Eine kleine Gruppe von Reitern.

Hase war es, und hinter ihm her, mit der ganzen Kraft seines geschmeidigen Leibes, raste der Windhund des Kaufherrn.

Nicolas sprang auf die Füße und verschreckte dadurch den Hasen. Dieser schlug einen Haken und schoß das Feld hinunter mitten unter die weidende Schafherde, den Windhund immer dicht hinter sich. In wilder Flucht stoben die Schafe in allen Richtungen auseinander. Der Windhund verlor die Spur seiner Beute, er zögerte, die Schäferhunde stürzten über ihn her, und im Nu waren alle drei Hunde, knurrend und beißend, in einen wilden Kampf verwickelt.

Nicolas wollte zu ihnen hinrennen, konnte aber gerade noch rechtzeitig zur Seite springen, als der kleine Mann in Schwarz mit donnernden Hufen vorbeigaloppierte. Hal war auf den Schauplatz des Geschehens gestürmt, den Hirtenstab in der Hand, und nun jagte der Reiter auf sie alle zu und schlug mit der Reitpeitsche um sich. Wütend schlug er blindlings drauf los, und die Peitschenhiebe trafen Hal ebenso wie die Hunde. Als Nicolas laut schreiend den Abhang hinunterrannte, hatte Hal sich gerade mit einem Sprung aus dem Bereich der Peitschenhiebe gerettet. Blut strömte über sein Gesicht.

Aber die Peitsche hatte ihr Werk getan. Die Schäferhunde zogen sich zurück, der Windhund machte sich frei und eilte, gehorsam dem schrillen Ton einer Pfeife folgend, wieder den Hügel hinauf. Nicolas packte den jaulenden Fan, während Rolf nach einem hoffnungslosen Versuch, dem Windhund zu folgen, sich keuchend und japsend niederlegte.

»Ich hoffe, eure Köter haben ihre Lektion gelernt.«

Der Mann auf dem Pferd ritt einen Kreis und kam zurück. Er hatte ein bleiches, pockennarbiges Gesicht, kleine Augen, die von schweren Lidern halb verdeckt waren, und einen großen, schlaffen Mund. Ein schwarzer pelzgefütterter Umhang hing über verwachsenen Schultern, und in seinem breitrandigen schwarzen Hut steckte eine lange Feder.

Er hielt neben dem Jungen an und blickte von einem zum anderen. »Ich hoffe, eure Köter haben ihre Lektion gelernt«, sagte er in einer abgehackten, fremdartigen Redeweise. »Wem gehören denn die Schafe, die ihr da hütet?«

Nicolas war vor Zorn weiß geworden. »Dies sind die Schafe meines Vaters«, erwidere er unerschrocken, »und mein Vater ist Master Thomas Fetterlock, Mitglied der Gilde, Euer Gnaden. Euer Hund hat seine Schafe angegriffen, und Ihr habt seinen Diener geschlagen. Das wird ihm berichtet werden, wenn er zurückkehrt.«

Der Fremde war offensichtlich überrascht. Langsam ließ er seinen Blick über den Jungen wandern und musterte ihn von Kopf bis Fuß. Siedend heiß kam es Nicolas dabei zum Bewußtsein, daß er ein schmutziges Gesicht und nackte Beine hatte. Ein unangenehmes öliges Lächeln huschte über das Gesicht des Mannes, und er zog mit einer derart übertriebenen Verbeugung seinen Hut, daß Nicolas merkte, daß es der reine Hohn war.

»Ich bitte um Vergebung, daß ich Eures Vaters Sohn nicht erkannte«, sagte er spitz. »Der Hund jagte nur einem Hasen nach. Es ist bedauerlich, daß er die Schafe aufgeschreckt hat. Doch unsere Begegnung trifft sich günstig. Gestattet, daß ich mich vorstelle. Dort auf dem Hügel seht ihr meinen Herrn, Messer Antonio Bari aus Florenz, den Bevollmächtigten des berühmten Bankhauses der Medici. Ich bin sein untertäniger Schreiber. Wir befinden uns auf dem Weg zu dem Haus Eures hochverehrten Vaters, um dort mit ihm das Abendessen einzunehmen.«

Wiederum verbeugte er sich so tief wie vor einer bedeutenden Persönlichkeit, und Nicolas, rot bis in die Stirn, erwiderte die Verbeugung mit aller Würde, die er aufbringen konnte. Er erklärte, daß sein Vater in Geschäften der Gilde unterwegs sei und nicht vor dem nächsten Tag zurückerwartet würde.

Wieder lächelte der Schreiber.

»Ihr seid nicht ganz auf dem Laufenden, junger Herr«, sagte er. »Euer Vater ist nur wenige Meilen entfernt. Wir trafen in Oxford mit ihm zusammen, und er beehrte uns mit der Einladung, in seinem Haus in Burford zu speisen und die Nacht zu verbringen. Ein Bote ist vorausgeritten, um es Eurer gnädigen Frau Mutter zu melden.«

Nicolas verbeugte sich wieder, die Lippen fest zusammengepreßt. Das alles hatte er nicht gewußt. Er hatte seinen Vater nie von diesen Fremden sprechen hören. Wenn das Bankiers waren, so mußten es wohl Lombarden sein, dachte er. Lombarden nannte man damals alle Geldwechsler und Pfandleiher aus Oberitalien, gleichgültig aus welcher Gegend sie dort kamen. Alle Bankiers schienen Lombarden zu sein.

Der Schreiber, im Begriffe weiterzureiten, zögerte und kehrte noch einmal zurück.

»Würdet Ihr die Güte haben, mir zu sagen, wo sich das Haus eines gewissen Master Simon Leach hier in der Nähe befindet?« fragte er.

Das war einfach. Glücklich, wieder sicheren Boden unter den Füßen zu fühlen, antwortete er bereitwillig, daß Master Leach der Verwalter seines Vaters sei, daß er in Westwell wohne und gerade vor kurzem nach Hause geritten sei. Er wollte sich gerade umwenden, um die Richtung zu zeigen, als er merkte, daß der Lombarde seltsam bestürzt schien.

»Eures Vaters Verwalter?« wiederholte er rasch. »Das war mir unbekannt. Ich danke Euch für Eure Gefälligkeit, junger Herr.«

Schnell wendete er sein Pferd, und mit einer höflichen Bemerkung, daß sie sich später ja wieder treffen würden, ritt er eilends davon.

Einen Augenblick schaute Nicolas ihm nach und fragte sich, was ihn wohl dazu veranlaßt haben mochte, so jäh abzubrechen, und was um alles in der Welt ein lombardischer Bankier mit Leach, dem Verwalter, zu tun haben könnte.

Dann wandte er sich um und hielt Ausschau nach Hal.

Das Heim des Schäfers.

Die Schäferhütte

Hal war hinunter zum Fluß gegangen, um seine Wunden im Wasser auszuwaschen. Nicolas begegnete ihm, als er wieder heraufkam und zwei böse rote Schwielen vorsichtig mit seiner alten wollenen Kapuze abtupfte.

Nicolas' Zorn war am Überkochen. »Dieser feige Schuft«, rief er. »Hat er dich sehr verletzt? Dafür soll er bluten!«

»Er hatte das Gesicht einer Kröte«, sagte Hal voller Verachtung. »Sein verdammter Hund hat die Schafe in alle Richtungen auseinandergejagt. Wir müssen sie schnell wieder zusammentreiben, sonst irren sie auf sämtlichen Gemeindeweiden herum. Nimm du Fan und geh bergauf, ich werde mit Rolf abwärts gehen.«

Tatsächlich waren die Schafe in ihrer Angst weit auseinandergelaufen. Ununterbrochen gab Hal mit seiner Rohrpfeife den Hunden Kommandos: »Sucht, sucht! Haltet sie an – holt sie heran!« Fan und Rolf kannten diese Signale ebenso genau wie Nicolas. Sie trieben die Herde durch eine Öffnung der Steinmauer in den Pferch, und Hal zählte die Schafe beim Hereinkommen, wobei er seines Vaters alten Abzählreim benützte.

»Eggum, peggum penny leggum
Popsolorum Jig:
Eeny, meeny ficcaty fee
Dil dol domini
Alla beranti, middle di danti,
Ficcaty forni a rusticus.«

Nicolas murmelte die Worte leise vor sich hin. Sie waren ihm seit frühester Kindheit vertraut, obwohl er keine Ahnung hatte, was sie bedeuteten. Ursprünglich hatte er sie von Meg, Hals Mutter, gelernt, zu der Zeit, als sie seine Amme war, und sie weckten Erinnerungen in ihm an den warmen, stickigen Geruch des Holzfeuers in Megs Hütte, an nasse Wolle und Hammel-Stew.

Nachdem Hal sich überzeugt hatte, daß keines der Schafe fehlte, schlossen sie die Öffnung in der Mauer mit einigen Holzhürden. Nicolas warf einen raschen Blick auf die Sonne. Noch wurden die Schatten nicht länger. Bis zum Abendessen hatte er noch einige Stunden Zeit.

»Ich möchte mit dir nach Hause gehen«, sagte er zu Hal. »Ich würde gerne das Gesicht deines Vaters sehen, wenn du ihm erzählst, was geschehen ist. Und vielleicht weiß er, warum dieser häßliche Mann sich nach dem Weg zu Leachs Haus erkundigt hat.«

Hal war nicht dabei gewesen, als der Schreiber nach Leach gefragt hatte. Nun war er ganz aufgeregt und meinte, daß sein Vater bestimmt daran interessiert sei. Zwischen dem Hirten und dem Verwalter bestand wenig Zuneigung. Giles war ein alter Diener, der schon unter Nicolas' Großvater gearbeitet hatte, während Simon Leach erst vor verhältnismäßig kurzer Zeit gekommen war. Master Fetterlock hatte ihn eines Tages von London mitgebracht. Leach kannte alle neuesten Geschäftsmethoden und stand hoch in der Gunst seines Brotherrn. Aber der Herr war oft auf Reisen, in Angelegenheiten der Gilde in Calais, und wußte zu wenig Bescheid über das, was bei seinen Cotswolds-Herden vorging. Der alte Giles

Im Innern der Schäferhütte.

schüttelte oft den Kopf darüber, und Nicolas wußte, daß er den Verwalter nicht mochte und ihm sogar mißtraute.

Die beiden Jungen mit ihren Hunden gingen den kahlen Abhang hinunter auf das Tal zu, wo sich der silbern schimmernde Fluß unter den Weidenbäumen dahinschlängelte und wo das Häuschen des Schäfers an einer geschützten Stelle der Böschung lag. Es war ein behagliches, kleines, mit Stroh gedecktes Fachwerkhaus, umgeben von Scheune und Schweinestall, von Taubenschlag und Bienenstöcken und einem eingezäunten Gärtchen.

Dort war Nicolas aufgewachsen, zusammen mit Hal als seinem Milchbruder. Damals hatte die Hütte nur aus einem einzigen Raum bestanden, einem Raum ohne Kamin, in dem die Rauchschwaden wogten und waberten, ehe sie aus einer Luke im Dach abzogen. Das hatte man inzwischen verbessert durch einen großen steinernen Kamin, den man inmitten der Hütte so gebaut hatte, daß er die Balken für den Fußboden einer winzigen Schlafkammer unter einer Ecke des Strohdachs trug. Nicolas mußte daran denken, wie er und Hal als Kinder voller Entzücken, und nur um des Kletterns willen, die Leiter hinauf- und hinuntergeklettert waren. Jetzt schlief Hal in der kleinen Kammer, und darum beneidete ihn Nicolas noch immer.

All seine glücklichsten Kindheitserinnerungen waren mit dieser winzigen Hütte verbunden. Zu Hause mußte er ständig auf gutes Benehmen achten. Nie durfte er sich in Anwesenheit seiner Eltern ohne deren Erlaubnis niedersetzen, nie durfte er die Stimme erheben, nie sprechen, ohne daß er angesprochen worden war. Sein Vater war nachsichtig und schlug ihn selten – viel zu nachsichtig nach Meinung seiner Mutter, wenn sie sich in einem Augenblick äußerster Gereiztheit so weit vergaß, ihren Gatten zu tadeln. Aber in seinem Heim konnte Nicolas sich nicht so frei fühlen wie hier unter dem Dach des Schäfers, wo er sich so benehmen konnte wie jeder gewöhnliche gesunde Junge und wo er überdies noch das Vorrecht genoß, der »junge Herr« zu sein.

An diesem Frühlingsnachmittag nun stieg der Rauch aus dem Schornstein senkrecht in die Höhe und alle Fensterläden waren aufgestoßen; die leeren Fensteröffnungen waren ein sicheres Zeichen, daß warmes, ruhiges Wetter herrschte, denn wenn es kalt oder stürmisch war, konnten nur die Läden an der Windschattenseite geöffnet werden. Ein aufgebockter Tisch und ein paar Bänke standen draußen vor der Hütte, und durch die Fensteröffnung hindurch war Meg, eine rundliche gemütliche kleine Frau in einem formlosen Wollkleid, damit beschäftigt, den Tisch zu decken, mit Löffeln, die aus Schafsknochen geschnitzt waren, mit hölzernen Schüsseln und einem Tonkrug.

Als sie die Buben erblickte, trat sie in die Tür.

»Eine Nachricht kam für dich, junger Herr«, rief sie Nicolas zu. »Deine gnädige Frau Mutter läßt dir sagen, daß zum Nachtmahl Besuch erwartet wird.« Dann fiel ihr Blick auf Hal, und sie dachte nicht mehr an Nicolas. »Guter Gott, Junge, was ist mit deinem Kopf los? Was hast du denn angestellt?«

Während sie sich daran machte, Brot mit saurer Milch zu verkneten und als Breiumschlag auf die Stirn ihres Sohnes zu packen, berichteten er und Nicolas ihr von dem Kampf der Hunde und den fortgelaufenen Schafen. Eifrig hörte sie zu und stieß nur ab und zu kleine Ausrufe des Ärgers oder Erschreckens aus.

»Die Pest über alle diese ausländischen Schurken«, rief sie. »Ich wünschte, unsere Hunde hätten ihn angefallen, anstatt seinen Windhund. Welche Schande, daß du mit ihm am Tisch deines Vaters speisen mußt, Master Nicolas. Und ich habe doch ein paar von den kleinen Pfannkuchen gebacken, die du so magst, aber jetzt – vor so einem Festmahl – wirst du sie gar nicht essen können.«

Die Gerätschaften des Schäfers.

Doch Nicolas versicherte ihr höchst vergnügt, daß kein Festmahl ihm den Appetit auf ihre Pfannkuchen nehmen könne, und folgte ihr ins Haus. Auf einem ungefügen, aus einem Baumstamm gezimmerten Tisch lagen noch Megs Küchengeräte, in eine Ecke des Zimmers war eine große Bettnische gebaut, und an einigen Haken neben der Tür hingen der Hirtenumhang, die Teerbüchse und das Brenneisen, mit denen Giles seine Herde verarztete, seine Laterne und ein Hirtenstab. Alles war heimelig und vertraut, und Nicolas bückte sich, um eins der schwächlichen Lämmer zu streicheln, die auf Heu gebettet in einer Ecke lagen.

Über dem offenen Feuer hing eine eiserne Pfanne an einem Haken. Meg warf einige der darin brutzelnden knusprigen Küchlein in die ausgestreckten Hände der Jungen und beobachtete lachend, wie sie ihr altes Spiel »Fang den Teufel« spielten, indem sie die Küchlein so lange in die Höhe warfen und wieder auffingen, bis sie genügend abgekühlt waren und zwischen die Zähne genommen werden konnten. Dann mußte kühlende Schafsmilch nachgetrunken werden, und wieder überkam Nicolas das Gefühl, hier zu Hause zu sein. In dem Haus seiner Mutter trank man nur Kuhmilch.

Er war noch dabei, seinen Becher zu leeren, als das freudige Kläffen von Fan und Rolf ankündigte, daß Giles, ihr Herr, heimgekommen war. Er war, sagte Meg, in der Stadt bei ihrem Bruder, dem Barbier und Wundarzt gewesen, um ihm zu helfen. Die Arbeit eines Baders bestand zum Teil darin, Zähne zu ziehen, gebrochene Glieder zu schienen und allerlei kleinere Operationen durchzuführen, die bei den Stadtleuten nötig wurden. Und manchmal, wenn der Fall schwierig lag und der Patient Widerstand leistete, rief Nash, der Barbier, seinen Schwager zu Hilfe. Wie die meisten Hirten, so hatte auch Giles im Schafpferch vielerlei gelernt, und ein kranker Mensch unterschied sich in seinen Augen nicht sehr von einem kranken Schaf. Auch hatte er starke Körperkräfte und war daran gewöhnt, zappelnde Mutterschafe festzuhalten.

Als Nicolas die Stimme des Hirten hörte, stellte er seinen Becher ab, drückte einen flüchtigen Kuß auf Megs Apfelbäckchen und ging hinaus.

Da Hal nun eine Binde um die Stirn trug, fragte sein Vater natürlich, was geschehen sei, und so erzählten sie ihre Geschichte noch einmal.

Giles, ein hochgewachsener alter Mann mit tiefgefurchtem Gesicht und struppigem grauem Haar, wollte sich auf der Bank beim Fenster niederlassen, doch mit einem Seitenblick auf den »jungen Herrn« wartete er, bis auch Nicolas sich niedergesetzt hatte. Zuerst belustigte ihn die Geschichte der Jungen, aber allmählich erlosch das Lächeln auf seinem Gesicht, und als Nicolas zu der Stelle mit Leach kam, schlug er mit der Faust auf den Tisch.

»Diese Lombarden!« rief er. »Leach in den Händen der Lombarden? Bei Gott, das hätte ich mir denken können.«

Verdutzt blickte Nicolas ihn an. Er hatte angenommen, daß Giles an einem bißchen Klatsch Gefallen finden würde, aber einen Zornesausbruch hatte er nicht erwartet.

Zunächst belustigte ihn die Geschichte der Jungen.

»Was tun die Lombarden eigentlich?« fragte er zögernd. »Immer höre ich die Leute von den Lombarden reden, und jeder scheint sie zu verabscheuen, aber offen gestanden weiß ich nicht, warum. Ich weiß nur, daß es Ausländer sind, aus Norditalien. Der Herr auf dem Hügel sagte, sie seien Bankiers.«

»Bankiers«? schnaubte Giles. »Das ist eine zu freundliche Bezeichnung, junger Herr. Wucherer würde besser zutreffen, und die Heilige Kirche verdammt jeglichen Wucher. Sie reiten im Lande umher und verleihen Geld gegen riesige Zinsen an jeden, der in Schwierigkeiten ist – d. h. wenn er etwas als Pfand anzubieten hat. Man sagt, sie hätten die Hälfte aller Kaufleute Englands in ihrer Gewalt. Auch kaufen sie Wolle direkt vom Erzeuger und verschiffen sie, wohin sie wollen, was kein Engländer tun darf. Nicht einmal die Gilde kann ihrem Treiben Einhalt gebieten, da sie ihre Konzession direkt vom König haben. Er soll sogar selbst in ihrer Schuld stehen und wagt nicht, ihnen irgend etwas abzuschlagen.«

Nicolas runzelte die Stirn. Ihm war immer noch nicht ganz klar, was all diese Worte bedeuteten – Wucher, Zinsen – wenn er auch wohl begriff, daß das etwas zu tun haben mußte mit Geld borgen und mehr zurückzahlen müssen, als man geborgt hat. Aber wenn diese Lombarden tatsächlich derart schlecht waren, würde sein Vater sie dann zum Essen eingeladen haben? Das sagte er auch zu Giles.

Der alte Hirte schüttelte den Kopf.

»Dein Vater ist ein großer Kaufherr. Und zweifellos wird er wissen, was er tut. Und ich habe gehört, daß es unter den Lombarden auch ehrliche, vornehme Bankiers geben soll.« Er blickte Nicolas mit seinen durchdringenden blauen Augen an. »Trotzdem, Master Nicolas, würde ich gern wissen, was die mit Simon Leach zu schaffen haben.«

Während der Pause, die entstand, füllte Meg den Napf ihres Mannes mit dampfender Hammelbrühe. Er bekreuzigte sich, brach einen Kanten von dem Gerstenbrot ab, tauchte ihn in die Brühe und führte ihn nachdenklich zum Munde.

»Hast du Leachs neue Scheune gesehen, junger Herr? Er hat sich eine große steinerne Scheune gebaut, weit draußen in den Hügeln.

Nun gehört Leach aber der Zunft der Wollpacker an, und das Gesetz verbietet den Wollpackern, selber mit Wolle Handel zu treiben. Kannst du mir vielleicht verraten, wozu dieser Mann eine große neue Scheune braucht?«

Das war allerdings eine knifflige Frage. Nicolas sagte, soviel er wüßte, besitze Leach einige eigene Schafe.

»Möglich, daß er für den eigenen Bedarf ein Dutzend Schafe hat«, gab Giles unwirsch zu, »aber kein vernünftiger Mensch baut so eine Scheune wegen eines Dutzends Schafe. Und immer ist sie zugesperrt. Was hebt er da drinnen auf? Nein, Master Nicolas, sag was du willst, aber da gehen Dinge vor, die mir nicht gefallen. Die alten Arbeiter sind alle fort. Zu Leachs Aufgaben gehört es, neue einzustellen. Und er heuert fremde Leute aus weit entfernten Gegenden an. Von denen können manche den Schwanz eines Schafs nicht vom Kopf unterscheiden.«

»Hast du das meinem Vater gesagt?« fragte Nicolas.

Der Hirte schüttelte den Kopf. »Du weißt gut genug, daß dein verehrter Vater ein schwieriger Mann ist. Gerecht ist er und ehrlich und ein gütiger Herr, aber er nimmt nicht gerne Ratschläge an. Dieser Kerl Leach hat nun mal sein Vertrauen gewonnen, und auf mich mag er nicht hören. Aber trotzdem, wenn wir mit der Schur fertig sind, will ich noch einmal versuchen, mit ihm zu reden.«

Als er die Schur erwähnte, wurden beide Jungen wieder vergnügt. Die Schafschur war im Cotswolds-Gebiet das größte Ereignis des Jahres. Alle örtlichen Wollhändler sowie die Agenten der großen Kaufherren der Gilde ritten von einem Gehöft zum andern, ließen sich Wollproben zeigen und machten Angebote für den Ertrag der Schur. Manchmal wurde das Vlies noch auf dem Rücken des Schafs verkauft. Und wenn das alles vorbei war, veranstaltete jeder Herr für seine Leute das große Schur-Essen mit Unmengen köstlicher Speisen und Getränke, und bis tief in die Nacht hinein wurde gesungen und getanzt.

Im vergangen Jahr hatte Nicolas zum ersten Mal während des Essens bei den Männern bleiben dürfen, anstatt mit den Frauen und Kindern frühzeitig heimzugehn, und er und Hal freuten sich schon ungemein auf das Festessen in diesem Jahr. Er begann Giles auszufragen. Wann die Schur wohl beginnen und wie lange sie dauern würde?

Doch ehe der Hirte antworten konnte, erklang im Tal das leise Läuten einer entfernten Glocke – die Kirchturmuhr in Burford schlug die fünfte Stunde. Nicolas sprang auf; ihm fiel ein, daß die Lombarden zum Nachtessen kämen und vor allem, daß sein Vater zu Hause sein würde. Er mußte noch seine Kleider wechseln, und wenn er sich jetzt nicht beeilte, würde er zu spät kommen.

Das Haus der Fetterlocks.

Die Lombarden

Hurtig trabte er über die Felder. Vor sich im Tal sah er das kleine Städtchen Burford liegen, eingetaucht in das sanfte goldene Licht der sinkenden Sonne. Selbst die sonst so harten und hellen Fassaden der neuen Steinhäuser sahen weicher aus und paßten nun zu den alten Holzhäusern mit ihren Strohdächern. In den letzten Jahren war sehr viel gebaut worden. Jetzt, da die Rosenkriege endgültig vorbei waren und es einen König gab, dem der Friede am Herzen lag, lohnte es sich, etwas von dem durch den Wollhandel verdienten Geld auszugeben. Während er so dahin lief, zogen ihm einige Zeilen eines häufig gesungenen Liedchens durch den Sinn:

»I thank God and ever shall
It is the sheepe hath payed for all.«

(Ich danke Gott und werde es immer tun, es ist das Schaf, das für alles bezahlt hat).

Diese Worte waren in das Glasfenster eines Hauses eingraviert, das sich ein anderer Kaufmann der Gilde bei Newark gebaut hatte. Sein Vater zitierte sie so oft, daß Nicolas sich manchmal wunderte, warum er nicht selbst solche Zeilen an seinem neuen Haus angebracht hatte, obwohl er vermutete, daß seine Mutter keinen Gefallen daran finden würde. Sie haßte die Schafe und spielte gerne mit dem Gedanken, eine Dame von Adel zu sein – verehelicht mit einem Wappen-führenden Herrn – und nicht die Tochter eines Schiffseigentümers aus Bristol, verheiratet mit einem Wollhändler, der nur ein Kaufmannssiegel besaß.

Nicolas verließ die Felder dort, wo die Landstraße in das Kopfsteinpflaster der Witney Straße überging. Der schöne Frühlingsabend hatte alle Frauen vor die Türen ihrer Hütten gelockt, jede mit einem Spinnrocken unter dem Arm, und während sie miteinander schwatzten, ließen sie fleißig ihre Spindeln auf und ab tanzen. Einige der wohlhabenden Frauen besaßen auch schon neumodische Spinnräder; aber Spinnräder waren schwere, unhandliche Dinger und – ob Spinnrad oder nicht – jede gute Hausfrau trug stets den altmodischen Rocken samt Spindel mit sich herum. Während ihrer täglichen Arbeit gab es doch hin und wieder Augenblicke, in denen sie wenigstens eine Hand frei hatte, und jede Spule gesponnenen Garns war wertvoll. Nicolas würde es um nichts in der Welt zugeben, aber er liebte Spindeln. Meg hatte ihm gezeigt, wie man sie benutzt, als er klein war. Es machte ihm Spaß, die Spindel am Ende einer Flocke Rohwolle, die man aus dem Rocken zupfte, fallen zu lassen und zu beobachten, wie sie sich immerzu drehte und drehte und dabei die Wolle zu einem festen Faden einwickelte. Und ebensoviel Spaß machte es, sie genau in dem richtigen Augenblick festzuhalten: ehe sie wieder anfing, den Faden aufzuwickeln, – so wie es Spaß machte, auf dem Marktplatz einen Kreisel zu peitschen. Doch da das Frauenarbeit war, würde er nie wagen einzugestehen, daß er sie gern machte.

Er entbot den Frauen, die ihm zulächelten, ein höfliches »Grüß Gott« und trabte die breite High Street entlang, die sich im Bogen den Hügel hinab bis zur Kirche mit ihrem neuen steinernen Turm zog. Das Haus der Fetterlocks lag in der Sheep Street, am Rande der Stadt, mit einem weiten Blick über die Dächer und das Tal. Wenn man eintrat, gelangte man zunächst in einen breiten, mit Steinen gepflasterten Gang, der durch das Haus hindurch auf den dahinter liegenden Hof führte. Nicolas schlich seitlich um das Haus herum und hoffte, unbemerkt durch die Tür der Butterkammer hineinschlüpfen zu können. Aber er hatte kein Glück. Als er auf Zehenspitzen über den Hof ging, trat seine Mutter aus dem Gang heraus.

Er seufzte. Er hatte gewußt, daß das passieren würde. Nichts entging den scharfen Augen seiner Mutter, und nichts ihrer zart gebogenen Nase.

Mit einem Blick gewahrte er, daß sie für ein festliches Ereignis gekleidet war. Sie trug ihr bestes Gewand aus violettem Tuch, dessen Rock ringsum mit Marderfell eingefaßt war. Das Unterkleid, das an Hals und Saum zu sehen war, war mit einem goldenen Faden durchwoben.

Bei all dieser Pracht hatte sie auch noch ihren kleinen Hund Bel unter dem Arm, ein verwöhntes, spitznasiges kleines Geschöpf, das sie überall mit sich herumtrug. Nicolas liebte Hunde, aber er haßte Bel, mit dem man nicht spielen konnte, ohne daß er winselte oder schnappte. Sein Vater mochte Bel auch nicht leiden. Aber da jede vornehme Dame so einen winzigen Hund mit sich herumtrug, mußte natürlich auch Mistress Fetterlock einen haben.

Sie starrte ihren Sohn an, rümpfte die Nase, zog die Augenbrauen hoch und forderte ihn mit knappen, aber unmißverständlichen Worten auf, er möge gehen und seine Kleider wechseln. Er stinke nach Schafpferch. Nicolas mußte sich das Lachen verbeißen: Es war genauso, wie er es sich vorgestellt hatte. Aber er sagte nichts, selbst als sie ihm mitteilte, daß sein Vater käme und Gäste erwartet würden. Beinahe hätte er nach den Lombarden gefragt, wer sie seien und woher sie kämen, aber er hielt sich zurück. Wahrscheinlich wußte seine Mutter gar nichts. Sein Vater sprach nur wenig mit ihr über seine geschäftlichen Angelegenheiten. So antwortete er nur gehorsam: »Ja, Madam.«

Als er schon halb die Treppe hinauf war, rief sie ihn noch einmal zurück und sagte, er solle sich am Brunnentrog waschen. Wieder unterdrückte er seine Ungeduld und griff nach einem Handtuch, das neben der Tür des Vorratsgewölbes hing. Seine Mutter hatte nen richtigen Waschfimmel: nicht nur Hände und Gesicht, nein, von oben bis unten mußte man sich waschen. Einmal in der Woche wurden die weiblichen Hausangestellten zeitig zu Bett geschickt, und eine große Wanne wurde vor dem Küchenfeuer aufgestellt. Erst stieg sein Vater hinein, und danach Nicolas als zweiter, wobei frisches heißes Wasser aus dem Kessel hinzugegossen wurde. Sehr oft mußten auch die männlichen Angestellten anschließend in die Wanne steigen, und zum Schluß der Küchenjunge, ehe er all das verschüttete Wasser aufzuwischen hatte. Natürlich nahm jedermann Fußbäder, besonders nach einer Reise, und Nicolas liebte es, in den Fluß zu tauchen. Aber jede Woche ein Badezuber – das hieß doch wirklich die Sache ein wenig zu weit treiben.

Doch das Brunnenwasser war recht erfrischend, und Nicolas steckte seine nackten Beine in den Trog. Dann rieb er sich trocken und machte einen weiteren Versuch, unbemerkt die Treppe hinauf zu gelangen. Diesmal hatte er Erfolg.

Er schlief in einer Kammer unter dem Dach, und wenn nicht gerade viele Gäste im Haus waren, hatte er sie für sich allein. Mit Wandbehängen aus blau und gelb gestreiftem Stoff hatte seine Mutter ihr ein heiteres Aussehen verliehen. Die Fenster waren verglast, und einen der Fensterflügel konnte man öffnen. Das war alles sehr modern für das Jahr 1493.

Nicolas warf seinen bequemen Kittel ab und öffnete die Truhe, die am Fußende seines Bettes stand, um seine guten Kleider herauszuholen. Die Strumpfhose lag obenauf. Sie war aus Tuch und überkreuz geschnitten, so daß sie eng an den Beinen anlag. Mit kurzen Schnüren, »points« genannt, wurde sie an einem Leibchen, »pour point«, angenestelt, einer kleinen kurzen Weste, die man nur trug, um die Hose daran zu befestigen. Mit großer Sorgfalt befestigte er die Nestel und dachte dabei daran, wie er sich einmal in großer Eile angezogen hatte, und seine Hose dann heruntergerutscht war, als er bei Tisch bediente. Auch damals war jemand zu Gast gewesen, ein Kaufmann der Gilde, Master Midwinter von Northleach, ein dicker fröhlicher Mann, der sich seit damals, wann immer er Nicolas begegnete, erkundigte, ob er seiner Nestel sicher sei.

Sorgfältig nestelte er seine Hose an.

Nachdem er die Hose schließlich anhatte, kniete er sich vor die Truhe und suchte nach seinen übrigen Sachen. Er zog ein Wams aus rostrotem Tuch hervor, das vorne eine Reihe silberner Knöpfe hatte, ein Paar Schuhe aus weichem, scharlachrotem Leder, mit Lederschlaufen eingefaßt – diese Schuhe hatte er besonders gern – und schließlich eine Jacke aus dunkelrotem Zeug mit weit herabhängenden Ärmeln. Die würde sein zu klein gewordenes Wams verdecken. Er war aus fast allen seinen Kleidern herausgewachsen, und ein neuer Anzug für ihn war in Arbeit. Bisher hatte man deswegen noch nie soviel Aufhebens gemacht. Ein Schneider war den ganzen Weg von Oxford gekommen, um ihm Maß zu nehmen.

Vor einem kleinen Spiegel aus glatt poliertem Stahl kämmte er gerade seine Haare, als er unten auf der Straße Hufegetrappel hörte. Vorsichtig lugte er hinaus.

Die beiden Lombarden waren im Begriff abzusitzen, ein paar Leute seines Vaters hielten die Zügel. Er erkannte den kleinen, schwarzgekleideten Schreiber mit dem runden Rücken und vertiefte

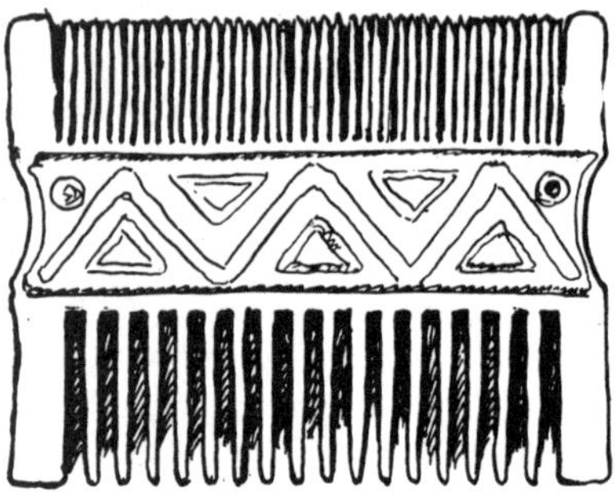

Nicolas' Kamm.

sich in die Betrachtung des größeren Mannes neben ihm, Messer Antonio Bari, der Bevollmächtigte der Medici.

Verglichen mit seinem Schreiber war Messer Bari riesengroß. Sein Haar war lang, es fiel bis auf die Schultern. Er hatte eine Adlernase, sah vornehm aus und trug einen prächtigen Mantel aus rotem Brokat, der ein wenig zurückgeschlagen war und üppiges Pelzfutter sehen ließ. Als er auf das Haus zuging, trat Master Fetterlock heraus, um ihn zu begrüßen.

Nicolas konnte nur gerade den Kopf seines Vaters erblicken, doch er sprang zurück und schlüpfte in sein Wams. Er hatte sich nicht klargemacht, daß sein Vater schon da war. Rasch beendete er seine Toilette, stopfte die abgelegten Kleider in die Truhe und ging auf Zehenspitzen hinaus auf den Flur. Da unten alles ruhig schien, schlich er leise die Treppe hinunter.

Aber so vorsichtig er auch war, seine Mutter hörte ihn und rief ihn zu sich in die Halle.

Als sie sah, wie schmuck und sauber er war, wurde ihr Gesicht freundlicher, und sie lächelte ihm zu. Zwei Dinge fielen ihm sogleich auf. Erstens war die Halle gründlich geputzt worden. Weg waren Ruß und Spinnweben, die Kerzen hatte man entfernt, der steinerne Kamin war leer und sauber und der Fußboden mit frischen Binsen bestreut, die unter den Füßen knisterten. Und zweitens hatte man für das Abendessen in der Halle gedeckt, anstatt wie sonst üblich im Speisezimmer. Ein weißes Damasttuch bedeckte die lange Tafel, und darauf stand alles, was der Haushalt an Glas und Silber aufbieten konnte, – Gläser und Flaschen, Becher und Schalen, ein

Messerständer, in dem genügend Messer für jeden steckten, auf jedem Platz ein silberner Teller und in der Mitte das große Salzgefäß aus gehämmertem Silber, in der Form eines Schiffes. Es war ganz klar, dies waren bedeutende Gäste.

Noch ehe seine Mutter den Mund öffnete, wußte Nicolas genau, was sie sagen würde. Er sollte das Fleisch vorschneiden. Das alles war ein alter Kummer von ihr. Wenn sie ihren Willen hätte durchsetzen können, wäre er zur Erziehung in das Haus eines Adligen geschickt worden, um als Page die Manieren der vornehmen Gesellschaft zu erlernen. Aber sein Vater wollte davon nichts wissen. Der Junge sollte Kaufmann werden, sagte er. Seine Mutter ließ es sich jedoch nicht nehmen, ihm nun selbst das beizubringen, was sie »gesittetes Betragen« nannte. Sie lehrte ihn, Fleisch zu tranchieren, bei Tisch aufzuwarten, zu singen, dienstbeflissen hin und her zu eilen, – alles Dinge, die er als Page zu lernen gehabt hätte. Und bei den seltenen Gelegenheiten, wenn sie zu Hause die Gesellschaft vornehmer Gäste hatten, erwartete sie von ihm, daß er ihrer Erziehung Ehre machte.

»Du wirst natürlich das Fleisch vorschneiden«, sagte sie nun. »Oder willst du lieber den Wein übernehmen? Bernard tranchiert auch nicht schlecht, obwohl er nur Hausdiener ist.«

Schnell erwiderte Nicolas, daß er tranchieren würde. Wein einzuschenken würde in diesen feinen Kleidern eine Qual sein. »Nun gut«, stimmte seine Mutter zu. »Es gibt zwei fette Enten, zwei Kapaune, einen Wildschweinkopf, eine Wildpastete und die üblichen Braten. Tranchiere so geschickt du irgend kannst. Und gieße auf keinen Fall Bratensauce auf den Teller deines Vaters, er haßt es, sich die Finger fettig zu machen. Den Fremden wird es wohl gleichgültig sein. Wenn du alle bedient hast, kannst du dich mit deinem Teller auf den Hocker unten am Tisch setzen. Aber paß auf, die Messer sind sehr scharf. Halte das Geflügel fest an den Beinen, wie ich es dir gezeigt habe, und gib acht.«

»Ja, Madam«, antwortete Nicolas ergeben. Er wußte aus langjähriger Erfahrung, daß es daß sicherste war, zu allem ja zu sagen, wie sich das für einen wohlerzogenen Sohn geziemt; er verbeugte sich. Dann versuchte er, sich der Tür zu nähern, doch abermals rief sie ihn zurück.

»Vergiß die Fingerschalen nicht«, ermahnte sie ihn, »sowohl vor wie nach dem Essen. Reiche deinem Vater und den Gästen die silberne Kanne und Schale, gieß ein wenig Wasser über ihre Finger und reiche ihnen die Serviette.« Und als Nicolas einen leisen Seufzer nicht unterdrücken konnte, sagte sie, er solle sich nicht lächerlich machen. Er habe oft genug in der Kirche bei der Messe ministriert, und das »Lavabo« – wenn er Wasser über die Finger des Priesters gieße – sei genau das gleiche.

Um von diesem Thema abzukommen, erkundigte er sich, wo sein Vater sei.

»Mit den Gästen im Garten«, antwortete Mistress Fetterlock. »Du solltest hinausgehen und dich noch vor dem Essen vorstellen lassen. Aber wenn ich rufe, hast du sofort deinen Pflichten nachzukommen.«

Der Garten hinter dem Haus stand voller schattenspendender Obstbäume, und die abgefallenen Apfelblüten lagen wie rosenfarbener Schnee auf den sauber geschnittenen Buchsbaumhecken.

Die drei Männer wandelten eine lange grasbewachsene Allee auf und nieder, Master Fetterlock und der Schreiber in ein Gespräch vertieft, während Messer Antonio Bari mit leicht belustigtem Lächeln zuhörte und ein Maiglöckchen unter seiner Nase hin und her drehte.

Nicolas wartete darauf, daß sie umkehrten. Er überlegte, ob er niederknien und seines Vaters Segen erbitten sollte. Das war so üblich, wenn sein Vater von einer Reise zurückkam. Aber irgendwie war ihm die Vorstellung zuwider, vor diesem häßlichen kleinen Fremden auf die Knie zu fallen.

Während er noch zögerte, blickte sein Vater sich um. Sein müdes

Nicolas machte eine tiefe Verbeugung.

Gesicht erhellte sich, als er Nicolas sah, und ohne auf irgendeine Begrüßung zu warten, legte er seinen Arm um die Schulter des Jungen und zog ihn an sich.

»Das ist mein Sohn«, sagte er einfach. Und Nicolas, beglückt über den Anklang von Stolz in der Stimme seines Vaters, machte vor dessen Gästen eine tiefe Verbeugung.

Der große Lombarde lächelte, als er diesen Gruß erwiderte, der Schreiber aber musterte Nicolas von Kopf bis Fuß und starrte ihn auf die gleiche unangenehme Art an wie schon zuvor.

»Mich dünkt, ich begegnete Euch bereits auf den Feldern, junger Herr«, sagte er. »Oder habt Ihr vielleicht einen Bruder? Ich hätte Euch nicht wiedererkannt, so anders seht Ihr aus.«

Nicolas errötete. Hal hatte Recht; der Kerl hatte ein Gesicht wie eine Kröte! Natürlich sah er jetzt anders aus. Hatte dieser Dummkopf vielleicht angenommen, er würde im Hirtenkittel zum Essen erscheinen oder in einem guten Gewand Schafe hüten? Aber er unterdrückte seinen Groll und erkundigte sich höflich, ob dero Gnaden den Weg nach Westwell wohl gefunden hatten?

Woraufhin sofort ein Durcheinander entstand. Beide Lombarden antworteten gleichzeitig. Der Schreiber sagte etwas von »die richtige Straße nach Burford verfehlt haben«, und Messer Antonio berührte Nicolas leicht an der Schulter.

»Könnt Ihr mir die Namen einiger dieser Blumen nennen, junger Herr«, fragte er. »Sie wachsen auch in italienischen Gärten, aber ihre englischen Namen kenne ich nicht.« Vertraulich neigte er sich zu Nicolas. »Sie reden über Geld,« flüsterte er und wies mit dem Kopf über seine Schulter. »Ich weiß nicht, wie es Euch damit geht, aber mir sind Zahlen verhaßt. Als ich in Eurem Alter war, konnte ich zwei und zwei noch nicht zusammenzählen.«

Nicolas schoß der Gedanke durch den Kopf, daß es für einen Bankier doch recht seltsam sei, Zahlen zu verabscheuen. Aber Messer Antonios Lächeln war so gewinnend, daß er diesem Gedanken nicht weiter nachhing. Schließlich hatte sogar Giles eingeräumt, daß es unter den Lombarden auch ehrliche Männer gab.

Messer Antonio zeigte großes Interesse für den Garten. Er würde sich gerne Ableger von einigen dieser Pflanzen erbitten, sagte er, um sie mit in seine Heimat in der Nähe von Florenz zu nehmen. Er beschrieb sein Haus, das auf einem sonnigen Hügel lag, ganz in der Nähe der wundervollen Villa seines geliebten Herrn, Messer Lorenzo de Medici, der Prächtige genannt, der, ach! vor einem Jahr gestorben sei. Er schlug das Zeichen des Kreuzes über seinem Herzen und murmelte ein »resquiescat in pace«, in welches Nicolas höflich einstimmte. Zweifellos, meinte er, habe der junge Herr von Lorenzo dem Prächtigen gehört, diesem größten Mann des Jahrhunderts. Er zog eine große Bronzemedaille aus der Tasche, auf der im Relief das Profil eines wenig anziehenden Mannes mit Hakennase abgebildet war.

Ein Porträt aus Bronze.

Nicolas wog sie in der Hand. »Sie ist sehr schwer,« bemerkte er. »Ist das eine Münze?«

Der Lombarde schüttelte den Kopf.

»Es ist ein Porträt von Il Magnifico«, sagte er. »Lest die Inschrift, die um den Rand herumgeht: ›Magnus Laurentius Medices‹. In Italien haben wir eine Vorliebe für so etwas. Der Künstler gestaltet das Original nach dem lebenden Vorbild; dann wird danach eine Gußform angefertigt, und man kann beliebig viele Kopien abgießen. Auf diese Art kann man sein Porträt allen seinen Feunden schenken. Eine sehr gute Idee, wie Ihr zugeben werdet.«

Nicolas sagte »Ja« während er die Medaille herumdrehte. Insgeheim wünschte er, sein Vater würde solch ein Porträt von sich anfertigen lassen.

»Ist es ähnlich?« erkundigte er sich.

»Sprechend ähnlich«, seufzte Messer Antonio. »Wir sind zusammen aufgewachsen. Ich liebte ihn zärtlich – wie auch seinen Bruder Guiliano. Guiliano war in meinem Alter, wir hatten die gleiche Amme.«

Nicolas nickte voller Mitgefühl. Das war wie bei ihm und Hal. Er fragte, ob Messer Guiliano in Italien sei?

»Ach, auch er lebt nicht mehr«, sagte der Lombarde traurig. »Er wurde in der Pazzi-Verschwörung getötet – aber davon werdet Ihr nichts wissen. Das alles geschah vor fünfzehn Jahren – gewiß noch vor Eurer Geburt. Messer Guiliano wurde im Dom von Florenz erdolcht. Ich war dabei.«

Nicolas stockte der Atem. Das klang nach einer spannenden Geschichte. »Haben Euer Gnaden das gesehen? Geschah das im Krieg?« fragte er atemlos.

»Nicht im Krieg. Es war eine gemeine und feige Verschwörung«, sagte Messer Antonio grimmig. »Die Medici waren die eigentlichen Herrscher von Florenz. Aber andere, von wahnwitziger Eifersucht verzehrt, begehrten die Macht für sich. So planten sie, die beiden Brüder Medici, Lorenzo Il Magnifico und meinen geliebten Guiliano, zu vergiften. Als das mißlang, versuchte man, sie bei einem Fest in Lorenzos Haus zu erdolchen. Aber auch das mißglückte. Sie krönten nun ihr verbrecherisches Treiben dadurch, daß sie den feierlichsten Augenblick des Hochamtes im Dom wählten. Alle unsere Häupter waren im Gebet gesenkt, da stießen die Mörder zu.« Er schauderte. »Das werde ich niemals vergessen.«

»Wurden beide erdolcht?« rief Nicolas. »Erwischten sie auch Il Magnifico?«

Messer Antonio schüttelte den Kopf. »Gott sei gelobt, Il Magnifico wurde nur verwundet und entkam. Die Hand des Schurken, die den Dolch führte, hatte gezittert – wie sollte sie das nicht in einem solchen Augenblick. Aber Guiliano wurde getötet. Die Einwohner von Florenz, die den Medici ergeben waren, ergriffen die Täter und hängten sie auf der Stelle, oben auf dem Palazzo degli Signoria, das ist – wie würde man das auf englisch nennen? – der Regierungspalast. Auch der Erzbischof von Pisa war in die Sache verwickelt, und auch er wurde gehenkt. Es war ein furchtbarer Tag.«

Nicolas wollte brennend gern noch mehr hören. »Was geschah dann?« fragte er.

Messer Antonio lächelte über seine Aufregung. Er schob seine Hand unter den Arm des Jungen, und so wandelten sie im Schatten des Gartens auf und ab.

Doch sie waren mit der Geschichte noch nicht viel weiter gekommen, als Mistress Fetterlock aus dem Haus trat und zum Essen bat. Ihr pelzbesetzter Rock war ein wenig aufgeschürzt, um das gestickte Unterkleid sehen zu lassen, und ihre gestärkte Haube bewegte sich leicht im Abendwind. Auf ihr Nicken hin beeilte sich Nicolas, seinen Wasserkrug und die Fingerschale zu holen; aber in seinem Kopf schwirrte es derart von Verschwörungen und Dolchstößen, daß er kaum etwas wahrnahm von all den Verbindlichkeiten und höflichen Verneigungen, die hinter seinem Rücken ausgetauscht wurden.

Gierig stopfte er sein Essen in den Mund.

Die Abendgesellschaft

Die lange Tafel mit dem weißen Tischtuch war geschmackvoll hergerichtet. Das große silberne Salzgefäß stand in der Mitte, auf jedem Platz befand sich eine gefaltete Serviette, ein silberner Teller, ein Messer, ein Löffel und ein großes Weizenbrötchen zum Auftunken der Bratensauce. Im Hintergrund der Halle stand noch ein Anrichtetisch mit weiterem Silber und einer stattlichen Reihe von Weinflaschen. Drei Lehnstühle gab es, für seinen Vater, seine Mutter und den vornehmeren der beiden Gäste. Der Schreiber und er würden auf Hockern sitzen, aber auf jedem von diesen lag ein Samtkissen, von seiner Mutter eigenhändig bestickt. Es sah großartig aus, und Nicolas war plötzlich sehr stolz. Diese Lombarden, die ständig mit ihren italienischen Herren prahlten, würden sehen, daß auch ein Kaufmann der Gilde ein großer Herr war.

In der Anrichtekammer band er sich eine Schürze über seine schönen Kleider und machte sich an die so sehr heikle Arbeit, die Enten und Kapaune mundgerecht zu zerlegen. Bernard, der Hausdiener, ein etwas unbeholfener Bauernbursche, den Mistress Fetterlock ihren »Haushofmeister« zu nennen liebte, half ihm das zerlegte Geflügel auf großen Zinnschüsseln anzurichten, und mit Hilfe von hölzernen Spießchen wurde es wieder in der Form von Vögeln zusammengesteckt. Nicolas hätte lieber Dickon, den persönlichen Diener seines Vaters, zu Hilfe gehabt. Der kleine Dickon war ein fröhlicher waschechter Londoner, halb Schreiber, halb Kammerdiener, der seinen Herrn überallhin begleitete. Aber Mistress Fetterlock schätzte Dickon nicht sonderlich und hielt ihn mehr im Hintergrund. Heute abend aber erkühnte sich Nicolas, ihn anzuweisen, den Wein einzuschenken. Bei Dickon konnte man wenigstens sicher sein, daß er nichts verschüttete. Seiner Mutter würde das zwar mißfallen, dachte Nicolas, aber wenn er schon das Fleisch vorschneiden mußte, so hatte er schließlich auch das Recht, selbständig Anweisungen zu erteilen. Er war im Begriff seine Schürze abzulegen, als das Stimmengewirr im Gang das Nahen der Gesellschaft ankündigte. Rasch ergriff er die silberne Kanne und die Fingerschale, legte sich die Serviette über den Arm und hatte gerade noch Zeit, sich neben der Tafel aufzustellen, als sie die Halle betraten.

Nachdem jeder seinen Platz eingenommen hatte, sprach sein Vater ein kurzes lateinisches Tischgebet – in diesen Dingen war er peinlich genau. Dann reichte Nicolas, bei den Gästen beginnend, einem jeden die Fingerschale.

Messer Antonio blickte sich um und bemerkte artig, daß der Raum sehr schön sei. Nur selten finde man derart vorzügliche Handwerskunst in einer Kleinstadt. Da man sich hier in der Nachbarschaft von Steinbrüchen befinde, sei der Kamin zweifellos von einem ortsansässigen Steinmetz angefertigt worden. Voller Aufmerksamkeit betrachtete er die Wandtäfelung aus Eichenholz, die von der Decke bis zum Fußboden reichte. Sicherlich habe kein Schreiner vom Lande dieses Muster geschnitzt, das aussah wie gefälteltes Leinen; es sei wohl die Arbeit eines Meisters aus London oder Oxford.

Diese Worte lenkten Nicolas' Aufmerksamkeit vom Servieren ab, und seine Augen folgten dem Blick des Lombarden. Nie zuvor war ihm der Gedanke gekommen, daß der Raum schön sei. Er war lang und hatte an der Vorderseite ein Fenster mit vielen kleinen Glasscheiben. Die Strahlen der untergehenden Sonne ließen die von ihrem Gast so bewunderte honigfarbene Wandtäfelung in warmem Glanz schimmern. Zu beiden Seiten des offenen steinernen Kamins hing ein prachtvoller Wandteppich aus Arras. Sein Vater hatte sie, auf den Sattel geschnallt, von einer seiner Reisen zum Kontinent mitgebracht.

»Junge«, zischte Mistress Fetterlock, als Nicolas sich einen Augenblick zu lang umsah. Ein Schlag hinter die Ohren brachte ihn mit einem Ruck wieder auf die Erde zurück; er stellte Wasserkrug und Fingerschale ab und eilte davon, um seinen anderen Pflichten nachzukommen.

In der Anrichtekammer standen Bernard und Dickon schon bereit, um das Fleisch aufzutragen. Nicolas ergriff eine Schüssel mit Kapaunen, mit der er die Prozession anführen sollte. Sie war so schwer, daß es ihm nur mit Mühe gelang, sie würdevoll zu tragen, und er war froh, als er sie auf der Truhe absetzen und das Messer ergreifen konnte. Seine Mutter hatte ihm beigebracht, die Bratenkeule in der linken Hand zu halten, das Messer in der rechten; mit der rechten Hand das Fleisch zu berühren galt als schlimmer Verstoß gegen die guten Tischsitten. Dank seiner Vorbereitungen boten die Enten und Kapaune keine Schwierigkeiten, aber der Wildschweinkopf, die Pasteten und Hammelkeulen mußten alle noch in Scheiben geschnitten und mit fetter, gewürzter Soße begossen werden, bis Bernard und Dickon die gefüllten Schüsseln an der Tafel herumreichen konnten.

Nachdem jeder sich bedient hatte, und er schließlich seinen eigenen Teller zu dem ihm bestimmten Platz trug, fühlte er sich so erschöpft, daß er keinen Hunger mehr verspürte. Er hatte auch der Küche einen kurzen Besuch abgestattet, wo ihm die Hitze, die das offene Feuer ausstrahlte, den Atem verschlagen und er sich schleunigst wieder zurückgezogen hatte. Er dachte darüber nach, wie wohl der Koch Peter, die beiden Köchinnen und der Küchenjunge das aushielten. Die Öffnung im Küchendach, durch die ein Teil des Dampfes, des Geruchs und Rauches abzog, ließ keine frische Luft herein. Aber während des kurzen Augenblicks, als er seinen Kopf zur Tür hineinsteckte, schienen sie alle recht munter zu sein, liefen geschäftig umher und beträufelten das Geflügel an den Bratenspießen mit heißem Fett, das aus langstieligen Löffeln tropfte, die sie mit ausgestrecktem Arm von sich weghielten. Der Küchenjunge hatte es eigentlich am besten, denn wann immer er die Bratspieße nicht zu drehen brauchte, konnte er frische Luft schöpfen, weil er die schmutzigen Töpfe und Pfannen zur Hintertür tragen mußte, damit die Hunde sie ausleckten, ehe sie später mit Sand und dürrem Farn sauber gescheuert wurden.

Nicolas saß auf seinem Hocker, vor seinem gefüllten Teller, und stocherte mit dem Messer in einem Entenbein herum. Er mochte das fette Fleisch nicht mit den Fingern anfassen. Dickon füllte seinen Becher mit französischem Cognac, ein seltener Genuß, denn für gewöhnlich durfte er nur Bier trinken. Mit einem Zug stürzte er das reine, scharfe Getränk hinunter, das ihm Tränen in die Augen trieb. Danach aber war ihm wohler.

An der Breitseite des Tisches saß sein Vater zwischen den beiden Lombarden; ein wenig müde lehnte er sich an die hohe Rückenlehne seines Stuhles und hörte Messer Antonio zu, der Mistress Fetterlock über die Wunderwerke der italienischen Maler unterrichtete, wobei er seine Worte mit lebhaften Bewegungen seiner eleganten, mit Ringen geschmückten Hände begleitete. Krötengesicht dagegen saß in Schweigen gehüllt, die schlaffen Lippen zusammengekniffen, und ließ seinen abschätzenden Blick durch die Halle wandern. Wie ein Händler auf dem Markt, der alles, was er sieht, mit einem Preis versieht, dachte Nicolas plötzlich. Alles, was Giles über die Lombarden gesagt hatte, schoß ihm wieder durch den Kopf, und er hatte das unbehagliche Gefühl, daß irgend etwas faul sei. Doch dieses Gefühl verflog rasch wieder, als Bernard einen Teller mit Fruchtgelee und Vanillesoße vor ihn hinstellte und einen silbernen Löffel daneben legte. Er kostete. Hm! das schmeckte gut, und während er es verspeiste, wurde er wieder vergnügt.

Kaum hatte er den Gelee verzehrt, als er ein Geräusch von Pferdehufen draußen auf dem Pflaster vernahm. Auch seine Mutter hatte es gehört. Er sah, wie sie durch die ungleichmäßigen Butzenscheiben spähte, um festzustellen, wer da wohl bis vor das Haus heraufreiten mochte. Sie erbleichte, erhob sich halb, setzte sich wieder und flüsterte mit Bernard, der daraufhin zur Tür eilte.

Doch ehe er sie noch erreichte, wurde sie aufgerissen, und mit stürmischen Schritten trat ein Mann in die Halle.

Es war ein hochgewachsener Mann mit rotem Gesicht. Als er die Gesellschaft an der Tafel gewahrte, hielt er einen Augenblick inne, zog dann fröhlich lächelnd den Hut, schlug seinen Reitmantel zurück und machte eine tiefe Verbeugung.

»Bei meiner Seele«, rief er, ein wenig spöttisch, »ich scheine in ein Festmahl hineinzuplatzen! Gnädige Frau Schwester, ich bitte tausendmal um Verzeihung. Ehrwürdiger Herr Schwager, ich bin dero Gnaden untertänigster Diener!«

Nicolas sprang auf. Das war der Bruder seiner Mutter, John Stern, sein Lieblingsonkel, ein Schiffskapitän aus Bristol, der voller spannender Geschichten steckte und gepfefferte Witze zu erzählen wußte. Einige seiner Erzählungen waren sicherlich wahr; andere hingegen so wild, daß sie bestimmt Seemansgarn waren. Aber immerhin bestand doch die aufregende Möglichkeit, daß sie wahr sein könnten.

Mistress Fetterlock begrüßte ihren Bruder äußerst zurückhaltend, nur eben mit der Höflichkeit, die eine vornehme Dame einem Verwandten zu erweisen hat, aber nicht mehr. Nicolas merkte sofort, daß sie ungehalten war, und wünschte, Master Stern wäre ein andermal gekommen. Sein Vater jedoch zeigte sich ehrlich erfreut. Ein weiteres Gedeck wurde aufgelegt, Bernard nahm ihm Kappe und Mantel ab, und Nicolas, auf den Wink seiner Mutter hin, bediente ihn mit Fingerschale und Wasserkrug.

Onkel John am Brunnen.

John Stern blickte ihn spöttisch an, eine buschige Augenbraue schoß in die Höhe.

»Was soll das?« fragte er. »Soll ich wie ein junger Hund schlappern? Waschen – Großer Gott, Junge, das nützt mir nichts. Wenn ich mich waschen soll, dann führe mich zum Wassertrog.«

Nur zu gern zeigte Nicolas ihm den Weg, stand bereit, das Wams

aufzufangen, das sein Onkel ihm zuwarf, und schaute zu, wie er Gesicht und Hände abspülte und sich das Wasser über den dicken Schopf grauer, drahtiger Haare spritzte.

Während er sich mit einem groben Küchenhandtuch abtrocknete, erzählte er, daß er auf dem Weg von Bristol nach London sei. Er habe den königlichen Beamten eine bedeutsame Angelegenheit mitzuteilen. Als er den fragenden Blick seines Neffen bemerkte, grinste er. Nein! Keine Seeräuberei! Diesmal sei er hinter den Beamten des Königs her, und nicht des Königs Beamte hinter ihm. Aber, fügte er warnend hinzu, kein Wort darüber zu der ehrenwerten Gesellschaft in der Halle. Wenn Nicolas ein braver Junge sei und erst einmal den Mund halte, solle er später alles ganz genau erfahren. Aber zunächst einmal wollte der Onkel etwas zu essen. Er war hungrig wie ein Löwe.

Als sie zur Tafel zurückkehrten, hatte man den ersten Gang beendet, und die Mahlzeit fing mit dem zweiten Gang wieder von vorne an. Dickon hatte, während Nicolas draußen war, an seiner Stelle die Fingerschalen zwischen den beiden Gängen herumgereicht. Nicolas hatte nie begreifen können, warum reiche Leute zwei oder gar drei Gänge zu sich nahmen, da jeder Gang eine in sich vollständige Mahlzeit darstellte: Fleisch, Geflügel, Fisch, Pastete und Süßspeise. Noch einmal von vorn anzufangen war wie eine ganze neue Mahlzeit. Das schien doch dumm zu sein. Warum aßen die Leute nicht gleich beim ersten Mal so viel, wie sie brauchten? Bei armen Leuten wie Giles und Meg gab es nur einen Gang, oft nur ein Gericht.

Doch heute kam ihnen diese Sitte zustatten. John Stern setzte sich an den für ihn gedeckten Platz neben seiner Schwester, und da er den ersten Gang versäumt hatte, machte er dies dadurch wett, daß er nun vom zweiten Gang doppelte Portionen verschlang. Er aß gierig, stopfte sich das Essen in den Mund und leckte schmatzend die Sauce von den Fingern – sehr zum Verdruß von Mistress Fetterlock, die, um die Aufmerksamkeit der Gäste abzulenken, schnell und lebhaft darauflos redete. Nicolas hatte Mitleid mit seiner Mutter – sie legte doch so großen Wert auf gute Tischmanieren! Immer hatte sie darauf gedrungen, daß er das Fleisch mit dem Messer zerschnitt und nicht mit den Fingern daran riß, daß er bei Tisch nicht in den Zähnen stocherte oder die Knochen auf den Fußboden warf.

John Stern wurde als das schwarze Schaf der Familie angesehen, obwohl er neuerdings Mitinhaber einer Flotte ehrlicher Handelsschiffe geworden war, die im Hafen von Bristol vor Anker lagen und mit Dublin, Frankreich und Spanien Handel trieben. Früher jedoch war er Kapitän eines kleinen Kaperschiffes gewesen, der »Katharine« von Dartmouth, mit dem er auf dem Kanal hin und her kreuzte, Wolle, Leder und Tuch zu ausländischen Häfen brachte und mit Salz, Wein und Seide beladen zurückkehrte. Die »Katharine« war mit Waffen ausgerüstet gewesen. In jenen unruhigen Tagen hatten alle Handelskapitäne Waffen an Bord haben dürfen, und, wie andere Kaperschiffe auch, waren er und seine Mannschaft immer darauf aus, jedes Schiff eines feindlichen Landes anzugreifen. Und wenn dann das feindliche Schiff eine Ladung hatte, die als Kriegsbeute mitgeführt werden konnte, umso besser. Allein die Aussicht auf einen solchen Fang genügte, um die Mannschaft anzustacheln, und was machte es schon, wenn die Beute unrechtmäßig war? Wenn sie einen Franzosen seiner Waren beraubten, nun, dessen Landsleute würden das Kompliment erwidern, sobald sie Gelegenheit dazu hatten.

Die Gemüter erhitzten sich immer mehr, und schließlich bemühten sich die Herrscher der betroffenen Länder, dieser Seeräuberei Einhalt zu gebieten. Königliche Schiffe überwachten die Meere.

Doch die Piraten waren in der Überzahl, und die Hoffnung auf reiche Beute verlockte sie zu immer kühneren und gewagteren Unternehmungen. Die Anständigeren machten nur auf die Feinde Jagd, andere jedoch plünderten Freund und Feind gleichermaßen und zwar mit solcher Grausamkeit und Wildheit, daß rechtschaffene Männer nur noch mit Verachtung von den »Freibeutern« sprachen. So bedeutete es eine große Erleichterung für Mistress Fetterlock, als ihr Bruder die »Katharine« verkaufte und sich in der wohlhabenden und geachteten Handelshafenstadt Bristol niederließ.

Nicolas sah, wie sehr es ihr mißfiel, als Onkel John, erhitzt durch Wein und gutes Essen, anfing, die Art von Geschichten zum besten zu geben, die er selbst am liebsten hatte. Einige waren neu und spannend, andere wieder oft erzählte alte Lieblingsgeschichten wie die vom Piraten Harry Pay von Poole, der mit einem einzigen kleinen Schiff die Küste von Spanien plündernd überfallen und das große Kruzifix vom Kap Finisterre als Siegesbeute weggeschleppt hatte.

Die Lombarden schwiegen zu diesen Erzählungen, und als Master Fetterlock bemerkte, was für eine Miene sie machten, versuchte er, das Gespräch in sicherere Bahnen zu lenken. Es war allgemein bekannt, daß die italienischen Galeeren, die mit Seide, Schmuck und kostbaren Gewürzen beladen von Genua und Venedig zu englischen und flämischen Häfen segelten, die besondere Aufmerksamkeit der herumstreifenden Seeräuber auf sich zogen. Messer Antonio blieb gelassen und höflich, doch das Gesicht des Schreibers lief rot an und bekam einen zornigen Ausdruck.

Er beugte sich vor und sprach über die ganze Länge des Tisches hinweg zu John Stern.

»Sind euer Gnaden mit der Insel Wight vertraut«? fragte er und sprach derart langsam und deutlich, daß die beiläufige Frage bedeutungsvoll schien.

John Stern stutzte.

»Nun, hin und wieder bin ich dort gewesen«, sagte er zurückhaltend. »Das ist schon lange her. Man findet guten Schutz dort, und das Trinkwasser der Insel hält sich auf Seereisen länger frisch als jedes andere, das ich kenne!«

Krötengesicht blieb hartnäckig.

»Zweifellos kennt ein Herr Eures Gewerbes den Hafen Newport?« Selbst Nicolas begriff, daß diese Fragen eine verborgene Bedeutung enthielten.

John Stern straffte die Schultern. »Mein lieber Herr«, erwiderte er mit einer gewissen Schärfe. »Gewiß kenne ich den Hafen Newport. Es gehört zu meinem Beruf, jeden Hafen dieses Landes zu kennen, so wie es zu Eurem zu gehören scheint, den Markt eines jeden Ortes unsicher zu machen.«

Das war unhöflich; schlimmer als das, es war eine Beleidigung, und Nicolas wunderte sich, warum sein Onkel eine derart flegelhafte Antwort gab. Er sah, wie Messer Antonios Gewand sich bewegte, als dessen Hand sich um den juwelenbesetzten Griff des Dolches schloß, der in seinem Gürtel steckte. Krötengesicht sprang auf und packte das Tischmesser. Doch Master Fetterlock griff ein, indem er Wein in die Becher der Lombarden goß und das Thema wechselte. Die Abenteurer, die ihn am meisten interessierten, erklärte er, seien jene mutigen Kapitäne, die unbekannte Meere erforschten; Männer wie der Portugiese Bartolomeo Diaz, der in jüngster Zeit an der Küste von Afrika entlang gesegelt sei und dann tatsächlich das Kap der Stürme umfahren hatte, bis der Bug seines Schiffes wieder nach Norden zeigte. Man sagte, der König von Portugal habe das Kap der Stürme in »Kap der Guten Hoffnung« umgetauft. Ob Messer Antonio bekannt sei, daß das zutreffe?

Der Lombarde gewann seine Fassung wieder, nahm die Hand vom Gürtel und hob statt dessen den Becher. Offensichtlich wollte auch er einen Streit vermeiden, denn er verstand den Wink und ging von Geschichten über den Portugiesen Diaz zu den Heldentaten des großen Venezianers Marco Polo über, der vor nahezu zwei Jahrhunderten China erreicht hatte, das Land des berühmten Kublai

Khan, mit den wundersamen Städten Suchow und Peking, und der Handelsrouten erschlossen hatte, denen die Kaufleute seiner geliebten Vaterstadt Florenz noch heute folgten.

Das peinliche Vorkommnis war überwunden; Mistress Fetterlock, deren Miene immer ängstlicher geworden war, winkte Nicolas zu sich und flüsterte ihm zu, er möge ihre Laute holen. Nur zögernd gehorchte er, denn er wußte nur zu gut, was nun kam. Seine Mutter würde ihn auffordern, zu ihrer Begleitung zu singen. Und er haßte es, vor Gästen singen zu müssen. Doch das ließ sich nicht ändern, und so tat er sein Bestes. Er sang das »Ave Maris Stella«, wobei er die lateinischen Worte so sorgfältig aussprach, wie Master Richard, der Priester, es ihn gelehrt hatte. Messer Antonio beobachtete ihn mit dem früheren herzlichen Lächeln und lobte ihn, als er geendet hatte. Danach erbaten beide Italiener ein Lied von seiner Mutter. Erst zierte sich Mistress Fetterlock, gab dann aber nach und sang »Das nußbraune Mädchen«, eine sehr lange englische Ballade, von der Messer Antonio, wie er sagte, ganz hingerissen war. Die schwierige Situation war gemeistert, und jedermann war freundlich. Das Festmahl näherte sich seinem Ende. Nicolas reichte wieder Krug und Fingerschale herum, was diesmal sehr nötig war, da alle Finger vom Essen klebrig waren. Unter Wahrung sämtlicher Förmlichkeiten schickte sich Mistress Fetterlock nun an, sich in ihr Gemach zurückzuziehen, gefolgt von Nicolas, der ihre Laute, ihr Kissen und ihr Taschentuch hinter ihr hertrug.

Kaum waren sie außer Hörweite, fand die Würde dieses Abgangs ein jähes Ende. Sie schürzte ihren Rock und eilte in die Küche, um zu prüfen, was die Dienerschaft mit den Resten des Essens machte.

Nicolas wurde zu Bett geschickt.

Der Seeweg nach Westen

Es war eine heiße Nacht für diese frühe Jahreszeit. Nicolas lag auf dem Rücken und beobachtete durch das verglaste Fenster, wie der Mond aufging. Er wollte nicht einschlafen, ehe sein Onkel heraufkam, denn er hoffte, noch einige Geschichten erzählt zu bekommen. Sein Onkel würde bestimmt das Bett mit ihm teilen, denn im großen Gastzimmer schliefen die Lombarden, und ohnehin war es üblich, John Stern bei seinem Neffen zu lassen und nicht das prunkvolle Gästebett für ihn zu bereiten.

Es fiel ihm nicht schwer, wach zu bleiben. Nicolas war voller Unruhe. Überall piekte ihn das Stroh der Matratze, am ganzen Körper juckte es; wenigstens nahm er an, daß das vom Stroh herrührte. Möglicherweise waren es auch Flöhe, aber seine Mutter nahm es peinlich genau mit den Flöhen. Jedes Frühjahr erklärte sie ihnen regelrecht den Krieg, indem sie Fallen aufstellte und Brotscheiben mit Vogelleim und Terpentin bestrich, auf denen die Flöhe kleben blieben. Und das ganze Jahr hindurch wachte sie über die Dienstmädchen, wenn diese das Bettzeug über groben weißen Decken ausschüttelten, auf denen die Flöhe gut zu sehen und leicht zu fangen waren. Aber trotz ihrer Sorgfalt konnte man nicht erwarten, über-

haupt keine Flöhe zu haben, und in diesem Augenblick hatte Nicolas das Gefühl, als ob ganze Heerscharen von Flöhen auf ihm herumsprangen. Er knuffte an seinem Kopfkissen herum, in der vergeblichen Hoffnung, daß es dadurch weicher würde. Sein Vater und seine Mutter hatten Federbetten und Federkissen, aber er würde erst erwachsen und verheiratet sein müssen, ehe er erwarten durfte, auf Federn zu schlafen. Seine Mutter war der Überzeugung, daß die Erziehung der Kinder hart sein müsse. Als sie ein Kind war, so erklärte sie ihm, hatte man ihren Brüdern ein Stück Holz anstelle eines Kopfpolsters gegeben.

Der Mondschein wanderte langsam durch das Zimmer, bis er die kleine Statue der Gottesmutter mit dem Kind erreichte, die seinem Bett gegenüber auf einem gemeißelten Kragstein stand. Dabei fiel ihm ein, daß er sein Nachtgebet ausgelassen hatte, und er flüsterte leise ein Ave vor sich hin. Dann drehte er sich im Bett herum, damit die Luft seinen nackten Rücken kühle. Er mußte wohl doch eingeschlafen sein, denn als ihn Schritte und Stimmen vor der Tür aufweckten, hatte der Mond die Tür erreicht.

Sein Vater geleitete die Gäste zum großen Schlafgemach. Er hörte, wie sie einander gute Nacht wünschten. Wenige Minuten später öffnete sich die Tür, und sein Onkel trat ein.

Er hielt eine dünne Wachskerze in der Hand, blies sie aber sogleich aus, als fürchtete er, seinen Neffen zu wecken.

»Ich bin noch wach«, sagte Nicolas schnell.

»Kein Wunder«, erwiderte sein Onkel und fügte noch einen saftigen Fluch hinzu, den Nicolas für künftigen Gebrauch seinem Gedächtnis einverleibte. »Dieses Zimmer ist wie ein Backofen. Lassen wir um Himmels willen ein wenig frische Luft herein.«

Er ging zum Fenster hinüber, stieß den Flügel weit auf und blieb im Schein des Mondes davor stehen, eine schwarz und weiß gemusterte, stämmige Gestalt. Nicolas setzte sich auf, glücklich über den Wohlgeruch der kühlen Luft, die hereinströmte. Seine Mutter hatte eine tiefe Abneigung gegen geöffnete Fenster. Die Zimmer würden gelüftet, wenn man sie reinigte, pflegte sie in ihrer praktischen Art zu sagen; und wenn man schon Geld ausgab für Glasfenster, durch die man Licht bekam ohne den Zustrom kalter Luft, warum sollte man sie öffnen? Glas war ein großer Luxus, mit dem man nicht geringschätzig umgehen durfte. Wenn man das Glück hatte, in einem Haus mit Glasfenstern zu wohnen, sei es töricht, so zu tun, als lebe man in einer armseligen Hütte, die keine habe.

John Stern wandte sich um.

»Um Gotteswillen, Junge, wie kommen denn diese Gauner hier in euer Haus?«

Aus der Dunkelheit seiner Bettnische starrte Nicolas ihn an. »Meinst du die Lombarden?« fragte er. »Ich weiß nicht, woher sie kommen. Mein Vater traf sie in Oxford, wie sie mir sagten, und lud sie ein, hier zu speisen.«

»Ebensogut hätte er den Teufel selbst einladen können«, knurrte Master Stern. Er ließ sich auf der Truhe am Fußende des Bettes nieder, zerrte einen seiner Stiefel herunter und schleuderte ihn wütend durch das Zimmer. Offensichtlich barst er vor unterdrücktem Zorn, und sein Neffe war nur zu gern bereit, ihm zuzuhören. Was sich Nicolas' Vater denn bloß vorstelle, diese ekelhaften Wucherer einzuladen, begehrte er auf. Ein Junge in Nicolas' Alter wisse vielleicht über diese italienischen Räuber nicht Bescheid, aber ein Kaufmann der Wollhändlergilde sollte hier klar sehen.

»Was tun sie denn?« fragte Nicolas gespannt.

»Was sie tun? Sie reiten durch das Land, betrügen ehrliche Männer um ihren Gewinn, und das Geld, das sie auf so gemeine Weise an sich gerissen haben, verleihen sie dann wieder zu ungeheuren Zinsen. Ich sage dir, Neffe, sie sind der Fluch unserer modernen Welt, schlimmer als die schwarze Pest! Jeglichen Handel besudeln sie mit ihren Florins – ja, wir übernehmen sogar die Münzen, die den Namen ihrer Stadt – Florenz – tragen!«

Nicolas seufzte. Er mußte plötzlich an Messer Antonio denken, an sein liebenswürdiges, heiteres Lächeln, und wie freundlich er seinen Arm untergefaßt hatte, als sie miteinander im Garten promenierten. Messer Antonio war bestimmt nicht wie die schwarze Pest, wenn das auch für Krötengesicht zutreffen mochte.

Onkel John schnaubte verächtlich. »Du bist leicht zu betören, mein Junge. Mir ist ein Teufel im feurigen Schuppengewand lieber als ein Teufel in Seide. Dieser mißgestaltete kleine Kerl, der Schreiber, sieht wenigstens so aus, wie er ist, aber dein glatter, lächelnder Kaufherr ist der Gefährlichere von den beiden.« Plötzlich gähnte er. »So wahr mir Gott helfe, ich bin diese lombardischen Wucherer leid, nirgends ist man vor ihnen sicher. Es geht mich ja nichts an, aber ich fürchte sehr, es bedeutet nichts Gutes, daß sie hier sind, von deinem Vater festlich bewirtet.«

Er warf seine Kleidungsstücke über einen Schemel. Dann, nur noch mit Hemd und Hose bekleidet, ging er zum Fenster zurück und schnallte von seinem Gürtel das scharfe doppelschneidige Messer los, das einem kurzen Schwert ähnelte und das jedermann trug, der auf Reisen ging. Er zog die Klinge aus der Scheide und fuhr mit dem Daumen sorgfältig über beide Schneiden, um ihre Schärfe zu prüfen. Wie gebannt starrte Nicolas auf den im Mondschein glitzernden Stahl.

Befriedigt steckte John Stern es wieder in die Scheide und legte es auf einen Hocker neben seinem Kopfpolster. Obwohl kein Wort dabei gefallen war, hatte dieser Vorgang tiefen Eindruck auf Nicolas gemacht. Er hatte nicht vergessen, wie unten an der Festtafel Messer Antonios Hand zum Dolch gegriffen hatte. Wenn Onkel John und der Lombarde längere Zeit zusammen wären, würde es sicher Blutvergießen geben.

Dabei fiel ihm etwas anderes ein.

»Onkel John«, fragte er plötzlich, »warum wurdest du so böse, als dich der Lombarde fragte, ob du den Hafen von Newport gut kennst?«

Sein Onkel lachte kurz auf. »Ich wurde böse, mein Junge, weil er mich absichtlich reizen wollte. Newport ist ein Schlupfwinkel für Piraten, und gerade die schlimmsten suchen es auf, um Proviant an Bord zu nehmen und ihre Beute an Land zu bringen. In Newport gibt es Leute, die mit der Beute der Seeräuber Handel treiben. Sogar der Rentmeister der Insel hat dabei seine Hand im Spiel. Wenn man einen Seemann in dieser Weise fragt, ob er Newport gut kenne, heißt das soviel, wie ihm auf den Kopf zuzusagen, er sei ein Pirat.« Er hielt inne, pfiff leise eine kleine Melodie und sagte dann beiläufig: »Natürlich kannte ich mich gut aus auf dem Fluß bei Newport, aber das ist viele Jahre her, als ich noch ein junger Bursche war. Jetzt aber bin ich ein ehrbarer Schiffskapitän von Bristol und Mitglied der Gesellschaft der Eroberer-Kaufleute. Das sollen die sich gefälligst merken.«

Die Bettdecke wurde hochgehoben, und die über Kreuz gespannten Schnüre, auf denen die Matratze lag, knarrten, als er ins Bett stieg. Nicolas rückte auf seiner Seite möglichst hoch.

»Bist du wirklich auf dem Weg nach London, um den König aufzusuchen?« fragte er eifrig. »Du hast mir versprochen, davon zu erzählen.«

Onkel John, der seiner beengenden Kleidung ledig war, kratzte sich genußvoll. »Die Pest über dich, Junge, muß das alles noch heute abend sein?« murrte er. »Aber nun, ein Versprechen ist ein Versprechen. Doch gib acht, das ist nur für deine Ohren bestimmt. Seit dein Vater mit diesen lombardischen Gaunern auf so vertrautem Fuß steht, werde ich es nicht einmal ihm erzählen. Es ist wirklich wahr, daß ich nach London reite, um den König aufzusuchen.

Nur werde ich höchstwahrscheinlich von seinen Beamten abgespeist werden. Ich will nämlich Geld, und man sagte mir, daß es leichter ist, Wasser aus einem Stein herauszupressen, als von Heinrich Tudor Geld zu bekommen. Wir sind unserer vier, die in dieser Sache stecken. John Cabot, sein Sohn Sebastian, Richard Ameryk und ich, alles Seekapitäne von Bristol. Und vom König wollen wir die Bestallung, nach Westen zu segeln, der untergehenden Sonne nach, bis wir die Küsten von Indien erreichen.«

Der Mond war inzwischen durch das ganze Zimmer gewandert und schien hell auf Nicolas' Bett, ehe es ihm gelang einzuschlafen.

Onkel Johns Erzählungen hatten ihn in eine solche Aufregung versetzt, daß die Gedanken in seinem Kopf nur so durcheinander wirbelten. Bisher hatte er nur Unbestimmtes über die Seefahrer gehört, die auf der Suche nach den wunderbaren Inseln waren – der Insel des Heiligen Brendan oder der Insel Brasilia – und er hatte nie recht darauf geachtet. Es war alles so weit entfernt von Burford. Aber hier war nun Onkel John, der wirklich und wahrhaftig plante, mit seinem eigenen Schiff nach Indien und China zu segeln, in all diese sagenhaften Länder, über die man beim Abendessen gesprochen hatte – mit Macht war das alles plötzlich lebendige Wirklichkeit geworden.

Überall spukte der Gedanke herum, daß man Asien erreichen könne, indem man nach Westen segelte. Darüber redete man unter den Seefahrern schon seit langem. Die Erde sei schließlich rund wie ein Apfel, so sagte man, und wenn ein Schiff nach Westen segelte, über den unbekannten Ozean, so mußte es früher oder später auf die ostindischen Inseln und die östlichen Küsten von Asien stoßen.

Weit draußen im Ozean lagen zahlreiche Inseln. Einige hatten die Portugiesen entdeckt und in Besitz genommen, die Kanarischen Inseln, die Azoren, Madeira. Aber es hieß, es gäbe noch andere und größere. Alte Legenden und Seemannsgeschichten berichteten davon, daß fern im Westen von Irland die Insel des Heiligen Brendan und die große Insel Brasilia lag, die sich etwa in der Mitte zwischen

Europa und Asien befinden sollte. Das Sonderbare aber war, daß, obwohl jeder von der Insel Brasilia gehört, sie doch bisher keiner zu Gesicht bekommen hatte – denn keiner, der dort gelandet war, war je wieder zurückgekehrt, um die Geschichte erzählen zu können. Jahr für Jahr waren Seeleute von Bristol und anderen Häfen aus so weit sie konnten nach Westen gekreuzt und waren auf mühsamem Zick-Zack-Kurs zurückgekehrt, doch keiner hatte sie je gefunden.

Er ging auf Zehenspitzen zur Tür.

Aber jetzt gab es da einen Kapitän, Christoph Columbus, der vor einigen Jahre in Bristol gewesen war – der hatte den Plan, stracks nach Westen zu segeln, ohne sich um irgendwelche Inseln zu kümmern, sondern immer weiter zu fahren, bis er Ost-Indien erreichen würde, jenes Wunderland in Asien, über das der Venezianer Marco Polo geschrieben hatte.

Dieser Christoph Columbus war ein ausgezeichneter Seemann. Onkel John kannte ihn gut, auch seinen Bruder Bartolomeus. Er hatte einst mit ihnen zusammen eine Reise nach Island gemacht. Seit jener Zeit war Columbus kreuz und quer durch Europa gereist, um einen Geldgeber für eine Expedition zu finden; drei Schiffe wollte er, ausgerüstet für ein Jahr. Er hatte sogar seinen Bruder zu König

Heinrich nach England geschickt. Eine herrliche Gelegenheit. Aber der König war so schwerfällig. Bis er schließlich zu einem Entschluß gekommen war, hatte Columbus seine Schiffe von Spanien erhalten. Es war schon fast ein Jahr her, seit er die Segel gehißt hatte. Vielleicht hatte er Indien inzwischen erreicht, wahrscheinlich aber lag er auf dem Grund des Meeres.

Hier nun fing der wirklich aufregende Teil der Geschichte an. Onkel John hatte erst davon gesprochen, nachdem Nicolas ihn angefleht hatte, er möge doch weiter erzählen. Aber ehe er begann, kletterte er aus dem Bett, schlich auf Zehenspitzen zur Tür und riß sie auf, um sich zu vergewissern, daß kein Lauscher davor stand.

»Warum hast du denn das getan?« fragte Nicolas, als sein Onkel in das Bett stieg.

»Weil das Haus voll von Italienern ist. Und was ich dir erzählen werde, ist ein Geheimnis, über das man nicht einmal flüstern sollte, solange ein Italiener sich irgendwo in der Nähe befindet. Auf allen Meeren wimmelt es von ihnen. Columbus ist Italiener, ebenso Master Cabot und seine Söhne, obwohl die jetzt in Bristol vor Anker liegen und schwören, daß sie gute Egländer seien. Aber wenn diese langnasigen Wucherer wittern sollten, was ich hier unter meinem Kopfkissen habe, bekäme ich mit Sicherheit einen Dolch in den Rücken.«

»Was ist es denn?« flüsterte Nicolas zutiefst beeindruckt und strengte seine Augen an, um in den dunklen Schatten den Umriß des Kissens unter dem Kopf seines Onkels auszumachen.

Aber John Stern wollte nichts verraten. Er lachte nur und fuhr mit seiner Erzählung fort.

Vor einigen Wochen hatte ein alter Seemann ihn an Bord seines Schiffes aufgesucht, als er im Hafen von Bristol vor Anker lag. Der Mann war Ire, aus der Bucht von Dingle, die noch um einiges weiter westlich lag als Bristol. Er behauptete, die Insel Brasilia tatsächlich zu kennen. Mit einer kleinen Mannschaft sei er von Dingle aus nach Westen gesegelt und auf der Insel gelandet, die in der Tat ein Land des Überflusses sei, voller Tiere und Früchte und Wasser, so daß man sich unbegrenzt mit Essen und Trinken versorgen könne. Auf der Rückfahrt waren die Iren von Seeräubern überfallen worden, und der alte Mann war der einzige, der die Heimat wieder erreicht hatte. Aber die Karten der Insel hatte er gerettet, wie er sagte. Er hatte sie nun nach Bristol gebracht, und John Stern hatte sie ihm für eine Riesensumme abgekauft. Anhand dieser Karten müßte es eigentlich einfach sein, nach Brasilia zu segeln und dort das Schiff mit frischem Trinkwasser und Nahrungsmitteln zu versehen. Wenn sie von dort, in der Mitte des Ozeans, von neuem aufbrachen, könnten sie selbst jetzt noch die ersten sein, die Indien oder die Küsten Asiens erreichten. Auf diese Weise würden sie einen Teil jener sagenhaften Reichtümer, die der Handel mit Seide, Gewürzen und Edelsteinen einbrachte und den die Italiener für ihre großen Handelsstädte beanspruchten, für England gewinnen.

Nicolas war so aufgeregt, daß an Schlaf gar nicht zu denken war. Vergeblich mahnte sein Onkel, daß es weit nach Mitternacht sein müsse. Selbst das Versprechen, daß er ihm die Karten am nächsten Morgen wirklich zeigen wollte, konnte ihn nicht zur Ruhe bringen. Noch lange, nachdem kräftige Schnarchlaute verkündeten, daß John Stern in tiefem Schlaf lag, blieb Nicolas aufrecht sitzen, die Arme um seine Knie geschlungen.

Vor dem Armenhaus.

Eine beschlossene Sache

Am nächsten Morgen jedoch schlief er so fest, daß er erst erwachte, als seine Mutter ihn schüttelte. Noch halb im Traum hörte er sie sagen, daß die Kirchenuhr viertel vor sieben geschlagen habe und er zu spät zur Messe komme, wenn er sich nicht beeile. Selbst dann stand er noch nicht gleich auf, sondern starrte seinen Onkel John an, der sich umgedreht hatte und wieder schnarchte. Erst als er hörte, wie sie das Haus verließ, sprang er aus dem Bett. Es war natürlich richtig, daß jeder, der konnte, jeden Morgen zur Messe ging, aber er wünschte sich sehnlich, ein einziges Mal nur im Bett liegen bleiben zu können.

Es war so spät geworden, daß er den ganzen Weg den Hügel hinunter rennen mußte. Glücklicherweise brauchte er heute nicht zu ministrieren, sonst würde er Schelte von Master Richard, dem Pfarrer, bekommen. Als er die Kirche betrat, hatte die Messe schon begonnen. Durch den geschnitzten Lettner hindurch erhaschte er einen Blick auf das Ornat des Priesters. Es war rot für die Pfingstzeit.

Die Gemeinde stand in kleinen Gruppen beieinander, die sich an den Stellen zusammendrängten, von denen aus der Altar am besten zu sehen war. Eine größere Gruppe stand in der Nähe der Tür; das waren die, die hinterher schnell hinausschlüpfen mußten, um ihr Tagwerk zu beginnen.

Die Gedenkplatte seiner Großeltern.

Nicolas trat zu seinem Vater, der an eine Säule gelehnt stand. Seine Mutter saß in der Mitte der Kirche auf einer der wenigen geschnitzten Bänke, mit einem Kissen für ihre Knie. Am anderen Ende der Bank kniete Messer Antonio Bari, der sich zum Schutz gegen die Kühle des englischen Morgens eng in seinen pelzbesetzten Mantel gehüllt hatte. Nicolas bemerkte zu seiner Genugtuung, daß er die große bronzene Gedenktafel betrachtete, die dem Gedächtnis seiner Großeltern, einem anderen Nicolas Fetterlock und dessen Frau, gewidmet war. Die beiden Figuren, in voller Lebensgröße unter einem dreifachen Baldachin, stellten seinen Großvater als jungen Mann dar – seine Füße ruhten auf einem Wollballen – und seine Großmutter, die eine altmodische spitze Haube trug und auf deren Röcken ein kleiner Hund wie Bel lag. Es gab da auch eine lateinische Inschrift, die mit »Hic jacet Nicolus Fetterlock«, »Hier ruht Nicolas Fetterlock«, anfing. Der Baldachin war mit dem Fetterlocksiegel geschmückt. Es war die schönste Bronzetafel in der ganzen Kirche, und Nicolas war sehr stolz darauf.

Als am Altar ein Glöckchen ertönte, kehrte seine Aufmerksamkeit wieder zurück. Sein Vater war niedergekniet und Nicolas folgte seinem Beispiel. Als die Kälte des Steinbodens durch seine Hose drang, wünschte er, er hätte es seinem Vater gleichgetan und einen langen Mantel angezogen. Dann kündigte eine andere Glocke den feierlichen Höhepunkt der Messe an, er senkte den Kopf und betete.

Nach Beendigung der Messe wartete er draußen vor der Kirche auf seine Mutter, um, wie sie das gerne hatte, ihre Bücher und ihr Kissen zu tragen. Sie war sehr fromm, und während sie noch in der Kirche verweilte, um vor dem Altar der Heiligen Katharina, ihrer Schutzheiligen, eine Kerze anzuzünden, hockte er sich auf die Kirchhofsmauer und sah zu, wie die alten Leute vom Armenhaus, das der große Graf von Warwick gestiftet hatte, an ihm vorbeihumpelten, ihren Morgenschwatz beendeten und zum Frühstück hineingingen. Es war ein herrlicher Morgen und so still, daß er das Blöken der Schafe und das Bimmeln der Schafglocken vom Fluß herauf hören konnte, wo das Waschen vor sich ging. Das bedeutete, daß Giles, Hal und die anderen ihre Arbeit bei der Herde der Mutterschafe bereits aufgenommen hatten. Er hatte selber dabei geholfen, den Mutterschafen die Glocken umzubinden. Liebend gern wäre er zu ihnen gegangen, um mitzuarbeiten, aber die Zeit war zu knapp. Er mußte ins Pfarrhaus zu seinem Unterricht bei Master Richard gehen.

Wegen Nicolas' Erziehung hatte es manche Auseinandersetzung zwischen seinen Eltern gegeben. Als er klein war, wurde er in eine Schule geschickt, die ein reicher Wollhändler für bedürftige Knaben gestiftet hatte. Die Schule gehörte zur Kirche, und ein Priester, der Singmeister, unterrichtete zehn Jungen, die nicht nur lernen, sondern auch für das Seelenheil ihres Wohltäters beten mußten.

Nicolas' Mutter hatte heftig dagegen protestiert. Sie wollte nicht, daß man ihren Sohn für ein Kind armer Leute hielt; doch sein Vater hatte alle Einwände verworfen. Er bezahlte Schulgeld für Nicolas und stellte damit die Mittel für einen weiteren bedürftigen Schüler zur Verfügung. So trug Nicolas also die Kleidung der Armenschule, bis er deren einfachem Anfangsunterricht entwachsen war.

Danach brachen die gleichen Auseinandersetzungen aus. Seine Mutter wollte ihn als Pagen in das Haus eines Adligen geben oder andernfalls auf die Universität nach Oxford schicken. Dort könnte er mit vierzehn Jahren – vielleicht schon früher – aufgenommen werden. Dem widersetzte sich sein Vater mit großer Festigkeit. Sein Sohn sei weder ein Herr mit Adelswappen, noch solle ein Gelehrter aus ihm werden. Er sei nur eines einfachen Kaufmanns Sohn, und er habe denselben Beruf zu erlernen wie sein Vater. Wenn er schon weggeschickt werden sollte, dann nur nach London, und zwar als einfacher Lehrling. Man einigte sich schließlich auf einen Kompromiß. Nicolas durfte zu Hause bleiben, als Lehrling seines Vaters, und sollte darüber hinaus Unterricht beim Pfarrer bekommen, Master Richard Chauncellor, einem gelehrten Mann, der in Oxford studiert hatte. Wenn ein Pfarrer den Titel »Master« führte, hieß das, daß er den Grad eines Magisters erworben hatte. Andernfalls wurde er einfach als »Sir« angeredet, wie Sir John Tucker in Netherfield oder Sir Peter Stubb in Wold, die beide zweifellos treffliche Pfarrer waren, aber außer ihren kirchlichen Büchern nichts weiter studiert hatten. Es war ein Glück für Nicolas, daß sie in Burford einen Pfarrer wie Master Richard hatten, der bereits die Söhne einiger wohlhabender Bürger der Stadt unterrichtete.

Endlich, als Nicolas meinte, sie käme überhaupt nicht mehr, trat seine Mutter aus der Kirche, gefolgt von Master Antonio Bari. Der Lombarde reichte Nicolas Kissen und Gebetbuch seiner Mutter. Sie besaß die neue, in Oxford auf Papier gedruckte Ausgabe; das alte, mit der Hand geschriebene Buch benützte sie nicht mehr.

Er ging hinter ihnen her, wobei er den Blick seiner Mutter vermied. Er wußte, daß Bel unter ihrem Mantel versteckt war, – sorgfältig vor Master Richard verborgen, der es nicht leiden mochte, daß die vornehmen Damen ihre Schoßhündchen mit in die Kirche brachten. Bels spitze Nase kam zwischen den Falten ihres Mantels hervor, und Nicolas schaute schnell in die andere Richtung, da er keine Lust hatte, das kläffende kleine Vieh zu tragen.

Messer Antonio trug seine vornehmen Manieren trotz der Morgenkühle so glänzend wie stets zur Schau. Während sie den Hügel hinauf wandelten, pries er die Tugenden der Engländer, ihre Frömmigkeit, ihren Pflichteifer. Schon sein alter Freund, Messer Trevisian, ein Venezianer, der England gut kenne, habe dies gerühmt; nun aber sei ihm selbst vergönnt, das alles mit eigenen Augen zu sehen. Würdevoll dankte Mistress Fetterlock für dies Lobpreisung, aber Nicolas wußte diesmal nicht, was er davon halten sollte. Er hörte noch Onkel Johns Worte:»Dein glatter, lächelnder Kaufherr . . .«. Wer hatte recht? Onkel John? War Messer Antonio nicht zu edel, um echt zu sein? Als sie das Haus erreichten, war er froh, die Erwachsenen in der Halle verlassen zu können, wo sie sich mit dicken Scheiben Wildschweinfleisch stärkten, während er in der Anrichtekammer einen großen Kanten Brot und Käse aß und mit viel süßem Apfelmost hinunterspülte.

Kaum hatte er seine Mahlzeit beendet, als Onkel John hereingeschlichen kam, den Finger an die Lippen gelegt. Er habe lange geschlafen, sagte er, und die Herren Geldverleiher nähmen ihr Frühstück jetzt in der Halle. Er würde lieber hier einen Becher Bier trinken, falls Nicolas ihm einen verschaffen könne.

Nicolas war entzückt. Er füllte einen großen Humpen vom Faß im Vorratsgewölbe, brachte ihn seinem Onkel und erinnerte ihn an die alte Seefahrerkarte von der Insel Brasilia. John Stern bedurfte keiner Ermunterung. Bereitwillig zog er aus einer Innentasche seines Wamses eine dünne Rolle Pergament, die in einer seidenen Hülle steckte. Nachdem sich Nicolas auf seinen Wink hin vergewissert hatte, daß alle Türen geschlossen waren, entrollte er sie liebevoll, breitete sie auf dem Holztisch aus und beschwerte sie mit Tellern, Bechern und Brotstücken.

Zunächst konnte Nicolas nicht schlau daraus werden. Erst als Onkel John ihm – mit Hilfe eines Hornlöffels als Zeigestock – zeigte, welchen Kurs ein Schiff einzuschlagen habe, begriff er, was See und was Land bedeuten sollte. Was ihm sein Onkel da erklärte, versetzte ihn in große Aufregung. Die Insel schien einen guten sicheren Hafen zu haben, in dem man vor allen Meerjungfrauen, Seeschlangen und anderen Gefahren Schutz fand. Auf der Karte waren auch die Flüsse und Seen mit Süßwasser zu sehen, die Haine mit Bäumen voller süßer Früchte sowie die Schlupfwinkel von Vögeln und Tieren, die man fangen konnte, um die Speisekammer eines Schiffs aufzufüllen, das sich auf seiner Reise über den Atlantischen Ozean zu den Küsten Asiens befand.

Ihre Köpfe steckten dicht beieinander, als Nicolas hörte, wie sein Name gerufen wurde. Das war die Stimme seiner Mutter. Widerstrebend glitt er vom Hocker und ging in die Halle.

Die Lombarden seien im Begriff abzureisen, sagte seine Mutter. Er solle rasch einen Abschiedstrunk holen und dann die Mäntel bereit halten, während sie aufsaßen.

Alles versammelte sich vor der Haustür, um die Gäste abreiten zu sehen: Thomas Fetterlock und seine Gemahlin, Nicolas, Dickon, Bernard und alle übrigen Diener, die gaffend dabei standen oder hinter den Fensterscheiben hervorlugten. Ein Stück weiter die Straße hinunter wartete der Rest der Gesellschaft vom Tag zuvor, die Bewaffneten, das Packpferd und der Windhund. Schwungvoll verneigte sich Messer Antonio fast bis zum Boden und beteuerte, daß es ihn tief betrübe, ein so gastliches Haus verlassen zu müssen, aber sie müßten sich nun in aller Eile nach Southampton begeben, um das Beladen ihrer Galeeren zu beaufsichtigen. Selbst Krötengesicht dankte mit widerlich übertriebener Höflichkeit. Aus dem Becher, den Nicolas bereit hielt, stießen alle auf ihr nächstes Wiedersehen an und tranken einander zu. Unter lautem Stimmengewirr, Hufegetrappel und Klirren von Harnischen ritten sie endlich davon.

Nicolas versuchte sogleich, zu Onkel John in die Anrichtekammer zurückzuschlüpfen, aber zu seinem größten Erstaunen ergriff

»Vermählen?«

sein Vater ihn bei der Schulter. Er wolle mit ihm sprechen, sagte er. Er habe ihm etwas Wichtiges mitzuteilen, und zwar am besten sofort. Wenn Nicolas dadurch zu spät zu seinem Unterricht bei Master Richard käme, würde er das in Ordnung bringen.

Nicolas folgte ihm in den Raum, der »Kontor« genannt wurde, wo sein Vater, wenn er zu Hause war, seine Geschäfte erledigte. Es war ein kleiner getäfelter Raum, der einen aufgebockten Tisch enthielt, über den eine Decke gebreitet war, außerdem zwei Stühle, einige Regale, auf denen die dicken, in Leder gebundenen Hauptbücher lagen, einen kleinen verschlossenen Geldkasten, ein Tintenfaß, einen Behälter für Streusand und Federkiele, Scheren, Bindfaden und allerlei geschäftlichen Kram.

Thomas Fetterlock setzte sich an den Tisch, stützte die Ellenbogen auf und begann in Gedanken verloren den verstreuten Sand zu kleinen Häufchen zusammenzuschieben. Nicolas, von plötzlicher Angst ergriffen, durchforschte eilends sein Gedächtnis nach irgendwelchen Missetaten, die er begangen haben könnte.

Plötzlich blickte sein Vater auf.

»Du bist jetzt ein großer Junge, mein Sohn«, sagte er. »Ich glaube, daß es an der Zeit ist, dich zu vermählen.«

Nicolas stockte der Atem. »Vermählen?« All sein Erstaunen, all seine Bestürzung lagen in diesem einen Wort. Heiraten und Sterben – das waren Dinge, die anderen Menschen zustießen, aber nicht einem selbst.

»Nun denn, verloben, – wenn dir das Wort besser gefällt. Es läuft auf dasselbe hinaus, da eine Verlobung, die richtig vertraglich festgelegt wird, nahezu ebenso bindend ist wie eine Vermählung. Als ich in deinem Alter war, war ich schon ein Jahr lang mit deiner Mutter verlobt. Heiraten kannst du jetzt noch nicht, die Braut ist zu jung.«

»Die Braut«. Das wurde ja immer schlimmer. Offensichtlich war alles schon ausgemacht. Und wer sollte die künftige Braut sein? Er dachte an alle Mädchen, die er kannte. Eine schien immer schlimmer als die andere.

Als sein Vater bemerkte, wie weiß Nicolas geworden war, klopfte er auf den Stuhl neben sich.

»Ihr Name ist Cecily Bradshaw. Sie wohnt in Newbury. Sie ist elf Jahre alt und so ein reizendes, lebhaftes Mädchen, daß du nirgends ein besseres finden kannst. Höre, mein Sohn, ich will dich nicht zwingen. Lerne sie erst einmal kennen, – wenn sie dir zuwider ist oder du ihr, dann werde ich die Angelegenheit nicht weiter verfolgen, obwohl mich das mein ganzes Vermögen kosten würde. Komm, setz dich zu mir, ich will dir alles erklären.«

Nicolas setzte sich, er war ganz verwirrt.

Thomas Fetterlock sprach in so einfachen Worten zu ihm, als ob er ein kleines Kind vor sich hätte. Er begann mit der Gilde. Nicolas wisse doch, daß er, Thomas Fetterlock, Wollkaufmann, Mitglied der Gilde sei, wie schon sein Vater vor ihm, und, wie er hoffe, sein Sohn nach ihm.« Die Gilde der Wollkaufherrn ist die mächtigste aller Handelsgilden«, fuhr er fort. »Ihren Sitz hat sie in Calais, der letzten Stadt auf französischem Boden, die noch in englischer Hand ist. Die Gilde trägt die Verantwortung für die Verwaltung der Stadt, zahlt für ihre Garnison und Verteidigung und erhält Recht und Ordnung aufrecht. Es heißt, wenn die Gilde versagt, wird England auch Calais verlieren.«

Von Calais aus kontrollierte die Gilde die gesamte englische Wollausfuhr. Nicht ein Vlies, nicht ein Wollballen konnte in Frankreich oder Flandern, den reichsten Märkten der Welt, verkauft werden, ohne vorher in Calais von den Leuten der Gilde verzeichnet, geprüft und mit einem bestimmten Preis versehen zu werden. Zwar durften einige Ausländer mit einer Sonderlizenz des Königs kleinere Mengen Wolle direkt kaufen, aber selbst diese durfte ohne Genehmigung der Gilde nicht nach Flandern gehen. All diese Regelungen waren vorzüglich zu der Zeit, als die Gilde zu Nutz und Frommen ihrer dreihundert Mitglieder verwaltet wurde, doch in den letzten Jahren war die Macht in die Hände der zwanzig oder dreißig größten Händler übergegangen, die nur noch ihre eigenen Interessen verfolgten. Sie setzten die Preise fest und hielten das Geld so lange zurück, daß es drei oder vier Jahre dauerte, bis die kleineren Händler bezahlt wurden. Infolge all dieser Geschehnisse war der Handel zurückgegangen. Keine Firma konnte mehr als dreihundert Ballen pro Jahr ausführen, während es zur Zeit seines Großvaters fünfmal so viel gewesen war. Jedermann war in Schwierigkeiten geraten. Selbst sein eigenes Geschäft wäre ruiniert gewesen, hätte er nicht von den Lombarden Geld geliehen.

Nicolas hatte bisher nur mit einem Ohr zugehört, da dies alles nichts mit seiner Verlobung zu tun zu haben schien. Doch als sein Vater die Lombarden erwähnte, spitzte er die Ohren.

»Die Lombarden«, wiederholte er. »Oh, Sir, meint Ihr diese Lombarden, Messer Bari und den anderen? Mein Onkel sagte, das seien Wucherer.«

»Dein Onkel redet zuviel«, erwiderte sein Vater scharf. »Messer Antonio Bari ist ein Bevollmächtigter der Medici, die die zuverlässigsten Bankiers der Welt sind. Ich kann mich glücklich schätzen, mit ihnen zu tun zu haben. Ich möchte dich ersuchen, mir keine üble Nachrede über die Lombarden zuzutragen.«

Nicolas schwieg zu diesem Tadel. Er wünschte, sein Vater würde wieder auf die Vermählung zu sprechen kommen. Als ob dieser seine Gedanken lesen könnte, lächelte er ihm plötzlich zu.

»Geduld, mein Sohn, du denkst, das alles hat mit deiner Verlobung nichts zu tun, doch ich komme gleich darauf. Hast du jemals den Webern zugeschaut, die auf ihren Webstühlen Tuch herstellen?«

Verblüfft bejahte Nicolas. Viele Leute in Burford hatten Webstühle, die in Schuppen hinter ihren Häusern aufgestellt waren. Wenn man die Straßen entlang ging, konnte man das Klappern und Klopfen hören.

Master Fetterlock nickte. »Sagt dir das etwas? Ich habe dir erklärt, daß meiner Meinung nach die Aussichten für den Wollhandel düster sind. Eine Möglichkeit aber gibt es – Tuch.«

Er hielt inne und blickte Nicolas an, um festzustellen, ob er das begriffen habe. Dann fuhr er fort.

»Flandern war die Heimat der großen Tuchhändler. Flämische Weber kauften die beste englische Wolle – natürlich nachdem sie von der Gilde durchgelassen war – und verarbeiteten sie zu Tuch, das sie in ganz Europa verkauften. Bisher hatten sie die Märkte für sich, doch neuerdings mußten sie mit den englischen Tuchmachern konkurrieren.

Der kluge alte König Edward III. hatte vor über hundert Jahren bereits geahnt, wie der Wind wehen würde, und hatte flämische Weber, Färber und Walker ermuntert, sich in England niederzulassen, so daß auch die Engländer in die Geheimnisse dieses Handwerks eindringen konnten. Allmählich war der englische Tuchhandel gewachsen, bis er jetzt ebenso groß und bedeutend war wie der Wollhandel, nur wesentlich einträglicher. Auf Rohwolle lag eine riesige Ausfuhrsteuer. Aber zu Tuch verarbeitet konnte sie fast steuerfrei exportiert werden. Und Tuch wurde von der Gilde nicht kontrolliert. Die Tuchhändler hatten sich einer anderen Gilde angeschlossen, der Gesellschaft der Eroberer-Kaufleute, die das Tuch auf eigenen Schiffen in alle Länder der Welt brachte.«

Wieder spitzte Nicolas die Ohren. Onkel John hatte die Eroberer-Kaufleute erwähnt.

»Und so, mein Sohn«, sagte sein Vater, »werde ich mich mit einer Tuchfirma zusammenschließen. Ich habe eine gute große Firma gefunden, das Haus Bradshaw in Newbury. Ich verkaufe ihnen bereits meine Wolle, ohne jegliche Steuer natürlich, und ohne von den Launen der Herren der Gilde abhängig zu sein. Wenn mein Sohn die Tochter des Master Edward Bradshaw heiratet, werden uns beide Türen offenstehen, Tuchhandel und Wollhandel, und die Zukunft für dich und deine Kinder dürfte gesichert sein.«

Als Nicolas seinen Vater eine halbe Stunde später verließ, wußte er nicht, wo ihm der Kopf stand. Das war alles ebenso plötzlich über ihn gekommen, wie eines dieser Sommergewitter, die über den Cotswolds ausbrechen. Der Gedanke, daß er eine Wahl haben oder gar protestieren könne, kam ihm nicht. Er war, wie jeder andere Knabe, jedes andere Mädchen, in unbedingtem und blindem Gehorsam erzogen worden. Jegliche Anwandlung von Auflehnung hatte man ihm in so frühem Alter ausgetrieben, daß er nicht einmal eine Erinnerung daran hatte. Überdies hatten seit jeher die Eltern die Heiraten ihrer Kinder arrangiert, und eines Tages mußte er ja doch heiraten. Die Schwierigkeit lag nur darin, daß das so völlig unerwartet gekommen war.

Die Verlobung würde nun schon bald stattfinden. Bereits in wenigen Tagen sollte er mit seinem Vater nach Newbury reiten, um seine zukünftige Frau kennenzulernen. Da er ohne Schwester aufgewachsen war und sein Leben lang mit Jungen gespielt hatte, waren Mädchen ihm fremd. Der Gedanke, nun für immer an eine zimperliche und gezierte kleine Memme gebunden zu sein, war ihm verhaßt.

In dieser ganzen schrecklichen Angelegenheit gab es nur einen Trost: der große Jahrmarkt von Newbury am Tage vor Fronleichnam, der während ihres Besuches stattfinden würde. Der Tuchmarkt von Newbury war der größte in den ganzen Cotswolds. Alle Wollproduzenten beluden ihre Packpferde und zogen nach Süden, in der Hoffnung auf Aufträge der Tuchmacher, die das Tuch herstellten und verkauften. Nicolas fand Jahrmärkte herrlich, obwohl er bisher nur die kleinen Märkte in seiner näheren Umgebung besucht hatte. Als sein Vater, um ihn aufzuheitern, den Fronleichnams-Markt in Newbury erwähnte, bat er sogleich, Hal mitnehmen zu dürfen. Und da sein Vater ihm in jenem Augenblick gern etwas zuliebe tun wollte, hatte er bereitwillig zugestimmt, Hal als Nicolas' persönlichen Bediensteten mitkommen zu lassen. Er würde sicher noch unbeholfen sein, doch konnte er von Dickon lernen.

Wie im Traum stieg Nicolas die Treppe zu seiner Schlafkammer hinauf, um seine Büchertasche zu holen. Er hätte natürlich schon längst im Pfarrhaus sein sollen. Während er noch auf der Treppe war, rief ihn seine Mutter zu sich. Sie befand sich in ihrem Gemach, einem großen Zimmer im ersten Geschoß mit einem Fenster, das über das Tal blickte. Es war ein freundliches Zimmer und roch so gut, weil sie immer duftendes Riedgras unter die Binsen mischte, mit denen der Boden bestreut wurde. Bunte Decken hingen an den

Eine Dose für Zuckerwerk.

Wänden und über dem großen Bett, auf dem tagsüber noch dicke Kissen lagen, so daß es die behaglichste Sitzgelegenheit im ganzen Haus war. Auch zwei bunt bemalte Truhen standen dort und ein Gebetsstuhl, in dem seine Mutter vor einem wunderschönen Gemälde der Geburt Jesu ihre Andacht verrichtete. Dieses Gemälde hatte sein Vater in Brügge gekauft.

Mistress Fetterlock war eifrig mit ihrem neuen Spinnrad beschäftigt. Als Nicolas eintrat, streckte sie ihm die Hand entgegen, und ehe er niederknien konnte, zog sie ihn an sich, legte einen Arm um ihn und küßte ihn auf die Wange. Mit derartigen Zärtlichkeiten ging seine Mutter sehr sparsam um. Nicolas fühlte einen Kloß im Hals und hoffte verzweifelt, sie möge nichts sagen, was ihn zum Weinen bringen würde. Aber Mistress Fetterlock dachte stets praktisch. Sie bemerkte nur, daß sein neuer Mantel und Rock bald aus Oxford eintreffen mußten, wobei Nicolas plötzlich klar wurde, daß all diese neuen Kleider wegen seiner Verlobung bestellt worden waren.

Dann hielt sie ihm eine wunderschöne neue Dose mit Zuckerwerk hin, die ihr Messer Antonio mitgebracht hatte. Sie war aus glasiertem Ton, mit blauen und braunen Schnörkeln verziert und einer großen blauen Lilie, dem Wappen von Florenz, wie sie sagte. Die Dose enthielt kandierte Früchte. Sie forderte ihn auf, sich eine Zukkerpflaume zu nehmen, aber um Himmelswillen seine klebrigen Finger nicht an der Hose abzuwischen.

Diese Süßigkeit war ein rechter Trost. Er hängte sich die Büchertasche über die Schulter und war im Begriff das Haus zu verlassen, als ihm Onkel John einfiel. In der Anrichtekammer hatte er ihn zurückgelassen, aber dort konnte er nicht mehr sein. Nicolas hoffte, daß er noch nicht fortgeritten sei, und da es bei seiner großen Verspätung auf ein paar Minuten mehr oder weniger auch nicht mehr ankam, machte er sich auf die Suche nach seinem Onkel und fand ihn bei den Ställen, wo er das Satteln seines Pferdes beaufsichtigte.

John Stern grinste ihn an, schlug ihm auf die Schulter und wünschte ihm von Herzen Glück. Offenbar hatte auch er die Neuigkeit schon vernommen. Plötzlich packte Nicolas seinen Onkel am Arm.

»Nimm mich mit«, flüsterte er mit heiserer Stimme. »Oh, Onkel John, laß mich mit dir gehen.«

»Mit mir? Wohin? Nach London?«

»Ach ja, nach London – irgendwohin – auf die Seereise zu der Insel oder nach Asien, mir ist alles gleich.«

John Stern brach in Gelächter aus:»Der Junge will vor seiner Braut davonlaufen. Das geht nicht. Du kannst dich glücklich schätzen, junger Mann. Ich wünschte, ich wäre in deinem Alter.«

So gab es also keinen Ausweg. Nicht einmal Onkel John konnte ihm helfen. Nicolas riß sich zusammen und machte sich von neuem auf den Weg zum Pfarrhaus. Onkel Johns herzhafte Späße hallten noch in seinen Ohren wider. Er mußte sich mit dem Versprechen zufriedengeben, daß Onkel John auf seinem Rückweg nach London wiederkommen, ihm die Karte noch einmal genau zeigen und erzählen würde, ob er tatsächlich mit König Heinrich gesprochen hatte.

Auch diesmal gelang es ihm nicht, ohne eine weitere Unterbrechung zu seinem Unterricht zu kommen. Auf halbem Wege begegnete er Hal, der zu Nash, dem Bader unterwegs war. Er half ihm oft Patienten festzuhalten, wenn ein Zahn gezogen oder ein Geschwür aufgestochen werden mußte. Nicolas konnte nicht umhin, Hal die Neuigkeit mitzuteilen, und er tat es mit Schwung.

Hal war sprachlos. »Heiraten?« rief er endlich, ebenso verblüfft wie Nicolas.

Als Hal ihn mit vor Erstaunen weit aufgerissenen Augen anstarrte, wurde es Nicolas plötzlich klar, daß von nun an eine unsichtbare Wand zwischen ihnen stehen würde. Die alten Bande würden sich lockern. Die langen glücklichen Tage bei den Schafen auf den Hügeln würden immer seltener werden. Nichts mehr würde so sein wie früher. Hal konnte sich wenigstens selbst eine Frau suchen, dachte er voller Neid. Und er brauchte noch lange nicht zu heiraten. Er brauchte überhaupt nicht zu heiraten, wenn er nicht wollte. Und wenn er heiratete, würde er sein Mädchen erst einmal so umwerben, wie das auch die anderen Burschen taten. Sie hatten oft Liebespaare beim Fluß oder im Wald gesehen, hatten sich über sie lustig gemacht, sie ausgepfiffen und Spaß daran gefunden. Nun dämmerte es Nicolas, daß die Jungen seines Standes nicht in dieser Weise um Mädchen warben. Für sie wurden die Heiraten geplant. Ihnen blieb keine Wahl, sie waren ganz und gar an die Anordnungen ihrer Eltern gebunden und hatten zu tun, was diesen Eltern beliebte.

Nicolas gab sich große Mühe, diese Gedanken zu unterdrücken, in dem Gefühl, daß er undankbar sei. Master Richard würde ihm bedeuten, daß Gedanken solcher Art auch sündig seien, denn nächst seiner Pflicht Gott gegenüber, war es seine Pflicht, Vater und Mutter zu ehren und ihnen zu gehorchen. Er wußte das gut, doch als Hal ihn da so schweigend anblickte, war sein Herz voller Auflehnung. Wieder fürchtete er, er könnte in Tränen ausbrechen, und so sagte er barsch, daß er gehen müsse.

Erst als er am Fuß des Hügels angekommen war, fiel ihm ein, daß er weder den Jahrmarkt von Newbury erwähnt hatte, noch, daß Hal ihn begleiten sollte.

Eine einsam gelegene große Scheune.

Die Scheune

Das Pfarrhaus lag dicht am Fluß, der viele Fische führte. Master Richard fischte gern – seinen Fang setzte er lebend in den Teich in seinem Garten. Der war niemals leer, und seine Pfarrkinder wußten immer, wo sie sich eine frische Forelle oder einen Barsch erbitten konnten.

Es war ein Fachwerkhaus, das auf einem Steinfundament ruhte und mit Eichenholz-Schindeln aus dem nahen Wychwood-Wald gedeckt war. Es hatte eine Halle, ein kleines Wohnzimmer, oben ein Schlafzimmer, die übliche Küche, Vorratsräume, Taubenschlag und Scheune. Es stand inmitten eines üppigen Gartens, und Master Richard war mit seinem Obst ebenso großzügig wie mit seinen Fischen. Seine Pfarrkinder liebten ihn, denn er diente ihnen von der Wiege bis zum Grab. Anderen Pfarrern mochte man ihren Zehnten ungern geben, nicht so Master Richard. Der zehnte Teil der Ernte wurde ohne weitere Mahnung in seiner Scheune abgeliefert. Jede zehnte Honigwabe, jedes zehnte Ei erschien in seiner Speisekammer, und auf sein Pfarrland wurde mehr Arbeit verwendet, als ihm gesetzlich zustand.

Als Nicolas die Haustür erreichte, hielt er inne und lauschte. Master Richard war streng mit seinen Schülern, und obwohl Master Fetterlock seinem Sohn versprochen hatte, ihm eine schriftliche Entschuldigung mitzugeben, hatte er nicht mehr daran gedacht. Nach den Geräuschen in der Halle zu urteilen, war Master Richard nicht anwesend – so hob er den Riegel und trat ein. Zwei Jungen befanden sich in der Halle. Der eine, ein großer stämmiger Bursche, Fulk Rollinson, der Sohn des am wenigsten beliebten Mannes in Burford, des Vogts und königlichen Steuereintreibers, spielte auf dem Fußboden mit Würfeln und sang mit lauter Stimme ein beliebtes Lied: »Liebchen, hab Mitleid«, das Master Richard gewiß nicht gebilligt haben würde. Der andere, ein dünner blasser Knabe, saß über ein Pergament gebeugt und malte mit unendlicher Sorgfalt an einem großen Anfangsbuchstaben.

»Wo ist der Master?« erkundigte sich Nicolas, der die aufgeschlagenen Bücher auf dem Lesepult bemerkte.

»Wo hast du denn deinen Grips gelassen?« grinste der große Junge. »Wußtest du nicht, daß heute vormittag eine Hochzeit ist? Übrigens warst du heute dran, das Weihwasser zu tragen. Master Richard mußte Stephen an deiner Stelle nehmen. Es wird nicht mehr lange dauern. Was ist denn mit dir los?«

»Vergessen«, sagte Nicolas kurz. Wahrscheinlich würde er Schläge vom Master bekommen, dennoch war er froh, das Ministrieren diesmal versäumt zu haben. Eine Hochzeit war das letzte, was er im Augenblick vertragen konnte. »Was für Aufgaben haben wir heute?« fragte er.

»Donat natürlich«, murrte Fulk und meinte damit den Alptraum eines jeden Schuljungen, die lateinische Grammatik nach Donatus, die schon Generationen von Schülern manchen Schweißtropfen gekostet hatte. »Aber ich lerne mal wieder meine ›Galgen-Verse‹. Kannst du mich abhören?«

Nicolas trat an das Lesepult und blätterte in den Seiten von Master Richards großem Psalter, bis er den 50. Psalm gefunden hatte.

Den 50. Psalm, das »Miserere«, lesen oder aufsagen zu können war nämlich für jemanden, der irgendeines Verbrechens angeklagt war, von großer Bedeutung: dadurch konnte er sich als Kleriker der heiligen Kirche ausweisen und wurde als solcher vor ein kirchliches Gericht und nicht vor den Königlichen Gerichtshof gestellt. Da die Kirche keine Todesstrafe verhängte, war es einem Missetäter möglich, allein durch die Kenntnis dieser Verse buchstäblich seinen Kopf vor dem Galgen zu erretten.

Nicolas nickte, als er die Stelle fand. »Schieß los«, forderte er ihn auf.

Schwungvoll begann Fulk mit dem lateinischen »Miserere mei, Deus«, aber schon nach wenigen Zeilen blieb er stecken.

Nicolas lachte: »Dieselbe Stelle. Du kommst niemals über den vierten Vers hinaus. Wenn du mit dem Miserere deinen Kopf retten wolltest, dich würde man bestimmt hängen.«

Fulk zuckte die Achseln. »Ach was, ich kann den ersten Vers, und eigentlich zählt ja nur der. Wenn man den kann, kann man das Vorrecht der Geistlichkeit beanspruchen.«

»Sag sowas ja nicht zu Master Richard«, erwiderte Nicolas verächtlich. »Der würde bitterböse sein bei dem Gedanken, einer seiner Schüler leierte diesen ersten Vers herunter, wie irgendein gewöhnlicher Strolch, um seinen Kopf zu retten. Und überhaupt, du müßtest erstmal eine Tonsur haben, ehe du behaupten könntest, ein Geistlicher zu sein.« Er lachte vor sich hin, als er Fulks widerspenstige, wirre Mähne betrachtete. Es war wirklich schwer, sich Fulk mit einer sauber geschnittenen Tonsur vorzustellen. »Ich glaube nicht, daß Master Richard dich für die Tonsur vorschlagen würde. Er legt sehr strenge Maßstäbe an, weißt du.«

»Ach, was ist schon eine Tonsur«, sagte Fulk hochnäsig. »Man rasiert dir oben auf dem Kopf die Haare ab, doch die wachsen schnell wieder nach! Aber wie dem auch sei – der Teufel hole die Psalmen. Laß uns würfeln.«

Nicolas beachtete diese Aufforderung nicht. Er fühlte sich angewidert von der leichtfertigen Art, mit der Fulk davon sprach, die Strafe für Verbrechen umgehen zu wollen, die er später vielleicht einmal begehen könnte. Nicolas wandte sich ab und trat zu dem anderen Jungen, der über sein Pergament gebeugt saß, um sich dessen Arbeit anzuschauen.

»Das ist wunderbar«, sagte er, als er die schönen gleichmäßigen Buchstaben sah, mit denen der Junge die vor ihm aufgeschlagene Bibelseite abschrieb. »*Du* solltest Geistlicher werden!«

Der dünne Junge blickte eifrig zu ihm auf. »Ich möchte Schreiber werden«, sagte er. »Master Richard hat versprochen, mir Arbeit in Oxford zu verschaffen. Das ist heutzutage ja schwierig, weil die Leute lieber gedruckte als handgeschriebene Bücher haben. Aber die Kirche wird immer Bücher brauchen, Psalter, Meßbücher, Evangelienbücher. Die wird man doch gewiß nie drucken, glaubst du nicht auch?«

Noch ehe Nicolas antworten konnte, hörte er Schritte auf dem Gartenpfad. Auch Fulk vernahm sie und ließ die Würfel schnell in seiner Tasche verschwinden. Als der Priester die Tür öffnete, war er in seine lateinische Grammatik vertieft.

Unterricht im Pfarrhaus.

Master Richard war ein großer hagerer Mann, dessen Schultern gebeugt waren von den langen Stunden, die er des Nachts bei Kerzenlicht über die Bücher gebeugt saß. Er hatte kluge blaue Augen, seine Miene war streng. Aber wenn er lächelte, wurden seine Züge weich, und Güte leuchtete aus ihnen. Nicolas erhob sich und erwartete getadelt zu werden, aber Master Richard nickte ihm nur freundlich zu. Und daran merkte Nicolas, daß auch der Master sein Geheimnis schon kannte. In der nun folgenden Unterrichtsstunde war der Priester nachsichtig mit ihm und stellte ihm nur leichte Fragen. Als der Unterricht beendet war und die anderen Jungens nach Hause gingen, bedeutete er Nicolas, noch zu bleiben.

Nicolas erschrak. Sollte er etwa über die ehelichen Pflichten belehrt werden? Aber Master Richard erwähnte die Verlobung mit keinem Wort. Statt dessen sagte er, er wolle mit Nicolas' Hilfe nachsehen, ob sich in seinen Aal-Reusen im Fluß etwas gefangen habe. Sie gingen miteinander hinaus, und Nicolas' bedrückte Stimmung war wie hinweggezaubert. Als sie zum Ufer gelangten, nestelte er im Handumdrehen seine Hose los und watete in den Fluß. Die Kälte des Wassers ließ ihn erschauern, und seine Zehen krümmten sich. Als schließlich alles nötige getan, die Reusen gereinigt, die gefangenen Aale in den Fischteich überführt waren, hatte er seinen ganzen Kummer vergessen. Ruhigen Gemütes und sehr hungrig wanderte er nach Hause.

Nach dem festlichen Abendessen vom Tag zuvor war die Mittagsmahlzeit heute einfach. Im Speisezimmer wurde seinen Eltern und ihm nur ein einziges Gericht aufgetragen, ein köstlicher Eintopf, in dem alle Fleischreste vom vergangenen Tag zusammengekocht waren. Und da Kinder in Gegenwart ihrer Eltern nicht unaufgefordert reden durften, widmete er sich ausschließlich seinem Essen.

Das Tischgespräch seiner Eltern aber drehte sich um ihn. Am Nachmittag sollte er mit Dickon nach Northleach hinüberreiten, sagte sein Vater.

»Reiten?« wiederholte Nicolas und überlegte, worauf er wohl reiten solle. Für sein Pony war er zu groß geworden. Er hatte immer das Gefühl, ausgelacht zu werden, wenn er seine Beine nach vorn streckte, um sie nicht auf der Erde schleifen zu lassen. Manchmal ritt er den Zelter seiner Mutter, aber er mochte dessen damenhaften, sanft hin und her schaukelnden Paßgang nicht leiden. Als besondere Belohnung durfte er manchmal Bayard besteigen, das mächtige braune Pferd seines Vaters, auf dem dieser die langen Strecken nach London und Dover zurücklegte.

»Dickon wird Bayard reiten«, erwiderte sein Vater bedächtig. »Und du kannst mit aufsitzen, entweder vorn oder auf dem Sattelkissen, ganz wie du willst.« Als er Nicolas' enttäuschtes Gesicht sah, zwinkerte er:»Auf dem Rückweg wirst du dann dein eigenes Pferd reiten.«

Nicolas' Löffel fiel in das Stew, so daß es spritzte, was seiner Mutter ein »t-t« entlockte. Sein eigenes Pferd! Das war die zweite große Überraschung dieses Tages, und wieviel erfreulicher als die erste!

»Du brauchst ein Pferd, um nach Newbury zu reiten«, fuhr Master Fetterlock fort und wischte seine Finger an der Serviette ab, nachdem er einen Knochen abgenagt hatte. »Außerdem ist es sowieso an der Zeit, daß du dein eigenes Pferd hast. Master Midwinter verkauft seine graue Stute Petronel. Er verlangt fünf Pfund, aber das ist nicht zuviel. Sie ist zuverlässig und kräftig und hat auch etwa die richtige Größe. So habe ich sie also für dich gekauft, und du sollst sie heute nachmittag abholen.«

Im allgemeinen haßte er es, im Damensattel hinter Dickon sitzend zu reiten, heute aber fand er sich gern damit ab. Doch war er froh, daß ihnen auf dem fünf Meilen langen Weg nach Northleach niemand weiter begegnete als eine Gruppe von Benediktinermönchen, die zum Schutz gegen die Sonne ihre Kapuzen über den Kopf gezogen hatten, und zwei Hausierer, die hoch bepackt mit ihren

Waren dahintrotteten und von der Hitze viel zu erschöpft waren, um auch nur aufzublicken.

Hausierer unterwegs.

Nicolas kannte das Midwinter-Haus gut. Es erhob sich im Zentrum der kleinen Stadt Northleach, denn Master Midwinter, der nicht selbst Wolle erzeugte, sondern mit Wolle handelte, hatte sich ein Grundstück ausgesucht, das günstig gelegen war für seine Geschäfte mit den Kaufleuten der Gilde und ihren Agenten, die von London kamen, um Cotswolds-Wolle zu kaufen. Er nahm deren Bestellungen für soundso viel Ballen Schurwolle, für soundso viel Vliese entgegen, die er ihnen dann bei der königlichen Stadtwaage Leadenhall in London ablieferte. Nachdem man sich über den Preis geeinigt und Master Midwinter ein Drittel davon in bar erhalten hatte, ritt dieser durch die Cotswolds, kaufte die Wolle bei den Schafhaltern, ließ sie in feste Leinwand verpacken und engagierte Treiber und Packpferde für den Transport nach London. Nach der Übergabe nahmen die Kaufleute der Gilde das weitere in die Hand. Sie ließen die Wolle wiegen, bezahlten die Steuern und veranlaßten die Verladung der Schiffe nach Calais. Master Midwinter schimpfte immer darüber, daß einzig die großen Kaufherren Gewinne erzielten, während er auf die restlichen zwei Drittel seines Geldes warten mußte, bis sich ausländische Käufer für die Wolle gefunden hatten. Trotzdem schien er nicht schlecht zu verdienen. Die schöne Kirche in Northleach legte Zeugnis ab für den Wohlstand der Mittelsmänner im Wollhandel: durch Spenden der reicheren Gemeindemitglieder wurde sie immer wieder verschönert.

Bayard mit seiner zweifachen Last kam gerade in dem Augenblick vor dem Haus zu stehen, als Master Midwinter einen abreisenden Gast verabschiedete, einen stämmigen gutgekleideten Mann auf einem schönen kastanienbraunen Pferd, der in seiner behandschuhten linken Hand einen verkappten Jagdfalken hielt. Das sei Master Cely aus London, sagte Master Midwinter, als Nicolas absaß, ein Kaufmann der Gilde, Nicolas' Vater müsse ihn kennen. Wenn er unterwegs war, um Wolle zu kaufen, pflegte Master Cely auf diese langen Ritte seinen Falken mitzunehmen, um sich die Langeweile zu vertreiben. Und wenn er des Abends seinem Gastwirt eine gut gefüllte Jagdtasche anbieten konnte, kam das der Rechnung zugute. Ein schlauer Kerl, dieser Cely!

Unter munterem Geplauder führte er Nicolas ins Haus. Zwar sei er gekommen, um die Stute abzuholen, sagte Master Midwinter, doch stünden Bier und Kuchen bereit, und Mistress Midwinter würde es ihm nicht verzeihen, wenn er wieder ginge, ohne sie und die Kinder begrüßt zu haben.

Sie suchten das große Spielzimmer auf, in dem sich Mistress Midwinter mit ihren vier Sprößlingen aufhielt. Sie waren alle noch klein und sehr lebhaft. Kaum erblickten sie ihren Vater, bestürmten sie ihn, er solle mit ihnen spielen, und alsbald befand sich Nicolas auf allen vieren und war ein Reitpferd, das den fünfjährigen, mit einer Lanze aus zusammengerolltem Pergament bewaffneten Ralph Midwinter ins Turnier trug.

Das dauerte nicht sehr lange, weil Master Midwinter, ein dicker vergnügter Mann, bald um Gnade bitten mußte. Der Kampf hatte durstig gemacht, so daß Bier und Kuchen nun ausgezeichnet mundeten.

Auf dem Weg zu den Ställen fragte Master Midwinter Nicolas, wie es seinem Vater gehe? Ob die Lage nun weniger düster sei? »Sage ihm, er soll sich nicht beunruhigen wegen der Drohungen der

Im Kinderzimmer.

Gilde. Diese hohen Herren sind ein widerwärtiges Pack, voller Wenns und Abers, und sie drohen gern. Aber ich habe Männer in schlimmeren Lagen als dein Vater erlebt, die sich über Wasser gehalten haben. Und wenn die Gilde ihn wirklich ausschließen sollte, was bedeutet das schon? Bestimmt nicht das Ende der Welt. Sag ihm, er soll zu mir kommen, ich werde ihm schon seine Wolle verkaufen. Ich bin zwar nur ein einfacher Händler und kein großmächtiger Gilden-Kaufherr, – aber ich werde ihm über den Berg helfen. Sag ihm das von mir, mein Junge.«

Nicolas versprach, die Botschaft auszurichten. Er begriff nicht, worum es ging, aber dieses Gerede von Drohungen und Ausschluß klang unheilvoll. Zu jeder anderen Zeit würde ihn das in Schrecken und Unruhe versetzt haben. Aber er hatte die ganze Angelegenheit vollständig vergessen, als er Petronel gegenüberstand, seinem Pferd! Es war eine kräftige kleine graue Stute mit elegant gebogenem Hals und sanften Augen. Mistress Midwinter hatte ihm ein Stückchen Zucker von ihrem Zuckerhut abgeschlagen und für sie mitgegeben. Petronel nahm seine Aufmerksamkeiten gnädig entgegen und ließ ihn aufsitzen. Zunächst tänzelte sie ein wenig, aber Master Midwinter zeigte ihm, wie er mit ihr sprechen und sie tätscheln sollte, so daß sie bald wieder ruhig war. Dickon ergriff einen Leitzügel – nicht, daß das nötig sei, lachte Master Midwinter, man könne ja sehen, daß er ein guter Reitersmann sei. Es war nur eine Vorsichtsmaßnahme für den Fall, daß sie wieder in ihren heimatlichen Stall zurückkehren wollte.

Aber Petronel benahm sich vorbildlich. Sie ging unter Nicolas' Hand, als ob sie ihn ihr ganzes Leben lang getragen hätte, und nach ein oder zwei Meilen konnte er Dickon dazu überreden, den Zügel loszulassen. Wenn sie sich auch erst einmal aufbäumte, so gelang es Nicolas doch gleich wieder, sie zu beruhigen, und sie fügte sich.

Er war begeistert. Dafür lohnte sich das Verlobtsein beinahe. Als sie ungefähr die Hälfte des Weges zurückgelegt hatten, meinte er, es sei ein Jammer, schnurstracks nach Hause zu reiten, und lenkte sein Pferd trotz Dickons Vorbehalten von der Straße weg auf die Hügel zu. Petronel wieherte vor Vergnügen, als sie das weiche Gras unter den Hufen spürte.

Nicolas kannte sich gut aus. Diese Hügelkette hatte er des öfteren mit Hal durchstreift, wenn sie die Schafe zusammentrieben. Zu seiner Rechten lag Snowbottom Dean, wo er vor zwei Jahren Giles geholfen hatte, ein Mutterschaf aus einer Schneewehe auszugraben.

Auf dem Abhang des nächsten Hügels erblickte er eine große Scheune; ganz einsam stand sie da, ohne ein weiteres Gebäude in der Nähe. Sie sah neu aus, und plötzlich kam ihm der Gedanke, daß das

Leachs kostbare Steinscheune sein mußte, von der Giles so viel gesprochen hatte. Er könnte eigentlich jetzt hinreiten und sie sich aus der Nähe ansehen.

Da Dickon, der keine Lust hatte, in den Hügeln umherzureiten, inzwischen weit zurückgeblieben war, ritt Nicolas allein weiter.

Die Scheune war wirklich sehr abgelegen. Dem Kamm des Hügels folgend, näherte er sich von oben und sah von weitem, daß an einer Ecke des Gebäudes zwei Pferde angebunden waren. Eines von ihnen war selbst aus dieser Entfernung unverkennbar: der Apfelschimmel, den Leach ritt. Dann sah er, daß das Scheunentor offenstand. Er hielt sich mit Petronel im Schatten einer Gruppe von Schlehdornbäumen. Zwei Männer traten heraus. Der erste war Leach. Beim Anblick des zweiten stockte ihm der Atem. Diese verwachsenen schwarzen Schultern würde er immer und überall erkennen. Es war Krötengesicht, der lombardische Schreiber.

Ein paar Minuten lang standen die beiden Männer draußen in der Sonne und betrachteten etwas, was sie in der Hand hielten. Dann gingen sie in die Scheune zurück.

Diese Gelegenheit nützte Nicolas, um das Pferd zu wenden und den gleichen Weg zurückzureiten, die Schlehenbäume immer zwischen sich und der Scheune haltend. Er wollte nicht dabei ertappt werden, wie er Leach nachspionierte. Aber er fühlte sich tief beunruhigt. Die Lombarden waren am frühen Morgen abgeritten und hatten behauptet, auf schnellstem Wege Southampton erreichen zu müssen. Und nun – am späten Nachmittag – war Krötengesicht hier, nur wenige Meilen entfernt und in Gesellschaft von Leach, dem Verwalter! Giles' Warnung schoß ihm durch den Kopf. Das konnte nichts Gutes bedeuten.

Sollte er das seinem Vater erzählen? Doch sein Vater hatte volles Vertrauen zu Leach. Ein wenig bitter dachte er an seines Vaters Worte heute morgen: »Ich ersuche dich, nichts Übles über die Lombarden weiterzutragen.« Es war nicht leicht, eine Entscheidung zu treffen.

An jenem Abend versuchte er Master Midwinters Botschaft auszurichten, aber er kam nur bis zu dessen ersten Worten: »Sag ihm, er soll sich über die Drohungen der Gilde nicht beunruhigen.« Gereizt unterbrach ihn sein Vater: »Drohungen? Was für Drohungen? Master Midwinter schwatzt wie ein Waschweib. Wer redet denn von Drohungen?«

Diese Frage konnte Nicolas nicht beantworten. Er zog es vor zu schweigen. Und von Leach und dem Lombarden sagte er gar nichts.

Truhen werden durchsucht.

Die Reise

Zwei Tage später brachen sie nach Newbury auf.

Nicolas hatte in diesen Tagen so viel zu tun, daß sie wie im Fluge vergingen. Bei diesen unaufhörlichen Vorbereitungen hatte er keine Zeit, an Leach zu denken, oder an die Lombarden, oder an sonst irgend etwas anderes. Der einzige Mensch, der diese Geschäftigkeit zu genießen schien, war seine Mutter. Sie war in ihrem Element, machte viel Aufhebens von seinen neuen Kleidern, füllte kleine Holzkästchen mit selbsthergestellter parfümierter Seife, füllte ein Lederfläschen mit Mundwasser und ein anderes mit duftendem Haaröl.

Dann mußte Hal ausgestattet werden. Als Nicolas' Diener mußte er anständig aussehen. Das betonte Mistress Fetterlock mit einiger Schärfe, denn sie billigte Hals Rolle bei dieser Reise in keiner Weise. Meg wurde herbeigerufen und erschien – Angst sprach aus ihren blauen Augen – mit einigen abgetragenen und geflickten Kleidungsstücken aus grobem Wollstoff, die Hals ganze Garderobe darstellten. Diese wurden natürlich von Mistress Fetterlock sofort verworfen, und man durchwühlte die großen Truhen, ob sich etwas Passendes finden ließ, – eine schwierige Sache, da Nicolas' abgelegte Kleider zu klein und die seines Vaters zu groß waren. Schließlich wurden ein Wams von Master Fetterlock, dessen Besatz man abtrennte, und eine große Strumpfhose zusammen in einen Waschkessel mit Farbe geworfen und solange gekocht, bis sie zur richtigen Größe zusammengeschrumpft waren und eine stumpfe rotbraune Farbe angenommen hatten, die Mistress Fetterlock für durchaus passend hielt. Sie fand sogar die Zeit, das Fetterlocksiegel mit rotem Garn auf einen der Ärmel zu sticken. Dann wurde Hal zu seinem Onkel, dem Bader, geschickt, mit dem Auftrag, seinen wilden Haarschopf mit Wasser zu glätten und mittels einer über den Kopf gestülpten Schüssel gerade schneiden zu lassen. Als er am Tag der Abreise, in der kühlen Dämmerung eines Junimorgens, zusammen mit Dickon, den Pferden, den Mänteln und dem Gepäck vor der Haustür erschien, sah er so sauber und gezähmt aus, daß Nicolas ihn kaum erkannte.

Als schließlich alle Abschiedsgrüße ausgetauscht waren, war die Sonne aufgegangen und warf lange Schatten auf das taufeuchte Gras. Während sie den Hügel hinauf und hinaus in das freie Land ritten, empfand Nicolas zum erstan Mal wieder eine gewisse Freude. Wenn ihm vor einer Woche jemand gesagt hätte, er würde demnächst mit seinem Vater zusammen, auf seinem eigenen Pferd und mit Hal zur Gesellschaft, nach Newbury zum Jahrmarkt reiten, – er wäre hell begeistert gewesen. Aber jetzt bedrückte ihn die unbekannte Zukunft mit all den Veränderungen, die sie mit sich bringen würde, so daß er diese Reise nicht wirklich genießen konnte.

Trotz alledem war es ein herrlicher Morgen. Um sich und Nicolas die Zeit zu vertreiben, erzählte Master Fetterlock ihm einiges über die Familie Bradshaw. Mistress Cecily war nicht, wie Nicolas, das einzige Kind. Sie hatte mehrere Brüder und Schwestern. Einer der Brüder, Walter, vierzehn oder fünfzehn Jahre alt, war Student in Oxford. Cecily war das älteste der Mädchen. Es gab noch einen jüngeren Bruder und zwei kleine Schwestern. Sie wohnten in einem alten Gutshaus, Beechampton Manor, vor den Toren der Stadt Newbury. Das Gut hatte Master Bradshaw geerbt, und zwar durch seine Frau, Cecilys Mutter, eine Dame von Adel. In diesem Haus war sie aufgewachsen. Master Bradshaw hatte es mit einem schönen Park umgeben, rings von einem Zaun aus Eichenpfählen eingefaßt. Obwohl er sein Vermögen als Tuchhändler gemacht hatte, schien er mit großem Vergnügen im Namen seiner Frau den Gutsherrn hervorzukehren. Master Fetterlock lachte leise in sich hinein, wie wenn ihn das belustigte. »Jedenfalls«, äußerte er zu Nicolas, »wirst du keinen Grund haben, dich der Herkunft deiner Frau zu schämen.«

Gespannt hörte Nicolas zu. Durch diese Schilderung der Familie Bradshaw schien alles etwas wirklicher zu werden. Bisher wußte er über seine zukünftige Braut ja nur das, was sein Vater ihm an jenem ersten Tag gesagt hatte. Doch das alles mochte warten bis zum Ende der Reise, inzwischen aber wollte er den Ritt genießen.

Die Straße war stellenweise nicht viel besser als ein Feldweg. Die hart gewordenen Karrenspuren ließen vermuten, daß er im Winter tief verschlammt war. Er führte sanft bergab, als sie die Cotswolds hinter sich ließen und in das üppig bewachsene Themse-Tal hinunterritten.

Durch das dichte Gras der mit Butterblumen und Himmelschlüsseln übersäten Wiesen mußten sie nun im Gänsemarsch hintereinander herreiten.

»Man sollte nicht glauben, daß das eine wichtige Straße ist«, bemerkte Master Fetterlock über die Schulter hinweg. »Sie führt zur Radcot-Brücke, wo die Lastkähne nach Oxford und London beladen werden. Eine sehr schlechte Straße im Winter, zäher Lehm und reichlich Deckung für Wegelagerer.«

Nicolas glaubte das gern angesichts des ineinandergewachsenen

Weidengestrüpps, das überall wucherte. Zum ersten Mal in seinem Leben trug er das scharfe zweischneidige Messer am Gürtel, und der Gedanke daran war ihm ein Trost – sogar an diesem sonnigen Morgen.

Sie trotteten im Schritt dahin, während die Sonne höher und höher stieg. Einmal legten sie eine Pause ein, um die Messe in einer winzigen Dorfkirche zu hören, deren Wände im Innern über und über mit Malereien bedeckt waren und an deren Decke auf blauem Grund silberne Sterne prangten; alles war bunt und freundlich. Das

Die Brücke bei Radcot.

Dorf schien nur aus wenigen Hütten zu bestehen, nicht mehr als eine Rodung in der Wildnis.

Kurz darauf kamen sie zu einer einfachen, strohgedeckten Hütte, vor der ein an eine Stange gebundener Zweig verkündete, daß hier eine Schenke war. Master Fetterlock ordnete eine Rast an. Sie waren nun drei Stunden unterwegs, es wurde heiß, und alle waren froh, auf einer schattigen Bank ausruhen zu können. In einem braunen irdenen Krug brachte die Wirtin kühles Bier herbei und bedauerte, ihnen keinen Kuchen anbieten zu können. Es sei Backtag und sie habe eben erst das Reisig entzündet, um den Ofen anzuheizen.

Den Kuchen brauchten sie nicht, denn Mistress Fetterlock hatte jedem eine Pastete mitgegeben, sorgfältig in ein Mundtuch gewikkelt. Die Frau sagte, daß es bis zum Fluß nicht mehr weiter als ein Bogenschuß sei. Auf der anderen Seite sei die Straße besser, dort würden sie schneller vorankommen.

Sie überquerten die Themse bei Radcot über eine alte, auf drei Bögen ruhende Brücke, an deren Gestein die Fluten vieler Winter genagt hatten.

»Eine schöne Brücke, zu Ehren der Muttergottes,« bemerkte Master Fetterlock. »Sieh, die Statue dort an der stromabwärts gelegenen Seite. Die Brücke soll einige hundert Jahre alt sein, und ich könnte mir vorstellen, daß sie noch weitere Jahrhunderte hält. Hier wurde einmal eine Schlacht geschlagen, als einige Barone sich gegen den König erhoben – ich glaube, es war Richard II. Aber meine Schulzeit liegt länger zurück als deine, mein Sohn.«

Nicolas konnte sich an diese Schlacht nicht erinnern. Sie lernten nichts über englische Schlachten, nur über römische, und überdies fand er es viel interessanter, den Fluß zu betrachten. »So silberhell wie unser Windrush ist er nicht«, bemerkte er zu Hal, als sie zum Tränken der Pferde an das seichte Ufer hinunterritten. Trotzdem hätte er gerne gebadet, aber dazu war keine Zeit.

Als Bayard zufriedengestellt war, wandte sich Master Fetterlock wieder der Straße zu. Langsam folgte ihm Nicolas und sah zu seinem Erstaunen einen Mann neben seinem Vater herrennen. Obwohl ihn die Sonne blendete, erkannte er eine Mönchskutte, konnte sich aber nicht vorstellen, woher der Mönch gekommen sein mochte. Sie hatten niemanden gesehen, als sie zum Fluß hinunterritten.

»Almosen für die Brücke, lieber Herr!« rief der Mann. »Seid barmherzig und gebt etwas für die Instandhaltung der Brücke.«

Nicolas staunte, daß sein Vater nach einem kurzen Blick auf den Mann Bayard antrieb und schnell weiterritt. Das war sonderbar, denn sein Vater pflegte in allen Angelegenheiten der Kirche sehr großzügig zu sein. Schnell wandte der Mönch sich um und stürzte auf Petronel zu.

»Almosen für die Brücke!« rief er wieder, »Almosen für den Heiligen Klausner. Seine Gebete sollen Euch begleiten, junger Herr! Tag und Nacht werden sie Euch begleiten.«

Verwirrt und unsicher blickte Nicolas in das schmutzige und bärtige Gesicht des Mannes hinunter. Einen sehr frommen Eindruck machte es nicht. Er fühlte in seiner Tasche nach einer kleinen Kupfermünze, warf sie in die ausgestreckte Hand des Mannes und eilte seinem Vater nach.

»Hast du ihm etwas gegeben?« erkundigte sich Master Fetterlock, als er ihn eingeholt hatte. »Einen Farthing? Nun, das schadet nichts. Diese Kerle, die sich Klausner nennen, sind wie die Pest. Ich hatte gute Lust, mir seine Lizenz zeigen zu lassen. Jeder wirkliche Einsiedler muß heutzutage eine Genehmigung vom Bischof haben. Wußtest du das, mein Junge? Es gibt Gottseidank viele echte heilige Männer, die ihr Leben mit Fasten und Beten zubringen. Aber es gibt auch viele Schwindler, die von den erbettelten Almosen fett werden.«

»Aber er bettelte doch für die Instandhaltung der Brücke«, sagte Nicolas verdutzt.

Master Fetterlock lachte. »Ein billiger Vorwand. Es stimmt schon, daß die meisten Brücken zu den Obliegenheiten der Kirche gehören und ihre Instandhaltung damit auch Pflicht eines jeden Gläubigen ist. Doch das wird nicht irgendwelchen zufälligen Bettlern überlassen. Ich glaube, daß Radcot Bridge zum Gut Faringdon gehört, und Faringdon ist im Besitz der Weißen Mönche von Beaulieu in der Nähe von Southampton.«

»Southampton?« wiederholte Nicolas. »Das ist aber weit von Faringdon.«

»Sehr weit«, sagte sein Vater. Die Abtei von Beaulieu liegt im New Forest. Ich bin oft dort gewesen, vielleicht hast du mich schon davon sprechen hören. Die Weißen Mönche sind Schafzüchter. Sie haben ihre Abteien in ganz England – Fountains, Furness, Tintern, alles gute Gegenden für Schafzucht. Jeder, der mit Wolle zu tun hat, kennt sie. Vielleicht kommst du demnächst auch einmal nach Beau-

Fahrende Musikanten auf dem Weg zum Jahrmarkt.

lieu. Mistress Cecilys Großeltern leben dort, ganz in der Nähe der Abtei. Das sind dann auch deine Großeltern, wenn du geheiratet hast.«

Nicolas errötete. An das Heiraten hatte er nicht mehr gedacht und mochte nicht daran erinnert werden.

»Wie kommt es, daß die Mönche von Beaulieu hier in Faringdon sind?« fragte er rasch.

»Irgendjemand hat ihnen das Gut vermacht. Sie besitzen dort ein Haus: unser Abt besucht sie oft. Ich möchte annehmen, daß das Brotgetreide für die Abtei von diesem fruchtbaren Land hier stammt. In dem nahegelegenen Coxwell haben sie eine Scheune gebaut, so groß wie die Abteikirche. Das alles besagt natürlich noch nicht, daß die Erhaltung der Radcot-Brücke zu den Obliegenheiten der Mönche gehört. Aber ich will einen Silbergroschen gegen deinen Farthing wetten, daß sie nicht von deinem Freund, dem Klausner, instandgehalten wird.«

Faringdon war eine geschäftige und lebhafte kleine Stadt mit zwei guten Gasthäusern und einigen Verkaufsständen auf dem Marktplatz. Nicolas hätte gern ein wenig verweilt, um sich umzusehen, aber Master Fetterlock trieb zur Eile. Sie hätten noch nicht einmal die Hälfte ihrer Reise zurückgelegt, und auf Newbury zu würde die Straße wahrscheinlich sehr belebt sein.

Und tatsächlich, kaum hatten sie Faringdon hinter sich gelassen, als sie sich durch andere Reisende behindert fanden. Beladene Packpferde, einfache Bauernkarren, dicke Ackergäule, die zwei und manchmal drei Menschen auf ihrem Rücken trugen; Händler und Wollkäufer, die gut beritten waren und den langsameren Verkehr überholten; schwer bepackte Hausierer; alles zog in südlicher Richtung auf Newbury zu.

Glücklicherweise befand sich rechts und links neben der Straße je ein breiter Streifen Wiese. »In dieser Gegend«, sagte Master Fetterlock, »schreibt das Gesetz vor, das Unterholz neben der Straße zu roden, damit Wegelagerer sich nicht verbergen können.« Es war dies auch eine sehr nützliche Anordnung für die schneller Reisenden, die auf diese Weise die langsameren zu überholen vermochten.

Mittlerweile war es Mittag geworden, und die Sonne brannte unbarmherzig. Nicolas zog erst den Mantel aus, dann den Überrock und schließlich das Wams, legte sie quer über den Sattel und ritt in Hemd und Hose weiter. Nach zehn mühseligen Meilen gelangten sie nach Wantage, einem anderen Marktstädtchen, und hier beschloß Master Fetterlock, zum Essen eine Taverne aufzusuchen.

Aber die Taverne war überfüllt, das Fleisch fett und zäh. Sie hielten sich nur gerade so lange auf, bis die Pferde ausgeruht hatten und waren trotz der Hitze froh, als sie die Stadt wieder verlassen konnten. Bald verließ Master Fetterlock die belebte Straße und schlug einen Saumpfad ein, der hinauf auf die Hügel führte. Der dichteste Verkehr blieb nun zurück. Nur diejenigen, die wie sie selbst mit leichtem Gepäck ritten, konnten sich die steilen Abhänge hinaufwagen.

Oben auf dem Kamm war es schattenlos und die Sonne brannte hernieder, aber ein kühler Wind machte die Hitze erträglich. Nicolas blickte sich um. Obwohl dieses Bergland sich von seinen heimatlichen Cotswolds stark unterschied, fühlte er sich auf dem kurzen, von Schafen abgeweideten Gras wie zu Hause.

Vor sich sahen sie eine Gruppe von Reisenden, die sich endlos lang hinzog. Es war das eine bunt gemischte Gesellschaft, Männer,

Ein trauriger Tanzbär.

die Bündel schleppten, Frauen, die kleine Kinder, und Esel, die alte Frauen trugen. Ein Trüppchen fahrender Sänger trottete einher, gebeugt unter der Last ihrer Instrumente, die sie auf den Rücken geschnallt hatten: Dudelsackpfeifen, eine Harfe, eine Laute und eine Trommel; sie machten einen sehr erschöpften Eindruck. Vor ihnen her ging ein kleiner Mann und versuchte sie aufzumuntern, indem er einer Rohrpfeife schrille Melodien entlockte. Auch Hausierer waren darunter, mit schweren Packen beladen, und Mönche, die ihre Habseligkeiten an Wanderstäbe gebunden hatten. Eine Gruppe liederlicher Männer und schäbig herausgeputzter Frauen sangen und lachten lärmend und laut. Und mitten unter all diesem Volk waren zwei Schausteller, die einen erhitzten und trübsinnigen Tanzbären vor sich hertrieben.

Bald hatten sie die Höhe überwunden, das Gelände senkte sich wieder. Eine Bergkette hinter der anderen erstreckte sich in der blauen Ferne, so weit das Auge reichte.

Master Fetterlock hielt Bayard an und wartete auf seinen Sohn, der mit Hal zurückgeblieben war und den traurigen Bären beobachtete. Als sie herankamen, deutete er auf das weite Land vor ihnen. Im Schatten des Talgrundes lag die Stadt Newbury.

Cecilys Vater und seine Falken.

Cecily

Der bergabführende Weg war gut, so daß sie ihn schnell zurücklegten. Als sie wieder auf die Straße stießen, fanden sie diese noch belebter als zuvor. Aber schon nach etwa einer Meile verließen sie sie wieder, um über eine große Dorfweide zu reiten.

Ein einzelner Reiter hielt auf sie zu. Thomas Fetterlock stieß einen leisen Ruf aus.

»Halte dich gerade, Junge«, sagte er scharf zu Nicolas. »Lege die Ellenbogen an und achte auf dein Benehmen. Da kommt Master Bradshaw zu unserem Empfang.«

Nicolas fühlte, wie er über und über rot wurde. Dieser hochgewachsene Mann auf dem großen schwarzen Pferd war sein zukünftiger Schwiegervater! Sein Hut war mit einem Edelstein geschmückt, ein Jagdfalke saß auf seiner Faust. Er durfte ihn ja nicht anstarren. Auf den ersten Blick konnte er nur sehen, daß er groß und breitschultrig war, blondes Haar hatte, eine hervorspringende gebogene Nase – fast wie der Schnabel des Falken – und ein fröhliches Lächeln.

Die beiden Männer begrüßten sich herzlich. Dann winkte Master Fetterlock Nicolas herbei. Offensichtlich wurde nicht erwartet, daß er absaß, so nahm er nur seine Kappe ab und verbeugte sich mit aller Würde, die er aufbringen konnte. Master Bradshaw beugte sich herüber und streckte eine große freundliche Hand aus, mit der er Nicolas' ängstliche Hand umschloß und schüttelte.

»Das ist also Master Nicolas«, sagte er kurz. »Er ist gut gewachsen und groß für sein Alter. Jagst du, mein Junge? Kannst du mit Falken umgehen?«

Nicolas gab sich alle Mühe, nicht zu stottern, und antwortete, daß er zwar nie einen eigenen Falken besessen, aber natürlich bei Falkenjagden zugeschaut habe.

Master Bradshaw nickte flüchtig. »Nun, das macht nichts. Cecily wird dich lehren. Sie ist ganz wild auf Falken.«

Er wendete sein Pferd und reihte sich zwischen Vater und Sohn ein. Als sie anritten, merkte Nicolas, daß seine Hände zitterten. Petronel merkte das auch und fing an, sich aufzubäumen. Er mußte sie zügeln, und das tat ihm gut. Als sie wieder gleichmäßig trabte, fühlte er sich besser. Cecily war wild auf Falken. Und sie sollte ihn lehren? Nun, er hatte keine Lust, sich von Cecily belehren zu lassen.

Auf dem Dorfanger konnten sie zu dritt nebeneinander herreiten, und Nicolas hörte schweigend dem Gespräch zu. Erst unterhielten sie sich über Wolle und Tuch, über Preise und Absatz, aber bald kam Master Bradshaw auf den Jagdsport zu sprechen. Er beschrieb die erstaunlichen Taten seines neuen Falken, eines edlen Wanderfalken. Natürlich dürfe er ihn eigentlich nicht jagen lassen. Das wisse er. Das Gesetz erlaube niemandem unter dem Rang eines Grafen, einen Wanderfalken zu besitzen. Aber heutzutage beachte niemand mehr diese alten Verordnungen. Auch seine Jagdhunde beschrieb er voller Begeisterung. Er hatte selbst welche gezüchtet, die schnellsten im ganzen Umkreis und stark genug, einen Hirsch zu stellen. Hatte er Master Fetterlock schon erzählt, daß er einige Stücke Rotwild in seinem Park habe? Manchmal entkamen sie und flüchteten in die Hügel, aber ihnen nachzujagen sei eine gute Übung für die Hunde.

Während er noch sprach, näherten sie sich einem Tor in einem hohen Zaun, dessen Pfähle zugespitzt waren, um das Hinüberklettern zu erschweren. Nicolas vermutete, daß dies der Park war, von dem sein Vater gesprochen hatte. Ein Waldhüter, der augenscheinlich Ausschau gehalten hatte, sprang hervor, um das Tor zu öffnen, und sie ritten hindurch.

Große Bäume breiteten ihre Äste aus und spendeten willkommenen Schatten, das Gras war weich und samtig.

Erst ein kurzes Stück waren sie in den Park hineingeritten, als Petronel zu lahmen anfing.

»Sie wird sich einen Steinsplitter eingetreten haben«, sagte Master Bradshaw zu Nicolas. »Die scharfen Steine auf den Gemeindeweiden sind wie die Pest.«

Sein Vater wies ihn an, auf Dickon zu warten. Wenn irgendjemand, dann könne Dickon den Splitter herausziehen.

Nur zu gern blieb Nicolas zurück, um zu warten. Dickon brauchte einige Minuten, bis er die Stute dazu überredet hatte, sich dieser Operation zu unterziehen, und als sie schließlich damit fertig waren, war von den beiden Männern nichts mehr zu sehen. Doch ihre Spur war deutlich sichtbar und leicht zu verfolgen, so daß Nicolas anordnete, Dickon solle seinem Herrn nachreiten. Petronel dürfe jetzt nicht angetrieben werden, und er wolle mit Hal langsam nachkommen. Er gestand Hal, daß ihm vor Aufregung ganz schlecht sei, und je länger es dauere, bis sie das Haus erreichten, desto lieber sei es ihm.

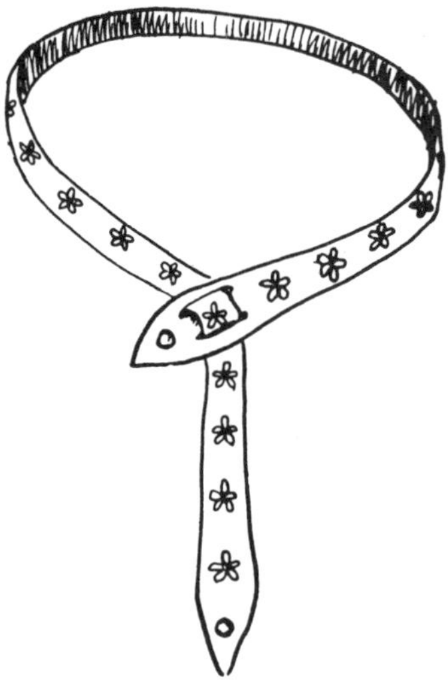

Der Gürtel.

Es war sehr friedlich im Park nach all den Anstrengungen des Tages, und gemächlich ritten sie aus einem Schatten in den nächsten. Plötzlich, als sie sich unter dem breiten Geäst einer großen Eiche befanden, fiel etwas von oben herunter – etwas Langes, Glänzendes, Biegsames – und ehe es zu Boden fiel, schlang es sich um den Hals von Petronel. Die Stute scheute und bäumte sich auf. Nicolas fühlte sein Herz bis zum Hals klopfen, aber er hatte sie bald wieder in der Hand. Er streichelte und beruhigte sie und ritt in einem großen Bogen wieder zu der Eiche zurück, unter der Hal jetzt stand und hinaufblickte.

»Was um Himmelswillen war denn das?« forschte Nicolas. »Ich dachte schon, diesmal würde sie mich bestimmt abwerfen.«

Langsam, um die Stute nicht wieder zu erschrecken, streckte Hal seine rechte Hand aus. Darin hielt er ein langes silbernes Band.

»Ein Gürtel«, sagte er. »Ein Frauengürtel.«

»Aber wo ist der denn hergekommen?« rief Nicolas erstaunt.

Hal senkte die Stimme. »In dem Baum ist ein Mädchen«, flüsterte er.

Nicolas blickte in das Geäst empor. Er konnte etwas Kirschfarbenes sehen. Es stimmte. Da oben war jemand. Petronel war nun ruhig, so stieg er ab und näherte sich dem Stamm.

»Oh bitte«, erklang eine Stimme von oben, »das habe ich nicht tun wollen. Ich wollte nur hinunterschauen, da ging der Gürtel auf.«

Es war ein Mädchen, ein kleines Mädchen, jünger als Nicolas. Sie saß in einer Astgabel, ihre Beine baumelten herab, ihr Rock bauschte sich um sie herum.

»Wer bist denn du?« fragte Nicolas. Ihm war ein Gedanke gekommen, aber er erschien ihm unmöglich.

»Ich bin Cecily«, sagte sie einfach. »Ich wollte dich sehen, ehe du mich sehen würdest, und ich wußte, daß du auf diesem Weg kommen mußtest. So kletterte ich auf den Baum. Es ist unser Baum, Walters und meiner. Walter ist mein Bruder. Er baute das Versteck hier oben, und es ist ganz leicht hinaufzuklettern. Aber wenn meine Mutter das erfährt, wird sie fürchterlich böse sein. Sie hat mir schon so oft gesagt, daß ich nicht mehr auf Bäume klettern darf.«

Die Erleichterung war so ungeheuerlich, daß Nicolas anfing zu lachen. Nicht nur, daß er mit Petronel fertig geworden war, auch seine ganzen anderen Ängste fielen von ihm ab. Hatte er sich doch in eine regelrechte Furcht vor seiner Verlobten hineingesteigert, – und das war sie nun, keine vornehme Dame, auch keine gezierte junge Herrin, sondern nur ein ungehorsames kleines Mädchen auf einem Baum. Als sie ihn so lachen sah, mußte auch Cecily lachen, dann stimmte Hal noch ein, und schließlich lachten alle drei so sehr, daß sie kaum mehr aufhören konnten.

»Kommst du nicht besser jetzt herunter?« meinte Nicolas endlich. »Ich kann nicht«, erklärte sie. »Ich hänge fest. Mein Kleid hat sich an einem Ast verfangen, und ich kann mich nicht bewegen.«

Da gab es nur eine Lösung. Hal mußte beide Pferde halten, während Nicolas auf den Baum stieg. Es war nicht schwierig, Cecilys Kleid von dem Ast zu lösen und sich dann auf ihre Bitte »umzudrehen«, während sie hinunterkletterte.

Als sie sicher unten angelangt war, konnte er sie genauer betrachten. Sie war gar nicht so klein – für ihre elf Jahre mußte sie sogar ziemlich groß sein, vermutete er. Ihre kurze gerade Nase war mit Sommersprossen übersät. Sie hatte blonde Haare, mit einem goldenen Schimmer, die in der Mitte gescheitelt und in zwei Zöpfe geflochten waren. Ihr Mund war groß, – wenn sie lächelte, sogar sehr groß. Aber das Lächeln ließ ihr ganzes Gesicht aufleuchten, so daß ihre kleinen blauen Augen blitzten und das ganze Persönchen Lebenslust ausstrahlte. Kein Zweifel: Sie war, was sein Vater ein »reizendes, lebhaftes Mädchen« genannt hatte.

»Ich begreife gar nicht, wie du in diesen Kleidern auf Bäume klettern kannst. Das ist doch gefährlich«, sagte er vorwurfsvoll.

Da wurde Cecily plötzlich über und über rot.

»Weißt du, für gewöhnlich –.« Sie zögerte einen Augenblick. Dann fuhr sie in vertraulichem Ton fort: »Das ist ein großes Geheimnis, aber wenn ich mit Walter auf Bäume klettere, ziehe ich sein Wams und seine Strumpfhose an. Du wirst das nicht verraten?«

Wieder schüttelte Nicolas sich vor Lachen. Dieses Mädchen war wirklich anders als jede, der er bisher begegnet war. Er versprach das Geheimnis für sich zu behalten. Ängstlich blickte sie zu Hal. »Und er?« fragte sie. »Ist das dein Diener? Er wird doch auch nichts sagen?«

Nicolas beruhigte sie: Hal konnte man immer und in allen Dingen vertrauen.

Sie raffte ihre Röcke. »Beeile dich nicht zu sehr«, bat sie. »Ich habe mich so verspätet, daß es schrecklichen Ärger geben wird. Ich muß ein neues Kleid anziehen, ein weißes, in dem ich dich empfangen soll. Hilf mir doch bitte. Wenn du dich nach der Reise auch umkleiden mußt, laß dir soviel Zeit, wie du kannst.«

Ohne auf Antwort zu warten, rannte sie davon.

Nicolas blickte ihr nach, bis sie unter den Bäumen verschwunden war. Nun, wie immer seine Verlobte auch sein mochte – eines war gewiß, ein vornehmtuendes Dämchen war sie nicht. Diese Angst brauchte er nicht mehr zu haben. Er wandte sich an Hal.

»Wir werden nicht wieder aufsitzen, sondern den Rest des Weges zu Fuß gehen. Das läßt ihr mehr Zeit.«

Er sollte sie erst einige Stunden später wiedersehen. Als er und

Hal ganz vergnügt zu Fuß vor der Haustür erschienen, hielt sein Vater schon sorgenvoll Ausschau, doch Petronel bot ausreichende Entschuldigung. Er wurde Cecilys Mutter vorgestellt, einer sanften, zarten Dame mit Cecilys blaßgoldenem Haar. Von wem sie ihr fröhliches Lächeln hatte, merkte er erst, als er Master Bradshaw wiedersah.

Das Haus war sehr alt – ein weitläufiges Gebäude, überwiegend aus Fachwerk, mit einem vorspringenden oberen Stockwerk und einem tief heruntergezogenen Strohdach. Moderne Errungenschaften wie Glasfenster und Kamine waren eingebaut worden, aber es war noch immer von einem Graben umgeben und hatte ein befestigtes Wächterhäuschen, denn in früheren Zeiten hatte es der Stadt als Festung gedient.

Die beiden Väter und seine Gastgeberin waren in der Halle versammelt, einem schönen Raum, dessen Decke bis in das Dach reichte. An den Wänden hingen Jagdtrophäen und eine Rüstung, die Cecilys Großvater gehört hatte. Zur Erfrischung nach seiner Reise mußte er einen Becher Wein trinken, den er auf einen Zug leerte, weil er das für männlich hielt. Da er müde und aufgeregt war, stieg ihm der Wein sogleich in den Kopf. Sein Vater half ihm nach oben in ihre Schlafkammer, unter dem Vorwand, daß der Junge nach einem langen Tag im Sattel müde und benommen sei. Er legte sich auf das Bett, während sein Vater sich die Stiefel selbst auszog, ohne nach Hal oder Dickon zu rufen. Auf einer Truhe standen ein Zinnkrug und eine Schüssel, und nachdem er sich das Gesicht mit kaltem Wasser gewaschen hatte, fühlte er sich wieder soweit erfrischt, daß er seine Reitkleider auszuziehen vermochte und statt dessen ein blaues, silbern eingefaßtes Wams mit einem Überrock aus dunklerem Blau anlegen konnte. Die neue Hose war aus feinstem Tuch, über Kreuz geschnitten, so daß sie an den Beinen hauteng anlag. Noch steif von dem langen Ritt und mit dieser engen Hose am Leib kam er sich vor wie eine ausgestopfte Puppe.

Währenddessen hatte man die Halle unten für das Festessen her-

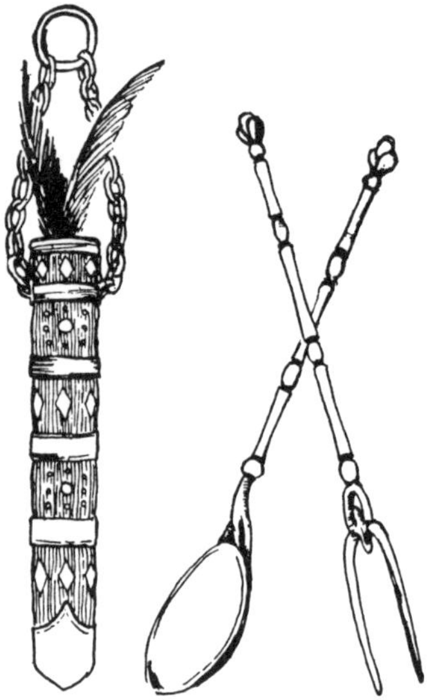

Geschenke für Cecilys Vater und Mutter.

gerichtet. Der große Tisch stand auf einer Estrade an dem einen Ende, und auf einer Galerie über den geschnitzten Wandschirmen des Eingangs saßen einige Musikanten und guckten neugierig in die Halle hinunter. Master Bradshaw erwartete sie, neben sich einen kleinen Jungen mit einem runden, engelhaften Gesicht, den er als Robin, seinen zweiten Sohn, vorstellte. Nicolas gab sich große Mühe, mit Robin in ein Gespräch zu kommen, und versuchte sich zu erinnern, was ihn interessiert hatte, als er in Robins Alter war. Doch das Kind war nicht zum Sprechen zu bewegen, und sie verfielen in Schweigen.

Plötzlich rief Master Bradshaw aus: »Hier sind sie«, und Nicolas wandte sich um.

Mistress Bradshaw stieg die Treppe herunter, hinter ihr kam Cecily, der Mistress Bradshaws Kammerzofe folgte. Aber was für eine andere Cecily! Nicolas konnte sie kaum wiedererkennen. Sie trug ein weißes Gewand, mit winzigen Perlen bestickt, ihre Zöpfe waren verschwunden, ihr Haar fast ganz von einer steifen kleinen weißen Haube bedeckt, die unter dem Kinn zugebunden war und ihr das Aussehen eines großen ernsthaften Babys verlieh. Am Fuß der Treppe blieb ihre Mutter stehen, nahm sie bei der Hand und stellte sie vor.

»Das ist Cecily«, sagte sie einfach.

Bei diesen Worten blickte Cecily zu Nicolas hin, und das gleiche fröhliche Lächeln erhellte ihr Gesicht. Nicolas wußte, daß sie ihn mit ihrem Lächeln an ihre erste Begegnung erinnern wollte. Dann knickste sie, erst vor seinem Vater, dann vor ihm selbst. Voller Entzücken lächelte Nicolas zurück, bis ihm plötzlich seine Manieren einfielen und er eine tiefe Verbeugung machte.

»Gib ihr einen Kuß, Junge«, sagte Master Bradshaw herzlich. Entsetzlich verlegen trat er einen Schritt vor; Cecily aber war keineswegs verlegen. Als er sich ihr näherte, hob sie ihr Gesicht und gab ihm einen herzhaften Kuss. Er blieb neben ihr stehen, voller Dankbarkeit, daß nun alles überstanden war und daß sie ihm dabei geholfen hatte.

Darauf erfolgte die feierliche Übergabe der Geschenke, die Nicolas noch peinlicher empfand als die Begegnung mit Cecily. Er allein mußte alles überreichen. Hal in seinem schmucken roten Wams stand hinter ihm und hielt die verschiedenen Geschenke bereit, die sein Vater mitgebracht hatte. Für Mistress Bradshaw gab es einen Löffel und eine Gabel aus Silber und Kristall; für Master Bradshaw einen Behälter für Federkiele, auch aus Silber, mit einer Kette und einem Ring daran, um ihn am Gürtel zu befestigen. Und für Cecily – als Nicolas die Gabe für seine Verlobte erblickte, schnappte er nach Luft und hatte Mühe, sich das Lachen zu verbeißen – für Cecily hatte er einen Gürtel mitgebracht! Eine wunderschöne Arbeit aus ineinander verschlungenen goldenen Ringen mit einer Schließe aus Edelstein. Er wagte nicht, sie anzublicken, als er ihr den Gürtel überreichte. Hal hinter ihm wurde von einem derartigen Hustenanfall ergriffen, daß er die Halle verlassen mußte.

Aber auch dieser kritische Augenblick ging vorüber. Man schritt zum Essen. Ein Kaplan sprach das Tischgebet, und Nicolas kam auf einen schön gearbeiteten Stuhl zwischen Cecily und Master Bradshaw zu sitzen. Zum ersten Mal als Gast und nicht als Page bei einem solchen Festmahl! Unter den Bediensteten bemerkte er Dickon und auch Hal. Von der Galerie herunter ertönte Musik. Er konnte eine Laute und eine Viola heraushören; eine Harfe schien auch dabei zu sein. Nie zuvor war ihm der Gedanke gekommen, was für eine gute Sache doch Musik bei einem Festmahl war – man brauchte sich nicht zu unterhalten. Immer von neuem wurden sein Teller und sein Becher gefüllt. Er mußte wohl gegessen und getrunken haben, nahm er an – doch erinnern konnte er sich hinterher an nichts. Nur, daß er auf ein Lager sank, das man neben dem seines Vaters aufgeschlagen hatte, daß er auf einer Daunenmatratze lag und daß es weich war.

Am Sonntagmorgen in die Kirche.

Die Dose aus Florenz

Zu Nicolas' heimlichem Mißvergnügen war der nächste Tag ein Sonntag, und Sonntag bedeutete: zeitig aufstehen und nach Newbury zum Hochamt reiten. Die Bradshaws hatten zwar einen Hauskaplan, der die tägliche Messe in ihrer Kapelle las, aber an Sonntagen mußten sie gleich allen anderen die Pfarrkirche aufsuchen.

Nicolas war müde. Nach dem langen Ritt des Vortages war er nicht sonderlich begeistert davon, sich schon wieder in den Sattel schwingen zu müssen. In Burford, so dachte er verdrießlich, war das alles viel einfacher. Man brauchte nur die Straße hinunter zu laufen, und Master Richard zog den Gottesdienst nicht so in die Länge, wie man das in dieser großen Kirche tat, in der das Stadtvolk sich zusammendrängte, – die reichen Bürger und ihre Damen, die mit ihren Festtagsgewändern prunkten, die Krämer mit ihren Frauen, die nur einfache Wollkleider trugen, und die jungen Burschen, die sich in der Nähe der Tür zusammenscharten und die frische Luft aussperrten. Eine gewisse Genugtuung aber bereitete es ihm, daß

Schießübungen.

die Kirche dem heiligen Nikolaus, seinem Schutzpatron, geweiht war.

Alle anderen schienen trotz der frühen Stunde schon frisch und munter: Mistress Bradshaw mit ihrem liebreizenden Lächeln erkundigte sich, ob die Gäste gut geschlafen hätten; die beiden Väter scherzten und plauderten miteinander; Cecily auf ihrem weißen Pony Meadowsweet, das ungeduldig tänzelte. Sogar der kleine Robin hatte seine Sprache wiedergefunden. Nicolas fand, daß er die einzige trübselige Gestalt war, abgesehen von Hal, der die Nacht auf dem Fußboden vor dem Bett seines jungen Herrn verbracht hatte und ihm nun mit Grabesstimme zuflüsterte, er sei steif wie eine Leiche am Galgen.

Nach dem Hochamt gingen sie zu dem Schießplatz vor der Stadt, wo sich schon alle Männer und Burschen der Gemeinde zum Bogenschießen versammelt hatten. Diese allwöchentlichen Schießübungen, die immer sonntags stattfanden, waren vom Gesetz vorgeschrieben – ein Gesetz, das, sah man von einigen ewigen Nörglern ab, allgemein beliebt war. Es war ein vergnügtes Völkchen, das sich an der Absperrung versammelt hatte. Sie hockten mit ihren Pfeilen auf der Erde, und während sie darauf warteten, an die Reihe zu kommen, schmausten sie Brot und Käse, ihr Mittagessen zwischen dem Morgen- und Abendgottesdienst. Jedem Pfeil, der in die Mitte der Schießscheibe traf, wurde zugejubelt, jeder Pfeil, der daneben ging, erregte Spott und Hohngelächter. Nicolas staunte, wie gut geschossen wurde. Selbst die jungen Burschen, denen das Gesetz eine kürzere Schußweite erlaubte, ließen ihre Pfeile über die volle Strecke von einer achtel Meile fliegen. Nicolas tauschte einen Blick mit Hal – das ging anders hier zu als in Burford! Wie würden sie hier wohl abschneiden?

Aber Master Bradshaw beruhigte sie.

»Nicht nötig, bei dem Mob hier zu warten«, bedeutete er ihnen. »Wir haben unseren eigenen Schießstand im Park von Beechampton, dort können wir in aller Ruhe unseren Übungen nachgehen. Wir haben ein paar sehr gute Schützen unter uns, weißt du. Nicht wahr, meine Tochter?«

Cecily warf ihre Kapuze zurück und lachte. Ob sie nicht noch den Jahrmarkt besuchen dürften, bat sie, eine ganze Reihe von Buden seien schon aufgeschlagen. Doch ihr Vater schüttelte den Kopf. Es sei zu heiß jetzt. Sie würden schon noch genug vom Jahrmarkt zu sehen bekommen.

Der Rest des Tages verging in aller Beschaulichkeit. Das Mittagessen wurde in der Halle eingenommen. Das gesamte Gesinde saß an aufgebockten Tischen, während sich die Familie auf der Estrade versammelte. Aus der Kinderstube erschienen auch Robin und seine zwei kleinen Schwestern, außerdem noch ein flachshaariges kleines Mädchen in Cecilys Alter, die Tochter eines Verwandten, die bei ihnen wohnte und an Cecilys Unterricht teilnahm. Sie war schweigsam, sittsam und geziert und entsprach genau der schreckenerregenden Vorstellung, die Nicolas von seiner Verlobten gehabt hatte.

Nicolas spannt Cecilys großen Bogen.

Nach dem Essen begaben sie sich in den Park und schauten den Dienern und Gutsarbeitern bei ihren Schießübungen zu. Zum Abendgottesdienst brauchte man nicht wieder nach Newbury, erklärte Cecily, nur zum Hochamt müßten sie in die Pfarrkirche, die Vesper dürften sie in ihrer Hauskapelle hören.

Als die Diener ihre Köcher leer geschossen und sich zurückgezogen hatten, steckte Nicolas ein halbes Dutzend Pfeile vor sich in den Boden, ergriff einen Bogen und schoß alle sechs rasch hintereinander ab. Bis auf einen trafen sie alle irgendwo in die Zielscheibe. Recht zufrieden mit sich blickte er sich um, ob Cecily ihm wohl zugeschaut hatte. Doch zu seinem Erstaunen sah er, wie sie sich mit einem großen Bogen aus Eibenholz abquälte, der viel zu hart für sie war. Nicolas bot ihr den seinen an, aber sie zog ihren eigenen vor und bat ihn, die Sehne für sie einzuspannen. Dann wählte sie einen Pfeil, zielte sorgfältig und traf ins Schwarze.

Nicolas war sprachlos. Er reichte ihr einen weiteren Pfeil, doch sie schüttelte den Kopf.

»Das war Zufall«, meinte sie bescheiden. »Mein Bruder Walter sagt immer, nach einem glücklichen Schuß solle ich aufhören – der nächste könnte daneben gehen. Walter ist fabelhaft mit dem Bogen, er hat auch eine Armbrust, mit der jagt er Kaninchen. Ich habe genug vom Schießen. Laß uns zu den Falken gehen.«

Nicolas mußte an Master Bradshaws Worte denken, daß Cecily »wild auf Falken« sei, und wie zuwider ihm der Gedanke gewesen war, »sie würde ihn lehren«. Seltsamerweise fand er jetzt, daß das sogar Spaß machen könnte.

An lange Stangen gekettet saßen die Falken in ihren Gehegen, die am Ende des Wirtschaftshofes lagen. Mark, der Falkner, ein alter, bärtiger Mann saß dort, mit einem schönen Falken auf seiner Faust, den er mit Fleischstückchen fütterte. Er blickte sie unwillig an, denn er war mit Master Bradshaws edlem Wanderfalken beschäftigt, und der war nicht allzu freundlich zu Fremden. Aber Cecily weigerte sich, dem Wink Folge zu leisten und das Gehege zu verlassen, ehe Nicolas nicht ihren eigenen Falken, einen Zwergfalken, gesehen hatte. Der sei so zahm wie ein Kätzchen, versicherte sie. Auf ihre Aufforderung hin nahm Nicolas eine Feder und streichelte damit den Rücken des hübschen kleinen blau-grauen Vogels, der, als er ihre Stimme vernahm, auf der Stange entlang auf sie zuhüpfte. Aber Nicolas mißfiel der Blick seiner Augen, und er glaubte gern, was Cecily ihm erzählte: daß er in der Luft sehr schnell und sehr scharf sei.

Nacheinander stellte sie ihm nun jeden einzelnen der sechs Falken vor. Da gab es zwei große Hühnerhabichte, – das waren die nützlichsten; ein Lerchenfalke, ein schöner, grausam aussehender Vogel mit weißem Hals und schwarzgefiedertem Schnabelansatz, der Finkenfalke des Kaplans und einige hübsche Turmfalken für die Diener (die allerdings nur für Ratten und Mäuse taugten, wie sie ihm zuflüsterte).

Nicolas versuchte, ein intelligentes Gesicht zu machen, um seine Unwissenheit nicht preiszugeben. Eingehend betrachtete er die verschiedenen Gegenstände, die an den Wänden hingen, um sich gut einzuprägen, wie sie genannt wurden und wozu man sie brauchte. »Langfesseln«, mit Glöckchen versehene Lederriemen, die an den Beinen der Vögel befestigt wurden; »Federspiele«, d. h. Köder in der Form von Vogelschwingen, in denen man rohe Fleischstücke versteckte, um die Falken zu ihren Herren zurückzulocken; schön geformte Hauben aus weichem Leder, mit bunten Federn ge-

Köder, Langfessel, Haube.

schmückt, mit denen den Falken die Augen verdeckt wurden. Nicolas hatte schon oft Falken in der Luft gesehen, die auf einen Fasan, einen Hasen, eine Taube herunterstießen, doch bisher hatte er nicht gewußt, wie kompliziert die Falknerei war. Und wie übelriechend. Das Gehege stank nach Vögeln und rohem Fleisch, und er war froh, wieder an die frische Luft zu kommen. In den sauberen wohlriechenden Pferdeställen gefiel es ihm besser, dort konnte er ohne jede Angst Petronel liebkosen und sie mit ein paar Handvoll duftenden Heus füttern.

Als sie ihren Rundgang durch die Ställe beendet hatten, standen sie im Hof herum und überlegten, was sie nun tun sollten. Es war sehr heiß, und so führte Cecily ihn in den Kräutergarten, wo sie sich im schattigen Gras niederließen. Cecily pflückte Gänseblümchen, aus denen sie einen Kranz flocht, Nicolas kaute auf Grashalmen herum und wunderte sich, daß sie so verschiedenartig schmeckten. Es war kühl und friedlich, und seine Gedanken schweiften zurück zu dem Tag, an dem er zum letzten Mal so behaglich im Gras gelegen hatte, dem Tag des Hundekampfes. Wie lange das her war! Seitdem schien er nie mehr wirklich zur Ruhe gekommen zu sein. Er lachte vor sich hin, als er daran dachte, wie er Onkel John angefleht hatte, ihn mit nach Indien zu nehmen. Jetzt verspürte er nicht die geringste Lust mehr zu einer solchen Seereise.

Cecily fragte ihn, worüber er lachte. Er erzählte ihr von Onkel John, seinen Schiffen und Seekarten und seinem Plan, den Ozean zu überqueren. Cecily fand das sehr spannend. Sie wünschte, daß auch Robin das hören könnte. »Robin ist ganz versessen auf Schiffe und Seefahrer und Entdeckungsreisen. Du mußt ihm davon erzählen. Wo mag er nur sein? Seit unseren Schießübungen habe ich ihn nicht mehr gesehen.«

Unvermittelt sprang sie auf. »Ich will ihn suchen«, erklärte sie. »Warte du hier, es dauert nur ein Vaterunser lang.«

Ehe er noch etwas sagen konnte, war sie hinter der Hecke verschwunden.

Nicolas seufzte. Sie war wie ein hin und her schießender kleiner Fisch – weg im Handumdrehen. Wenn sie doch nur nicht auf die Suche nach Robin gegangen wäre. Er wollte Robin nichts erzählen und hatte ein schlechtes Gewissen, daß er Onkel Johns Pläne ausgeplaudert hatte. Schließlich war das ein Geheimnis.

Zu seiner großen Erleichterung erschien sie bald darauf wieder – zehn Vaterunser hätte man vielleicht aufsagen können, mehr aber nicht –, und zwar allein.

»Ich kann ihn nicht finden,« seufzte sie. »Er soll mit meinem Vater spazierengegangen sein. Magst du Zuckerwerk?«

Sie ließ sich wieder ins Gras fallen und stellte eine Dose mit Süßigkeiten vor ihn hin.

Nicolas bekam große Augen. Diese Art Dose erkannte er: eine

weiße Dose, mit einer blauen Lilie verziert. Es war fast die gleiche wie die, die er in dem Gemach seiner Mutter gesehen hatte.

»Wo hast du denn die her?« rief er aus.

Cecily hob den Deckel und griff hinein. »Die war ein Geschenk«, sagte sie, »von einem Herrn, einem Freund meines Vaters – einem Lombarden. Was magst du am liebsten – Kirschen, Ingwer oder eine Zuckerpflaume?«

Nicolas überhörte die Frage. »Das war Messer Antonio Bari«, sagte er triumphierend.

»Woher weißt du das?« rief sie und vergaß, die Zuckerpflaume in den Mund zu stecken. »Er brachte sie erst vor wenigen Tagen mit.«

Die Erklärung war einfach. Als sie miteinander verglichen, was sie wußten, stellte es sich heraus, daß der Lombarde mit seinen Bewaffneten und den Packpferden nach seiner Abreise aus Burford in Beechampton Manor übernachtet hatte. Cecily mochte Messer Antonio. Er kam des öfteren, weil er von ihrem Vater Tuche kaufte und sie nach Italien verschiffte. Er war sehr freundlich und brachte immer Geschenke mit. Aber da gab es noch einen anderen Lombarden, einen abscheulichen Mann, ganz in Schwarz gekleidet.

Nicolas nickte. »Den kenne ich auch. Ich nenne ihn Krötengesicht.«

»Ein guter Name«, fand sie. »Das ist ein grausamer Mann, sage ich dir. Ich hatte ein Kätzchen, und das kratzte ihn. Es war noch ganz jung, aber er nahm es, drehte ihm den Hals um und warf es tot auf den Boden.« Sie schauderte, als sie daran dachte. »Uff! Ich hasse ihn.«

Plötzlich schoß Nicolas ein Gedanke durch den Kopf.

»Kamen sie diesmal beide?« fragte er. »An dem Tag, als du das Zuckerzeug bekamst, meine ich.«

Cecily überlegte. »Messer Antonio kam allein – eben nur mit den Bewaffneten. Dein Krötengesicht muß später gekommen sein, denn am nächsten Morgen ritten sie beide miteinander weg.«

Nicolas wurde ganz aufgeregt. Er kannte den Grund für diese

verspätete Ankunft. Er hatte den Mann mit seinen eigenen Augen bei Leachs Scheune gesehen. »Merkwürdig«, sagte er. »Man kommt von diesen Lombarden nicht los. Sie sind überall.« Er gebrauchte die gleichen Worte, die Onkel John geäußert hatte, und auch Giles, der Hirte. Jetzt stellte er selbst fest, daß sie zutrafen.

Nachdenklich nickte Cecily. »Du hast recht«, sagte sie. »Soll ich dir noch etwas Seltsames erzählen? Nachdem der Mann mein Kätzchen umgebracht hatte, träumte ich jede Nacht ganz schrecklich. Schließlich nahm mein Vater mich auf eine Reise zu meiner Großmutter mit. Die lebt im New Forest.«

»Ich weiß«, lächelte Nicolas, »in der Nähe von Beaulieu, der Abtei.«

»Ja, ganz in der Nähe«, bestätigte Cecily. »Tief im Wald. Und sogar dort bin ich den Lombarden begegnet.«

Nicolas starrte sie an: ob sie sich das bloß ausgedacht hatte?

»Den Lombarden? *Diesen* Lombarden?«

Wieder nickte sie. »Messer Antonio nicht. Aber dem anderen: Krötengesicht, wie du ihn nennst.«

»Aber was wollte der denn dort? Besuchte er deinen Vater?«

»Nein, mein Vater hat ihn nicht gesehen. Ich war mit meinen Vettern im Wald. Und er war zu Pferde, ritt einfach durch den Wald hinter einer Reihe von Packpferden her.«

»Wahrscheinlich ritt er nach Southampton«, sagte Nicolas aufs Geradewohl. »Die Galeeren der Lombarden liegen in Southampton vor Anker.«

»Aber das war meilenweit von Southampton weg«, versetzte Cecily ärgerlich. »Auf diesem Weg reitet niemand nach Southampton. Ich erzählte es meinem Vater, aber der antwortete nur, daß ihm das Kommen und Gehen der Lombarden ein undurchschaubares Geheimnis sei.« Sie beugte sich zu Nicolas und senkte die Stimme. »Weißt du«, flüsterte sie, »ich hasse diesen schrecklichen Mann. Ich glaube, das ist der leibhaftige Teufel. Am liebsten würde ich ihn mit Weihwasser besprengen, um zu sehen, ob das zischt.«

Aber Nicolas war mit handgreiflicheren Dingen beschäftigt. »Bist du ganz sicher, daß er allein war?« fuhr er unbeirrt fort. »Messer Antonio war nicht mit ihm?«

Sie schüttelte den Kopf.

»Da *war* noch ein anderer Mann dabei. Aber nicht Messer Antonio. Ein Fremder. Er ritt ein scheckiges Pferd.«

Nicolas schrie beinahe. »Ein scheckiges Pferd? Schwarz und weiß gefleckt? Weißt du das ganz gewiß?«

»Ganz gewiß«, antwortete sie. »Ich wünsche mir immer etwas, wenn ich einen Schecken sehe. Wir haben uns alle etwas gewünscht, meine Vettern auch.« Sie hielt inne, als sie Nicolas' Gesicht sah. »Was ist, stimmt da etwas nicht?«

Nicolas antwortete langsam und bedeutungsschwer.

»Ich glaube, daß da etwas ganz und gar nicht stimmt«, sagte er.

Und unverzüglich, dort im Schatten des Kräutergartens, erzählte er ihr die ganze Geschichte. Er fing mit dem Erscheinen der Lombarden an, mit dem Kampf der Hunde und den Peitschenhieben auf Hals Gesicht. Dann berichtete er, was Giles gesagt hatte über ungute Dinge, die vor sich gingen, und daß Onkel John behauptet hätte, die Lombarden mit ihrem Geldverleihen würden das ganze Land in ihre Gewalt bekommen. Schließlich erzählte er noch von Leach und seinem geheimnisvollen Schuppen und seinem heimlichen Treffen mit dem Lombarden. Er war nahe dran, auch seinen eigenen Vater zu erwähnen, daß auch er den Lombarden verschuldet sei, aber es gelang ihm noch rechtzeitig, dieser Versuchung zu widerstehen.

Auch ohne dies war Cecily aufs äußerste gespannt.

»Hast du das alles deinem Vater erzählt?« fragte sie, als Nicolas geendet hatte.

Nicolas schüttelte den Kopf. »Er will nichts davon wissen. Er mag die Lombarden und will kein Wort gegen sie hören. Ich muß erst noch mehr in Erfahrung bringen, ehe ich wieder etwas sage. Wenn ich nur herausfinden könnte, warum Leach mit Krötengesicht im New Forest herumreitet, meilenweit von zu Hause weg.«

Aber obwohl sie die ganze Angelegenheit immer wieder von vorn bis hinten durchsprachen, fanden sie keine Antwort auf diese Frage. Über eines waren sie sich einig. Sie mußten die Wahrheit herausfinden. Krötengesicht, Leach und, wenn nötig, Messer Antonio selbst mußten entlarvt und bestraft werden.

Wie sie jedoch das alles zuwege bringen sollten, darüber waren sie sich noch nicht im klaren, als die Glocke läutete und sie zur Vesper in die Kapelle rief, und an jenem Abend war keine Gelegenheit mehr für ein weiteres Gespräch.

Gestelle zum Trocknen des Tuches.

Tuch

Auch am nächsten Morgen war keine Zeit für ein Gespräch.

Master Bradshaws Gäste sollten seinen Betrieb besichtigen, sie sollten von A bis Z in alle Geheimnisse der Tuchherstellung eingeweiht werden. Als erstes würde man in der näheren Umgebung herumreiten, wo die Häuslerfrauen die Rohwolle entgegennahmen und spannen, dann sollte es nach Newbury gehen, wo das gesponnene Garn auf Master Bradshaws allerneuesten Webstühlen zu Tuch verwebt wurde.

So bestiegen sie schon am frühen Morgen ihre Pferde. Cecily auf ihrem weißen Pony ritt mit ihnen, ihr weiter Rock aufgebauscht wie die Pluderhose eines Sarazenen. Ihr Vater schien sie überall hin mitzunehmen, wie wenn sie ein Junge wäre, anstatt sie im Gemach ihrer Mutter bei damenhaften Beschäftigungen zu lassen. Auch Hal war mit von der Partie. Er sollte zusammen mit Dickon und dem Reitknecht der Bradshaws für die Pferde sorgen.

Da sie ihrer zu viele waren, um nebeneinander zu reiten, sollte

Cecily mit Master Fetterlock die Führung übernehmen, während ihr Vater mit Nicolas folgte.

Als sich Nicolas plötzlich mit seinem zukünftigen Schwiegervater allein fand, wurde er von Schüchternheit befallen, aber Master Bradshaw nahm ihm bald alle Befangenheit.

»Also, junger Mann«, begann er fröhlich. »Da du nun mal eine Tuchhändlertochter heiraten wirst, mußt du auch etwas über die Tuchherstellung lernen. Das sollte dir nicht schwer fallen, da du ja einen Vater hast, der Wolle produziert. Ich nehme an, du hast schon mit Vliesen zu tun gehabt, oder hast du Angst, deine Hände schmutzig zu machen?«

Nicolas war empört. Er setzte Master Bradshaw auseinander, daß er in der Schäferhütte fast mehr als in seinem Vaterhaus aufgewachsen sei und ein Schaf so gut scheren könne wie nur irgendein Schäfer, außer Giles natürlich.

Master Bradshaw lächelte. »Ich bitte um Verzeihung«, sagte er. »Ich ahnte nicht, daß ich mit einem Fachmann sprechen würde. Aber weißt du auch, was aus einem Vlies wird, nachdem du es geschoren hast? Wahrscheinlich geht das meiste von eurer Schur nach Calais, oder laßt ihr auch am Ort spinnen?«

Es fiel Nicolas nicht schwer, zu antworten. Die Arbeitsvorgänge seines Handwerks waren ihm vertraut. Die meiste Wolle ging nach Calais, einiges wurde von Händlern aus Witney zur Herstellung von Decken gekauft, und die Leute von Burford kauften natürlich auch von der Schur, um ihre Kleidung herzustellen. Viele von ihnen besaßen Webstühle.

»Burel«, sagte Master Bradshaw kurz. »So nennen wir den groben selbstgefertigten Wollstoff. Er trägt sich warm und dauerhaft, aber er ist sehr verschieden von dem Tuch, das du heute sehen wirst. Und natürlich, ehe die Wolle verwebt werden kann, muß sie gewaschen, gekämmt und gesponnen werden. Hast du jemals versucht, mit einer Wollkratze, einer Kardätsche, ein Büschel Rohwolle zu kämmen, mein Junge?«

»Ich hab's versucht«, antwortete Nicolas kläglich und verzog das Gesicht in Erinnerung daran. »Meg, die Schäfersfrau, hat es mir gezeigt. Aber dabei habe ich mir die ganze Haut an meinen Händen aufgescheuert.« »Natürlich«, lachte Master Bradshaw. »Die Kardätschen sind stachlig. Das sagt dir das Wort schon, wenn du an dein Latein denkst – carduus, die Kardendistel. Bei mir wird alles von den Häuslerfrauen gekämmt und gesponnen. Meine Packer verteilen die Wolle in den einzelnen Hütten und sammeln das Garn ein oder zwei Wochen später wieder ein. Wir kommen jetzt zu einer dieser Hütten; die Frau ist eine meiner besten Spinnerinnen. Sie kann einen Faden herstellen, der so fein wie Spinnenweben ist.«

Sie ritten den Abhang hinunter auf einem Saumpfad, der zu einer Gruppe von strohgedeckten Hütten führte, die im Vergleich mit denen in Burford armselig wirkten. Sie waren fast ohne Steine oder Ziegel aus verputztem Lehm gebaut, aber frisch geweißt und machten, von Rosen und Goldlack umgeben, einen freundlichen Eindruck.

Vor der ersten dieser Hütten war Cecily abgestiegen und sprach mit einer Frau, die, mit einem Spinnrocken im Gürtel und einem in Windeln gewickelten Baby unter dem Arm, es noch fertigbrachte, mit ihrer freien Hand die Spindel zu handhaben.

»Wie geht's, wie steht's, Mistress?« rief Master Bradshaw, als sie herbeiritten. »Ich hab dem jungen Herrn hier erzählt, daß Ihr besser spinnen könnt als eine Spinne. Legt Euren Sohn ab, oder ist's eine Tochter? – ganz gleich. Holt Eure Kardätschen. Ihr sollt ihm zeigen, wie Ihr ein Büschel Vlieswolle im Handumdrehen in einen feinen Faden verwandeln könnt.«

Strahlend legte die Frau das Baby auf den Boden, von wo Cecily es schleunigst aufhob, und schlüpfte durch die niedrige Tür, um gleich darauf mit ihrem Handwerkszeug wieder zu erscheinen.

»Nun paß auf, mein Junge«, sagte Master Bradshaw und streckte die Hand aus, um eine dieser mit lauter Stacheln besetzten Kardätschen zu ergreifen. »Kein Wunder, daß du dir die Hände verletzt hast. Fühl mal diese Spitzen: das sind Dornen, die in ein Stück Leder getrieben werden. Möchtest du es noch mal versuchen? Nein? Das kann ich dir nicht verübeln. Hier, Mistress, ist Eure Kratze. Jetzt laßt sehen, wie Ihr sie handhabt.«

Gehorsam ergriff die Frau ein Büschel Vlieswolle, nahm in jede Hand eine dieser dornenbesetzten Kratzen – die ähnlich wie Haarbürsten aussahen – und riß, krempelte und kämmte es, bis es fast so glatt war wie eine Haarlocke. Dann rollte sie es zu einer Strähne, legte die Kratzen beiseite und heftete die Strähne locker an den Rokken.

»Das sieht so leicht aus wie Butter stampfen«, bemerkte Master Bradshaw. »Und jetzt achte auf ihre Finger. Sie zieht nun eine Wollflocke aus dem Rocken und legt ihn an die Spindel.«

»Ich kann auch spinnen«, fiel Nicolas eifrig ein. »Spinnen ist herrlich! Ich kann eine ganze Spule spinnen, ohne daß der Faden reißt!« Plötzlich hielt er inne, blickte sich um und errötete. Er hatte vergessen, daß sein Vater dabeistand.

Master Fetterlock lachte. »Mir scheint, ich hätte eine Tochter haben sollen anstatt eines Sohnes«, sagte er. »Aber ich stimme mit Nicolas überein. Spinnen ist eine wunderbare Sache. Die Frau, die als erste darauf gekommen ist, hat die größte Erfindung der Welt gemacht. Es erscheint mir immer wie ein Wunder, wenn ich daran denke, daß jedes einzelne Fädchen in jedem Stück Tuch von den Händen einer Frau gesponnen wurde.«

Endlich verließen sie die Frau, die weiter ihre Spindel auf und ab tanzen ließ und den Faden drehte, in einem Rhythmus, der zu dem Wiegenlied paßte, das sie ihrem quengelnden Kind vorsang. Master

Eine Kardätsche.

Bradshaw meinte, sie könnten nicht länger verweilen, wenn sie vor dem Mittagessen noch die Webstühle besichtigen und zu den Färbern und Walkern gehen wollten.

Sie näherten sich der Stadt über das flache Marschland neben dem Fluß Kennet. Vor ihnen lag eine Gruppe neuer Gebäude, Scheunen, Schuppen und Hütten, die sich am Rande eines grasbewachsenen Geländes hinzogen, auf dem in langen Reihen hölzerne, galgenähnliche Gestelle standen, über die lange Tuchbahnen ausgebreitet waren. Dies seien Spannrahmen, erklärte Master Bradshaw, auf denen das Tuch getrocknet und gedehnt wurde. Mehrere solcher Wiesen mit ihren langen Reihen von Spannrahmen zogen sich über das Marschland hin. Sie gehörten nicht alle ihm, sagte Master Bradshaw, als er bemerkte, wie Nicolas' Blick darüber hinschweifte. Sie gehörten Master Winchcomb und Master Dolman und noch einigen anderen. Die Tuchfabrikanten teilten sich in das Marschland, da sie alle das Wasser vom Fluß brauchten und geeignetes Gelände für die Spannrahmen. Master Bradshaws Pferd war den Anblick dieser zum Trocknen aufgehängten Tuchbahnen gewohnt, aber Petronel fand sie so aufregend, daß Nicolas alle Mühe hatte, sie immer wieder zu beruhigen. So war es ihm nur recht, als sie neben einem der langen Schuppen absteigen konnten und einige Männer herbeikamen, um die Pferde zu halten.

Das eine Ende des Gebäudes war als Kontor eingerichtet, mit einem Zahltisch, einigen Stühlen und Stoffproben, die an Haken an der Wand hingen. Als Nicolas durch eine große Tür lugte, sah er, daß das übrige Gebäude als Lagerhalle diente und viele Regale enthielt, auf denen die Tuchballen gestapelt waren.

Master Bradshaw führte seine Gäste in das Kontor und bot Master Fetterlock einen Stuhl an. Bald waren die beiden Männer in ein Gespräch vertieft, wobei sie eifrig in den ledergebundenen Hauptbüchern blätterten. Master Bradshaw wandte sich an Cecily.

»Wir haben einiges Geschäftliche zu besprechen«, sagte er. »Lange wird es nicht dauern, aber wenn du willst, kannst du Nicolas einen Webstuhl zeigen. Laßt die Pferde hier und geht das Gäßchen hinunter zu Peterkin. Wir werden dann nachkommen.«

Daß sie die Führung übernehmen durfte, versetzte Cecily in helles Entzücken. Sie sprang hinaus in die Sonne und wartete auf Nicolas, der noch auf die Zustimmung seines Vaters wartete. Sie blickte zu Hal hinüber, der mit den anderen Männern bei den Pferden stand.

»Ob er auch gern mitkommen würde?« fragte sie leise, und als Nicolas bejahte, winkte sie ihm. Sie führte die beiden Jungen an dem Lagerhaus vorbei in eine stille Gasse mit schmucken Häuschen. Und aus jedem erscholl das Stampfen und Klappern von Webstühlen, das Nicolas schon ganz vertraut war. Cecily erklärte den Buben, daß ihr Vater diese Häuschen gebaut hatte, damit seine Weber in der Nähe der Trockenplätze wohnen konnten.

Aus dem einen Sträßchen gelangten sie in ein zweites und schließlich in eine enge Gasse, an deren Ende ein größeres Haus stand, zweistöckig, mit dicken Eichenbalken erbaut, und einem leuchtend roten Ziegeldach.

»Hier wohnt Peterkin«, verkündete Cecily und klopfte an die Tür. »Er ist unser bester Weber. Was er webt, wird von den anderen kopiert, und er erfindet immer neue Webmuster. Mein Vater sagt, die anderen Tuchfabrikanten würden ihre rechte Hand dafür geben, ihn uns abspenstig zu machen, aber wieviel Geld sie ihm auch bieten, er geht nicht, nicht einmal zu Jack of Newbury.«

»Wer ist Jack of Newbury?« fragte Nicolas.

»Master Winchcomb, einer von den Tuchfabrikanten«, sagte Cecily leichthin. »Sein Trockenplatz grenzt an den unseren. Er möchte immer die anderen übertreffen. Meine Mutter sagt, daß er nur ein

Geselle war, der die Witwe seines Meisters heiratete. Ursprünglich hieß er Smallwood, aber er hat seinen Namen in Winchcomb geändert, weil er von dort herstammt und findet, daß das feiner klingt. Ich möchte meinen Namen nicht ändern, du etwa?«

»Das wirst du aber bald müssen«, sagte Nicolas anzüglich. Cecily errötete, als die beiden Buben zu lachen anfingen. Sie sagte schnell, daß wohl niemand ihr Klopfen gehört habe, und pochte wieder an die Tür.

Kein Wunder, daß man sie nicht hörte, dachte Nicolas, als er das Stampfen des Webstuhls im oberen Stock vernahm.

Schließlich wurde die Tür von einer alten Frau geöffnet, die Cecily zulächelte und sie willkommen hieß. Sie betraten eine geräumige Küche, von einer Reihe dicker Eichenpfosten unterteilt, die das Gewicht des oberen Stockwerks trugen. Neben dem großen Herd stand eine Art Spinnrad, an dem die Frau offensichtlich gearbeitet hatte. Nicolas ging hin, um es genauer zu betrachten, und glaubte ein neuartiges Spinnrad vor sich zu haben, doch Cecily schüttelte den Kopf.

»Damit wird das Garn zu Spulen für den Webstuhl aufgewikkelt«, erklärte sie. »Peterkin ist oben, komm schnell, sonst haben wir nicht genügend Zeit.« Sie führte die Buben eine enge, gewundene Treppe hinauf.

Der große Dachboden wurde fast ganz von dem Webstuhl eingenommen, dessen Gestell an den Dachbalken befestigt war. Auf dem Schemel saß ein Mann, der das Weberschiffchen mit unfehlbarer Sicherheit hin und her durch ein Gewirr von Fäden schoß, während seine Füße die Pedale traten. Zwei junge Lehrlinge waren damit beschäftigt, neue Spulen in Weberschiffchen einzupassen, die Walze mit dem fertigen Tuch zu drehen oder auf seine Anordnung hin an den Schäften zu ziehen.

Sowie er Cecily und die Jungens erblickte, hörte er zu arbeiten auf, und in der plötzlich eintretenden Stille merkten sie, daß sie viel zu laut sprachen. Cecily erklärte, daß ihr Vater sie geschickt habe, damit der junge Master einen Webstuhl bei der Arbeit sähe. Der Weber, ein grauhaariger, magerer Mann, blickte von einem zum anderen und lächelte. Nicolas entnahm seinem Gesichtsausdruck, daß auch ihm die Verlobung kein Geheimnis mehr war. Er erklärte sich gern bereit, seine Kunst vorzuführen und begann damit, ihnen den Webstuhl zu erklären.

Das Weberschiffchen schießt durch ein Gewirr von Fäden.

Er arbeitete gerade an einem Stück ungefärbten, feinen Tuches. Die Kette, die durch die ganze Länge des Tuches lief, wurde über den Webstuhl von einer Walze zur anderen gespannt. Die hintere Walze, von schweren Gewichten festgehalten, gab immer soviel Kette aus, wie benötigt wurde, während die vordere das fertige Gewebe aufrollte. Ein sogenannter »Schaft« mit senkrecht herunterhängenden Fäden und Latten, der von Pedalen oder »Tritten« bewegt wurde, trennte die Kettenfäden in obere und untere, so daß das Weberschiffchen mit seiner Spule den Schußfaden von einer Seite zur anderen einschoß, wodurch die Breite des Gewebes entstand. Es war Nicolas völlig rätselhaft, wie es jemand fertigbringen konnte, das Schiffchen mit der rechten Hand durch einen derartig kleinen Zwischenraum zu schießen, es mit der linken Hand aufzufangen und wieder zurückzuschießen und gleichzeitig das »Rietblatt« zu bedienen, das das Gewebe fest zusammenschob.

Cecily wollte es zu gern selbst versuchen. Es war offensichtlich das erste Mal, daß sie allein und selbständig einen der Webstühle ihres Vaters besichtigte. Peterkin lächelte nachsichtig und ließ sie neben sich auf dem Schemel sitzen. Doch ach! Ihre Füße konnten die Pedale nicht erreichen, und das schöne Weberschiffchen aus Birnenholz ging durchaus nicht in die Richtung, in die sie es haben wollte. Nach drei erfolglosen Versuchen gab sie auf, rutschte vom Schemel und rannte zum Dachfenster, um hinauszuschauen. »Oh, kommt und seht!« rief sie. »Man kann die Landstraße sehen, und Massen von Menschen gehen zur Stadt.«

Nicolas und Hal schauten ihr über die Schulter. Durch das Fenster erblickte man eine Gasse, die zur Landstraße führte. Und unaufhörlich strömte dort die Landbevölkerung mit ihren Waren in die Stadt zum Markt. Bauern mit vollbeladenen Karren, Bäuerinnen, die störrische Esel antrieben, jede Menge Vieh, Schweine, Kälber, Lämmer und eine Herde wütend zischender Gänse, die aus dem Rinnsal neben der Straße nicht herauskommen wollten.

Es war lustig, dieses Treiben zu beobachten, aber bald hörten sie auf der Treppe Stimmen, die die Ankunft von Master Bradshaw und Master Fetterlock ankündigten. Pflichteifrig drehten die Jungens sich um, während Cecily weiterhin zum Fenster hinausschaute. Nun, da der Herr gekommen war, begann der Weber seinen Webstuhl in vollem Ernst vorzuführen. Das Schiffchen flog von einer Seite zur anderen, die Pedale und Schaftlatten stampften und klapperten. Peterkin wurde aufgefordert, das Wunderwerk seines kunstvollen, von der Decke herabhängenden Schaftes zu erläutern, durch den die Kettenfäden in bestimmten Gruppierungen angehoben werden konnten, so daß die kompliziertesten Muster entstanden. Das bedeutete einen großen Fortschritt gegenüber dem in Newbury üblichen einfachen Wollstoff. Master Bradshaw brüstete sich voller Stolz, daß man damit sogar Webmuster in der Art des italienischen Damastes hervorbringen könnte.

Erst als sie sich von Peterkin verabschiedet hatten und wieder auf der Straße standen, merkten sie, daß Cecily fehlte. Die alte Frau sagte ihnen, daß sie vor zehn Minuten allein das Haus verlassen habe.

»Sie wird zum Kontor zurückgegangen sein«, meinte ihr Vater. »Dummes Kind, – fortzulaufen, ohne es zu sagen.«

Doch die alte Frau schüttelte den Kopf. Die junge Dame hätte die andere Richtung eingeschlagen, zur Landstraße und auf die Stadt zu.

Master Bradshaw machte ein finsteres Gesicht. »Zur Landstraße?« wiederholte er. »Was wollte sie denn auf der Landstraße? Und wo ist sie jetzt?«

Diese Frage konnte niemand beantworten. Sie eilten zur Landstraße und suchten nach Cecily unter all den Menschen, konnten aber nichts von ihr entdecken.

»Ich wette, sie ist zum Jahrmarkt gelaufen«, rief Master Bradshaw zornig. »Sie ist wie besessen von diesem Jahrmarkt. Aber bei Gott, dafür soll sie bestraft werden.«

Nicolas erbot sich, nach ihr zu suchen, aber Master Bradshaw schüttelte den Kopf. »Du würdest nicht wissen wo, du kennst dich in der Stadt nicht aus. Wir wollen zu den Pferden zurückkehren, ich werde ein paar von den Leuten schicken.«

Noch ehe die Diener die Pferde besteigen konnten, erschien Cecily, atemlos und erhitzt. Sie war gerannt. Ihr Halstuch war verrutscht, ihre Haube saß schief. Vor ihrem zornigen Vater blieb sie stehen, – sie war augenscheinlich auf einen Wutausbruch gefaßt.

»Der Teufel soll dich holen, Mädchen. Wo warst du?« tobte Master Bradshaw. »War dir schlecht? Nein? Was dann? Du hast etwas gesehen? Was denn? Doch nur Narren und Plunder, möchte ich wetten. Bist du denn eine liederliche Dirne, daß du dich allein auf einem Jahrmarkt herumtreibst? Nach Hause mit dir, meine Dame, und zu Hause wirst du bleiben. Ich hätte gute Lust, dich auf Wasser und Brot zu setzen. Mehr vom Jahrmarkt wirst du dies Jahr nicht zu sehen bekommen. Das soll deine Strafe sein. Du gehst mir nicht mehr auf den Jahrmarkt.«

Färben des Tuches.

Cecilys Lippen zitterten, aber sie vergoß keine Träne. Sie warf Nicolas einen kurzen Blick zu, und in diesem Blick lag etwas, was Nicolas nicht verstehen konnte, – irgendeine Botschaft, die sie ihm übermitteln wollte. Aber ihr Vater fuhr fort: »Ab mit dir ins Kontor, und dort wartest du, bis wir kommen. Wir haben noch viel zu besichtigen, und wegen eines törichten Mädchens soll der Ausflug für den jungen Herrn nicht verdorben werden. Du bleibst drin und rührst dich nicht von der Stelle.«

Er stolzierte mit Master Fetterlock davon; widerstrebend folgte Nicolas.

Es gab allerdings noch viel zu besichtigen, doch fiel es Nicolas schwer, bei der Sache zu bleiben. Er starrte in Bottiche voller tintiger Flüssigkeiten, die alle gleich ausssahen, ob es sich nun um einen Sud aus Färberwaid handelte, für die blauen und grünen Tönungen, oder einen Aufguß aus Krapp für das so beliebte rostrot und andere Rotfärbungen. Er hörte sich Master Bradshaws ausführliche Beschreibung des Färbens von Stoffen an, aber seine Gedanken waren bei Cecily. Er mußte ständig darüber nachgrübeln, was für eine Botschaft sie ihm wohl hatte übermitteln wollen.

Nach der Färberei suchten sie die Walkmühle auf, wo das Tuch in Wasser getaucht und mit Walkerton, einer weichen Tonerde, bear-

Das Tuch wird geglättet

beitet wurde, der den Stoff sauber, weich und geschmeidig machte und die Wollhäärchen verfilzte. Nach dem Walken wurde der Stoff zum Trocknen und Dehnen auf die Gestelle gespannt. Danach wurde der Flor mit Hilfe von Kardendisteln aufgerauht, den stachligen Fruchtköpfen der gemeinen blauen Disteln, die Nicolas schon oft gesehen hatte, ohne zu wissen, wozu sie angepflanzt wurden. Selbst jetzt verstand er den Vorgang nicht ganz, denn nachdem der Flor mit den Distel aufgerauht worden war, brachte man das Tuch zu einem Scherer, der es auf eine Bank legte und mit den langen Blättern einer riesenhaften Schere wieder glättete.

Mittlerweile war Nicolas nicht mehr in der Lage, noch irgend etwas aufzunehmen. An neuen Eindrücken hatte er mehr gesammelt, als er verdauen konnte.

Auf dem Heimweg mußte er zwischen seinem Vater und Master Bradshaw reiten. Cecily, immer noch in Ungnade, ritt allein hinterher, und ihr folgten die Diener. Als die Straße schmaler wurde, gelang es ihm, zurückzubleiben und an ihre Seite zu gelangen.

»Warum bist du ausgerissen?« flüsterte er vorwurfsvoll. »Das hat alles verdorben.«

»Ich sah sie vom Fenster aus«, zischelte sie eindringlich. »Ich hab versucht, dich aufmerksam zu machen, aber du hast nicht darauf geachtet.«

»Ich hab dich nicht gehört. Wen hast du gesehen?«

»Die Lombarden natürlich; beide. Ich glaubte nicht, daß ich mich täuschte, aber ich mußte ganz sicher sein, und so folgte ich ihnen. Sie sind im Gasthaus zum Weißen Hirsch.«

Nicolas war sprachlos. Darum also war sie weggelaufen und hatte den Zorn ihres Vaters auf sich gezogen. Aber er wollte sie nicht so leicht davonkommen lassen.

»Das war dumm von dir«, sagte er unwirsch. »Jetzt darfst du nicht mit auf den Jahrmarkt.«

Cecily warf den Kopf in den Nacken. »Oh doch. Vielleicht werde ich Schläge bekommen, aber vom Jahrmarkt fernhalten wird mein Vater mich nicht. Du wirst schon sehen!«

Nicolas runzelte die Stirn. Er würde an ihrer Stelle eine Tracht Prügel natürlich vorgezogen haben, aber irgendwie mißfiel ihm die Vorstellung, Cecily könnte geschlagen werden.

Nachdem sie in den Park eingeritten waren, fand man sich anders wieder zusammen, und Nicolas kam neben Master Bradshaw zu reiten.

Sein Gastgeber wandte sich zu ihm: »Dein Vater hat sich für Cecily eingesetzt. Ich werde dem Mädchen den Jahrmarktbesuch also gestatten. Sonst wäre allen anderen der Spaß verdorben. Ich werde ihr statt dessen eine Tracht Prügel verabfolgen.«

Nicolas mußte sich das Lachen verbeißen. Wie gut Cecily ihren Vater doch kannte! Aber er hatte sich inzwischen überlegt, was er tun konnte. »Sir«, bat er bedächtig, »würden Eure hochwohlgeborene Gnaden mir an ihrer Stelle die Prügel geben?«

Master Bradshaw blieb der Mund offen vor Erstaunen. »Was!« rief er, »ein Prügelknabe? Hat der kleine Racker dich so verhext, daß du ihre Strafe auf dich nehmen willst?« Dann brach er in Gelächter aus. »Meiner Treu, einen Gast können wir nicht verprügeln. Ich weiß nicht, ob sie dir das nahegelegt hat, mein Junge, aber sollte das der Fall sein, dann verdient sie, den Sieg davonzutragen.« Er drehte sich im Sattel um und winkte Cecily. »Komm her, du Hexlein. Dein Kavalier hat dich ausgelöst. Wir wollen kein Wort mehr darüber verlieren.«

Jahrmarkt

Cecily war nicht die einzige, die die Lombarden gesehen hatte. Als Nicolas absaß, bedeutete ihm Hal, der bereitstand, um Petronel wegzuführen, daß er ihm etwas zu sagen hätte. Nicolas folgte ihm zu den Ställen.

»Ich habe die beiden Fremden gesehen«, flüsterte Hal ihm zu. »Den, der mich mit der Peitsche geschlagen hat, und seinen Herrn. Ich dachte, du würdest das gern erfahren.«

»Wo hast du sie gesehen?« fragte Nicolas schnell.

Hal grinste. »Nun, Sir, während du mit den Herren bei den Färbern warst, sind Dickon und ich losgezogen und haben uns den Jahrmarkt angeschaut. Der Reitknecht von Master Bradshaw sagte, wir hätten Zeit genug dazu; Seine Gnaden ist immer sehr langatmig, wenn er Leute herumführt. So sind wir auf und davon. Und als wir uns so umschauten, habe ich sie gesehen.«

Nicolas nickte ihm zum Dank zu; für mehr war jetzt keine Zeit, denn die Glocke hatte schon zum Essen gerufen. Aber nach dem Essen traf er sich mit Cecily im Garten. Sie hatte tatsächlich nichts weiter zu berichten, als daß sie die beiden Lombarden vom Fenster aus bemerkt hatte und ihnen gefolgt war, bis sie sah, daß sie im »Weißen Hirsch« verschwanden. Die Frage war jetzt, was sie eigentlich in Newbury taten, da sie sich doch angeblich auf dem Weg nach Southampton befanden.

Ein Spiel, das Golf genannt wird.

Es war ihnen nicht möglich weiterzureden, weil Robin auftauchte und nicht von Nicolas' Seite wich. Er durchlöcherte ihn mit Fragen nach Onkel John, seinen Schiffen, seinen Seekarten und der wunderbaren Reise, die er plante. Cecily hatte ihm schon davon erzählt, und nun gab er keine Ruhe, bis er mehr zu hören bekam.

Nicolas ärgerte sich. Er hatte ein schlechtes Gewissen, daß er Cecily gegenüber davon gesprochen hatte, und bereute es nun bitter. Mürrisch erklärte er Robin, das sei ein Geheimnis, und er dürfe zu niemandem davon sprechen. Hinterher beschimpfte er Cecily, als ob das ihre Schuld sei und nicht die seine. Er setzte ihr auseinander, daß es Onkel John vor allem darauf ankam, die Lombarden von seinem Plan nichts erfahren zu lassen. Cecily versprach feierlich, keiner Seele ein Sterbenswörtchen davon zu verraten und dafür zu sorgen, daß auch Robin nichts verriet.

Der restliche Tag wurde mit gemeinsamen Spielen verbracht, so daß sie nicht weiter miteinander reden konnten. Nicolas widerfuhr die Ehre, mit den Erwachsenen zusammen an einer Partie Bowling teilnehmen zu dürfen. Auf dem Rasen zwischen den beschnittenen Taxus-Hecken war es angenehm schattig und kühl. Danach bestand Master Bradshaw darauf, ihnen ein neuartiges Spiel – Golf genannt – zu zeigen. Dabei ging es darum, mit einem Stock, der mit einem seltsamen Eisenknauf beschwert war, Bälle in bestimmte Löcher im Boden zu treiben. Nicolas hatte dieses Spiel noch nie zuvor gespielt, und sein Vater sagte, in England habe er es noch nicht gesehen, obwohl es in den Niederlanden große Mode sei. Master Bradshaw berichtete, daß der König es in Schottland gänzlich verboten habe, weil es dort so beliebt sei, daß die Leute darüber ihr Bogenschießen vernachlässigten.

Um den Kindern eine Freude zu machen, endete der Nachmittag mit einem wilden und ausgelassenen Blinde-Kuh-Spiel, aus dem jedermann erhitzt hervorging. Als Nicolas und sein Vater in ihrer Schlafkammer allein waren, um sich für das Abendessen umzukleiden, fielen ihm die Lombarden wieder ein.

»Wußtet Ihr, Sir«, begann er vorsichtig, »daß die Lombarden in Newbury sind?«

Offensichtlich bestürzt hielt Master Fetterlock mitten im Kämmen seiner Haare inne. »Lombarden! Welche Lombarden?«

»Master Bari und der andere«, antwortete Nicolas, tief befriedigt, als er sah, daß er seinen Vater beeindruckt hatte.

»Woher weißt du das? Hast du sie gesehen?« fragte sein Vater schnell.

Nicolas antwortete, daß Cecily sie gesehen hätte und Hal auch. Cecily habe ihm erzählt, daß sie des öfters hierher zu Master Bradshaw kämen.

Woraufhin sich über seinem Haupt ein Unwetter entlud. »Cecily! Hal!« fuhr sein Vater ihn an. »Was gehen die die Lombarden an? Was hast du erzählt? Soll das heißen, daß du über meine Angelegenheiten geschwatzt hast, über die zu schweigen ich dir befohlen hatte?«

Hastig versicherte Nicolas, die Angelegenheiten seines Vaters nicht erwähnt zu haben, und versuchte, sich mit der Konfektdose und dem erwürgten Kätzchen herauszureden. Aber Master Fetterlock hörte kaum hin. Er war sehr böse.

»Ich warne dich, mein Sohn. Unbedachtes Schwatzen kann dich noch ins Verderben stürzen. Du plauderst und plapperst wie ein Weib – und noch dazu mit Hal, denke daran, daß er ein Diener ist! Was Mistress Cecily anbelangt, so tätest du gut daran, ihr von Anfang an keine Tratschereien zu gestatten. Es ist sehr schade, daß Männer in unserer Position ihren Frauen nicht mehr eine Kalt-Wasser-Kur im Fluß angedeihen lassen können. Das ist das beste Mittel für eine hitzige Zunge. Aber schlagen können wir sie. Deine Mutter habe ich allerdings seit unseren jungen Jahren nicht mehr geschlagen, – sie lernt schnell und ist klug genug, mich kein Geschwätz hören zu lassen, wenn sie schon schwatzen muß, – ich glaube, jede Frau ist eine Schwatzbase.«

Er hielt inne, wie wenn er seinen Erinnerungen nachhinge. Dann packte er Nicolas am Kragen seines Wamses und schüttelte ihn leicht. »Um Himmels willen, Junge, lerne deine Zunge im Zaum zu halten. Eine schwatzhafte Frau ist schon schlimm genug, aber ein Mann, der den Mund nicht halten kann, ist zu verachten und stellt eine Gefahr dar für jeden, der sein Vertrauen in ihn setzt.«

Er fuhr mit seiner Toilette fort, während Nicolas sich bemühte, wieder ruhig zu werden. Sein Gewissen sagte ihm, daß sein Vater recht habe. Er hatte zu leichtfertig dahergeredet, und wenn er auch das Geheimnis seines Vaters nicht eigentlich verraten hatte, so doch das seines Onkels.

Nach einigen Minuten lenkte Master Fetterlock ein.

»Was die Lombarden betrifft«, sagte er, »gerade auf einem solchen Markt wie dem von Newbury sind sie mit Sicherheit anzutreffen. Daran ist gar nichts Seltsames. Zweifellos waren sie in Southampton und sind wieder zurückgekommen. Das ist nur ein Tagesritt. Ich gebe zu, daß die Geschichte mit dem Kätzchen nicht gerade schön ist. Aber vergiß nicht, daß es Italiener sind, und das italienische Temperament ist hitzig.«

Nicolas fühlte, daß er im ganzen noch gut davongekommen war. Was sein Vater von den Lombarden sagte, klang so normal und harmlos, daß ihm schien, er hätte viel Aufhebens wegen nichts gemacht. Und doch – Giles sah das anders an, und Onkel John auch; und er hatte nicht einmal gewagt, das Rätsel um Leach, den Verwalter, zu erwähnen.

Er überlegte, was er Cecily sagen sollte. Er mochte ihr nicht eingestehen, daß sein Vater ihm die Leviten gelesen hatte. Doch das Glück war auf seiner Seite: den ganzen nächsten Tag war er mit seinem Vater und Master Bradshaw unterwegs zu weiteren ziemlich langweiligen Besichtigungen von Einrichtungen, die zu Master Bradshaws Gewerbe gehörten, und am Morgen darauf war die Eröffnung des Jahrmarktes.

Als angehender Kaufmann brach Nicolas mit seinem Vater und Master Bradshaw schon am frühen Morgen auf. Cecily und die Kinder sollten später nachkommen, in Begleitung von Mistress Lovejoy, der Kammerfrau ihrer Mutter, und einiger Diener.

Als sie in Newbury einritten, machte die Stadt einen sonntäglichen Eindruck. Alle Geschäfte waren geschlossen, und durch die Straßen stolzierten Ausrufer, die verkündeten, daß der Markt eröffnet sei und außerhalb des Marktgeländes nunmehr keinerlei Handel getrieben werden dürfe. Nicolas bekam große Augen. Solche Umstände wurden bei einem Markt in Burford nicht gemacht.

Master Bradshaw lachte, als er sein Gesicht sah. »Das ist der Lauf der Welt, mein Junge«, sagte er schmunzelnd. »Es ist das die neue

Marktordnung, begründet vom verstorbenen König, Eduard IV. Zwei Drittel der Eintrittsgelder fließen an die Krone, also sieht man darauf, daß alle kommen, und niemand darf umsonst hinein. Beim alten Markt von Newbury, der, seit Jahrhunderten schon, am St. Bartholomäustag stattfindet, ist das anders, da werden die Gewinne den Armen vom Spital gespendet. Um den kümmern die königlichen Beamten sich nicht.«

Die Stadt wimmelte von Menschen; alle hatten ihre besten Kleider an, und alle drängten in die gleiche Richtung. Lange ehe der Eingang zur Festwiese zu sehen war, konnte Nicolas schon den Lärm hören, die Rufe der Verkäufer, das Schmettern von Hörnern, Dudelsackpfeifen und Trommeln und jede nur erdenkliche Art von Musik.

Bei einer Gastwirtschaft stiegen sie ab, und die Diener führten die Pferde weg. Das Jahrmarktsgelände war mit zugespitzten Pfählen eingezäunt, durch die Schlehen- und Stechpalmenzweige geflochten waren, und das Eingangstor wurde von Beamten bewacht, die das königliche Emblem trugen. Master Bradshaw bezahlte das Eintrittsgeld für sie alle, und sie gingen hinein.

Erstaunt blickte Nicolas sich um. Im Vergleich mit dem, was er hier zu sehen bekam, waren die kleinen Märkte in den Straßen von Burford überhaupt keine Märkte. Unter dem wolkenlosen Himmel loderte eine unvorstellbare Farbenpracht. Die Zelte und Buden, mit bunten Stoffen behängt, waren reihenweise errichtet, so daß sie kleine Gassen bildeten; jedes Handwerk hatte seine Gasse, über deren Eingang die Zunftfahne flatterte; die Tuch- und Wollhändler, Handwerker und Kurzwarenhändler in der einen Gasse, in einer anderen alle, die Leder verarbeiteten: Sattler, Zaumzeugmacher, Schuhmacher und Flickschuster. Auf einem anderen Teil des Geländes trieben die Krämer der Stadt ihren alltäglichen Handel, da man ja sogar seinen täglichen Laib Brot auf dem Marktgelände kaufen mußte.

Da Master Bradshaw bald von seinen Geschäftsfreunden umringt und in Gespräche verwickelt wurde, ergriff Thomas Fetterlock seinen Sohn am Arm und sagte: »Komm, wir wollen uns alleine umschauen, bis unser Gastgeber nicht mehr so in Anspruch genommen ist.«

Zu Nicolas' Freude rief er auch Hal herbei, und zu dritt bahnten sie sich ihren Weg durch die Menge. Sie gingen an Händlern vorbei, die ihre Waren auf langen Tischen ausbreiteten, Lehrjungen, die auf alle und jeden einschrien, an Hausierern mit ihren Bauchläden voller Bänder und buntem Kram, die ihnen auf Schritt und Tritt den Weg verstellten.

Im Mittelpunkt des Marktgeländes, alle Gäßchen gingen von dort aus, stand ein riesiges Zelt, über dem das Wappen Englands und die Fahne von Newbury wehte. Am Eingang standen königliche Beamte, und anstatt sich wie sonst überall heranzudrängen, blieb die Menge in respektvollem Abstand gaffend stehen.

»Das ist das ›Marktgericht‹«, sagte Master Fetterlock, als sie vorbeigingen, »wo die Richter alle Fälle abhandeln, die mit dem Markt zu tun haben. Es befaßt sich ausschließlich mit Wanderern und Reisenden, vom Kaufmann bis zum Vagabunden, mit allen, die in der Stadt fremd sind. Es verhandelt alles sofort und vollstreckt die Urteile gleich. Und da es genügend Diebe und Betrüger, Zwistigkeiten und Händel gibt, hat es reichlich zu tun. Nun komm, Junge, reiß dich los, was starrst du denn so?«

Nicolas' Blick ruhte auf jenem Teil des Geländes, der jenseits des großen Zeltes lag. Von dort kam all die Musik her, dort schienen alle möglichen aufregenden Dinge vor sich zu gehen. Er konnte Leute auf Stelzen sehen und bunte Ballons, die in die Luft geworfen wurden. Auch Puppentheater gab es und Wippen und Schaukeln. Er konnte den Schlag der langen Stangen auf den Drehbock hören und das schallende Gelächter der Menge.

Als sein Vater merkte, was ihn so in Bann schlug, lachte er. »Beruhige dich, mein Junge, du wirst später noch genug Narrenpossen und Mummenschanz zu sehen bekommen. Aber gedulde dich noch ein wenig. Ich will dir erst noch etwas anderes zeigen.«

Er führte Nicolas in eines der Gäßchen, in dem es ruhiger zuging. Nur wenige Landleute gingen langsam und scheu hindurch, die meisten wandten sich hastig in eine andere Richtung, sobald sie die stämmigen Wachleute mit ihren glänzenden Hellebarden bemerkten. Es war dies die Gasse der Goldschmiede, wo die reichen ausländischen Händler ihre Stände hatten. Hier lustwandelten die wohlhabenden Kaufleute mit ihren Damen und betrachteten zierlich gearbeiteten Schmuck, Schnitzereien aus Elfenbein und Sandelholz, prächtig gebundene Bücher mit goldenen Schließen, Pokale aus edlem Glas, Damast und kostbare Seiden.

»Du mußt ein Jahrmarktsgeschenk kaufen«, sagte Master Fetterlock. »Sieh dich um, mein Sohn, und wähle etwas für deine Mutter aus. Und auch etwas für deine Mistress Cecily.«

Das war eine gewichtige Angelegenheit und erforderte viel Nachdenken. Schließlich suchte Nicolas für Mistres Fetterlock eine Anzahl seidener Quasten in verschiedenen Farben aus, als Lesezeichen für ihr Gebetbuch. Für Cecily erwarb er eine winzige Kugel aus vergoldetem Silberfiligran, die wohlduftende Spezereien enthielt. Ein silberner Ring war daran angebracht, so daß man sie am Gürtel tragen konnte. Ein anmutiges Spielzeug, meinte Master Fetterlock lächelnd, vergnüglich für ein Kind und schicklich für eine Dame. Nicolas habe gut gewählt.

Als sie wieder zu Master Bradshaw stießen, mußte Nicolas einen Vortrag über die Unterschiede der einzelnen Stoffe, die in den Ständen der Tuchhändler auslagen, über sich ergehen lassen; er mußte sie befühlen, bis er mit geschlossenen Augen feines Tuch von geripptem Wollstoff und dünnen Wollstoff von grobem Fries unterscheiden konnte. Nachdem er diese Pflichtübung absolviert hatte, begaben sie sich zum Essen.

Alle Schänken von Newbury hatten ihre Sträuße aus Zweigen auf bunten, mit Wimpeln geschmückten Stangen in einem bestimmten

Teil des Marktgeländes aufgestellt, der den Gastwirten vorbehalten war. Master Fetterlock wollte heute Wein trinken, und Master Bradshaw sollte ihr Gast sein. Er führte sie zu einer Bank unter einem Schild mit einem Schwan und zwei Nixen, dem Zeichen der

Weinhändler-Genossenschaft. Dort verzehrten sie dicke Scheiben Pastete und spülten sie mit Gascogner Wein hinunter.

Kaum hatten sie ihre Mahlzeit beendet, als Mistress Lovejoy mit Cecily und den Kindern erschien. Der restliche Tag wurde mit kurzweiligen Vergnügungen verbracht. Cecily und Robin wollten alles sehen, was es zu sehen gab, und ihr Vater versah sie reichlich mit Geld aus seinem wohlgefüllten Beutel. Es gab Jongleure und Akrobaten, tanzende Mohren mit Glöckchen an den Schuhen, fliegende Händler, die laut schreiend ihre Waren anpriesen, und Quacksalber, die Arzneien für jede erdenkliche Krankheit feilboten. Es gab auch Buden, wo man für einen Penny ein Puppenspiel ansehen konnte. Sie sahen auch, umringt von einer staunenden

Menge, den traurigen Tanzbären wieder, der sich zu einer Musik von Flöte und Tamburin feierlich im Kreise drehte. Und im Kontrast zu all diesem bunten Treiben ermahnte ein Mönch von einem umgedrehten Faß herunter seine Zuhörer, sie sollten vor dem kommenden Fronleichnamsfest noch zur Beichte gehen.

Nach einiger Zeit trennten sich Nicolas und Hal von den anderen und ließen sich von der Menge weitertreiben. Hal wollte gern den Teil der Festwiese aufsuchen, wo jedermann sein sportliches Können zeigen konnte, – im Springen und Gewichtewerfen, im Ringkampf oder mit dem Kampfstock. Zu Hause in Burford konnte er alle in die Tasche stecken, weil sein Onkel, Nash der Bader, der in den vergangenen Kriegen mitgekämpft hatte, ihm alle seine alten Soldatentricks gezeigt hatte. Hier in einer größeren Stadt würde er vielleicht nicht so gut abschneiden, aber versuchen wollte er es auf jeden Fall.

Ganz bescheiden trat er zunächst gegen Burschen seines eigenen Alters an, doch konnte er die Kugel weiter stoßen und auch weiter springen als sie alle. Den Kampfstock wirbelte er mit solcher Kraft über seinem Kopf herum, daß die Zuschauer sich ängstlich ein Stück zurückzogen, und im Ringkampf warf er zwei Gegner, die beide größer waren als er. Schließlich hielt der Besitzer der Ringkampf-Arena die Zeit für gekommen, diesem jungen Gernegroß eine Lehre zu erteilen. Er forderte ihn heraus, und als Hal tollkühn darauf einging, warf er ihn mit solcher Wucht zu Boden, daß Nicolas zumindest einige gebrochene Rippen erwartete. Doch da der Ringer wußte, daß er mit Rippenbrechen keine Kunden anlocken konnte, erhob sich Hal langsam, und nichts war gebrochen außer seinem Stolz. Unter dem Spott und Hohngelächter der Burschen von Newbury humpelte er an Nicolas' Seite von dannen.

Um Hal Zeit zum Erholen zu lassen, beschloß Nicolas, einen Versuch mit dem Drehbock zu machen. Von einem Ende eines Querbalkens, der sich auf einem senkrechten Pfahl drehte, hing eine Zielscheibe herab; am anderen Ende des Querbalkens hing ein

Hal wird im Ringkampf besiegt.

Sandsack. Es galt nun, mit einer lanzenartigen Stange der Zielscheibe einen Stoß zu versetzen und geschwind dem Gegenschlag des herumschwingenden Sandsacks auszuweichen. Dies Spiel verlangte Geschicklichkeit und Behendigkeit! Doch Nicolas vermochte sich flink und gewandt zu bewegen, und dem Drehbock galt seine besondere Liebe.

Der Junge vor ihm war zur Freude der Zuschauer vom Sandsack getroffen worden, aber Nicolas zielte sorgfältig. Er prüfte genau die

Länge der Bahn, zählte seine Schritte und startete mit dem rechten Fuß, um beim Ankommen mit dem freien linken Fuß beiseite springen zu können. Bei seinem ersten Versuch sauste der Sandsack einige Zoll an seinem Kopf vorbei; unter dem Beifall der Zuschauer wiederholte er das Spiel noch zweimal mit dem gleichen Erfolg. Damit gewann er eine Rosette, die er an seinen Hut stecken konnte. Zu seiner größten Freude entdeckte er auch Cecily und die Kinder

Hal und der Drehbock.

unter den Zuschauern, und mit großartiger Geste überreichte er die Rosette Cecily. Auf ein erregtes Murmeln der Menge hin drehte er sich um.

Hal war ihm zum Drehbock gefolgt. Er wollte von seinem Herrn nicht übertroffen werden und rannte mit solchem Schwung auf den Drehbock zu, daß Nicolas der Atem stockte. Der Narr! Bei dieser Geschwindigkeit konnte er unmöglich rechtzeitig anhalten und beiseite springen. Und richtig, als seine Lanze auf die Zielscheibe auftraf, schwang der Sandsack mit solcher Wucht herum, daß Hal in der nächsten Sekunde auf dem Boden saß, mit beiden Händen seinen Schädel festhielt und sich wunderte, was ihm einen solchen Schlag versetzt hatte.

Die Menge brüllte vor Lachen, er hatte das heraufbeschworen, und ihm war nur recht geschehen. Nicolas lachte so laut wie die anderen, und Robin krümmte sich vor Vergnügen.

»Ich hab Seitenstechen vor Lachen«, rief er. »Wird er das noch einmal machen? Sag ihm, er soll es noch einmal tun.«

Zornig stampfte Cecily mit dem Fuß auf. »Schämt euch doch, ihr herzlosen Lümmel«, fauchte sie. »Er ist vielleicht verletzt, kümmert euch das gar nicht?« Sie bahnte sich einen Weg durch die Menge und stürzte an Hals Seite. Mistress Lovejoy folgte ihr und untersuchte eine taubeneigroße Beule auf seinem Kopf, die rasch weiter anschwoll.

»Lauf zum Apotheker«, wies sie Cecily an, »und frage ihn, ob er eine Salbe aus Immergrün hat, die die Schwellungen zurückgehen läßt«.

»Einen Frosch aufschneiden und noch frisch darauflegen, hat meine Mutter mir beigebracht«, schlug eine alte Frau vor, und eine andere empfahl das Fett eines Ferkels mit Knoblauch vermischt. Aber ehe noch eines dieser greulichen Mittel aufzutreiben war, kehrte Cecily mit einem Fläschchen in der Hand zurück. Der Quacksalber hatte ihr versichert, daß diese Flüssigkeit ein Gesundheitselixier sei, das jede Krankheit kuriere. Auf die Beule gegossen, hatte es zumindest eine kühlende Wirkung. Hal erhob sich und hatte sich bald soweit erholt, daß er die anderen zu einem Ingwerkeks-Stand begleiten konnte.

Hal reichten die Aufregungen nun, aber Nicolas hatte noch nicht genug. Während die anderen einem Marionettenspiel zuschauten, mietete er sich ein Paar Stelzen. Auf den Märkten in Burford war er immer auf Stelzen gelaufen und war stolz auf sein Geschick. Es war eine großartige Sache, die Welt so zu betrachten – hoch über die Köpfe der Menge erhoben. Höchst unternehmungslustig verließ er die Festwiese und wagte sich in die Verkaufsgassen des Marktes, die nahezu verlassen dalagen. Die Geschäfte für diesen Tag waren beendet, und die Händler begannen, ihre Waren einzupacken. Ziemlich schnell stelzte er die Gasse der Tuchhändler entlang und durch die Lederwarengasse in die der Goldschmiede.

Plötzlich stockte er und mußte sich an einem Innungsschild festhalten, um nicht umzufallen. Vor sich sah er drei Männer stehen, die in ein Gespräch vertieft waren – sein Vater und die beiden Lombarden, Messer Antonio Bari und Krötengesicht.

Master Fetterlock stand an einen der Stände gelehnt. Selbst aus dieser Entfernung konnte Nicolas sehen, daß er ernst und sorgenvoll aussah. Die beiden Italiener redeten gleichzeitig auf ihn ein und fuchtelten mit den Händen; Krötengesicht zuckte immer wieder mit den Schultern, und Messer Antonio schlug mit einer zur Faust geballten rechten Hand auf die linke Handfläche, als ob er etwas Wichtiges besonders betonen wollte.

Nicolas suchte wieder ins Gleichgewicht zu kommen, drehte um und stelzte zu den anderen zurück. Er fühlte sich schuldbewußt, wie wenn er gelauscht hätte, und war dankbar, daß sein Vater ihn nicht bemerkt hatte. Aber der alte nagende Zweifel kehrte zurück. Wenn die Lombarden solch gute Freunde waren, wie sein Vater versicherte, warum sah er dann so besorgt aus, wenn er mit ihnen zusammen war?

Als er zu der übrigen Gesellschaft zurückkehrte, fand er sie müde und bereit, den Heimweg anzutreten, wo die Pferde warteten. Sie ritten alle zusammen nach Hause, doch jeder war erschöpft, und gesprochen wurde kaum.

Die Fronleichnamsprozession.

Bürgschaft

Am zweiten Markttag war Fronleichnam, eines der großen Kirchenfeste. Alle rechtschaffenen Menschen besuchten die Messe, und danach fand eine große Prozession statt.

Der Markt wurde erst nach der Prozession eröffnet, und selbst dann durfte weder gekauft noch verkauft werden. Aber ein Feiertag war ein freier Tag, und die Landbevölkerung strömte in die Stadt, um sich zu vergnügen.

Master Bradshaws Familie bildete eine kleine Prozession für sich, als sie zum Hochamt ritten. In der Kirche waren so viele Menschen versammelt, daß zwar Mistress Bradshaw und ihre Kammerfrau im Innern Sitzplätze fanden, die anderen aber auf den Stufen am Westportal stehen bleiben mußten. Von dort konnten sie wenigstens die Kerzen auf dem Altar schimmern sehen und aus der Ferne den Chor singen hören. Die Kirche sei viel zu klein geworden, flüsterte Master Bradshaw seinen Gästen zu. Es sei höchste Zeit, eine neue zu bauen.

Als die Messe zu Ende war und die Prozession ihren Anfang nehmen sollte, waren die außerhalb der Kirche Stehenden im Vorteil. Schnell führte Master Bradshaw seine Gesellschaft auf einem Abkürzungsweg zu einer günstigen, etwas höher gelegenen Stelle der Straße, von wo aus sie die gesamte Prozession überblicken konnten, sobald sie auf den Marktplatz einbog. Ringsherum drängten sich die Menschen, hasteten durch die engen Gassen bei der Kirche und stellten sich auf dem Weg auf, den die Prozession nehmen würde.

Noch ehe der Kreuzträger um die entfernt gelegene Ecke bog, konnte Nicolas den Chor hören, der, als er die Kirche verließ, das »Lauda Sion« anstimmte, die feierliche Prozessionshymne. Hinter dem Kreuz, unter ihren hocherhobenen gestickten Fahnen, schritten die einzelnen Handwerker-Zünfte wie die Bäcker, die Krämer, die Gerber und andere, während die verschiedenen Handwerke des Tuchhandels – Weber, Walker, Färber und Scherer – den Schluß bildeten. Als letztes folgte die Gilde der Tuchgroßhändler, unter deren Wahrzeichen die Kaufherren in ihren reichen pelzverbrämten Mänteln, mit schweren goldenen Ketten behängt, feierlich einherschritten. Unter ihnen befand sich auch Master Bradshaw, und Cecily, die neben Nicolas stand, stieß ihn plötzlich an, um ihn auf ihren Vater aufmerksam zu machen. Deshalb also hatte er sie so unvermittelt verlassen!

Seit er laufen konnte, eben groß genug um Blumen zu streuen, hatte Nicolas zu Hause an Prozessionen teilgenommen, aber so eine großartige hatte er noch nie gesehen. Auf die Handelsgilden folgten die religiösen Gilden und Bruderschaften, die Gilde des Heiligen Namens, die Gilde der Heiligen Katharina, das Spital von St. Bartholomäus, – jede trug ein Bild ihres Schutzpatrons vor sich her und führte eine Gruppe von Greisen, Krüppeln oder Waisen an, je nachdem, für wen sie sich helfend einsetzte.

Während noch die bunten Fahnen die Straße entlangzogen, abwechselnd aus hellstem Licht in tiefste Schatten tauchend, bogen der Chor und die Geistlichkeit mit dem goldenen Baldachin um die Ecke und kamen langsam näher. Eine andere Hymne wurde angestimmt, und die Eröffnungstakte von »Pange Lingua« erklangen. Bereits bei den ersten Tönen dieses allen vertrauten Liedes began-

nen hier und da einzelne aus der Menge mitzusingen. Andere stimmten ein, zaghaft zunächst, bis immer weitere Mut faßten, der Jubelgesang immer stärker anschwoll, endlich brausend die ganze Straße erfüllte und selbst die Mauern der Häuser mitzusingen schienen. Dann – näher und näher kommend – erklang ein neuer Ton, das Läuten von Glöckchen, und wie niedergemäht sank die Menge auf die Knie. Der Gesang verhallte, und die Häupter senkten sich, während der Baldachin, unter dem der Priester die Monstranz trug, langsam vorüberzog. Als dieser feierliche Höhepunkt vorbei war, erhoben sich die Menschen, nahmen den Gesang wieder auf und schlossen sich an das Ende der Prozession an.

»Genitori, genitoque, laus et jubilatio«
»Gott, dem Vater, Gott dem Sohn,
Lobgesänge, Freudenhymnen«

Nicolas warf den Kopf zurück und überließ sich ganz einem starken Gefühl, das ihn mitriß. Im strahlenden Licht der hoch am

Himmel stehenden Sonne leuchteten die farbigen Gewänder der Menschen vor den tiefen Schatten der überhängenden Häuser. Er blickte zu Cecily hin, die einige Schritte vor ihm ging. Sie sang voller Inbrust, und feierlicher Ernst lag auf ihren sonst so fröhlich lachenden Zügen. Plötzlich überkam Nicolas ein tiefes Glücksgefühl. Lob und Freude. Lob und Freude. Das Leben war schön.

Zeitig am nächsten Morgen nahmen Nicolas und sein Vater Abschied von Beechampton Manor. Master Bradshaw, Cecily und Robin begleiteten sie noch ein Stück Wegs, und man trennte sich an fast der gleichen Stelle, an der Master Bradshaw sie am Tag ihrer Ankunft in Empfang genommen hatte.

Als Nicolas auf Petronel sich umwandte, um einen Abschiedsgruß zu winken, dachte er darüber nach, wie anders doch seine Gefühle jetzt waren als vor einer Woche. Er hatte die ganze Familie Bradshaw lieb gewonnen, und er und Cecily waren gute Freunde geworden. Abgesehen von Priestern und Mönchen mußte jeder eines Tages heiraten, überlegte er. Und da das nun einmal so war, konnte er sich niemanden vorstellen, den er lieber als Cecily geheiratet hätte. Man hatte verabredet, daß sie mit ihren Eltern bald zu einem Gegenbesuch nach Burford kommen sollte, und darauf freute er sich jetzt sogar.

Leichten Herzens folgte er seinem Vater, der in das wellige Hügelland hinaufritt. Die Wege dort lagen diesmal verlassen, denn der Markt von Newbury war noch nicht zu Ende. Als sie die Hochebene mit ihren weiten, von den Schafen abgegrasten Weiden erreichten, ließ Master Fetterlock Bayard in leichtem Galopp traben. Nicolas folgte ihm; er hatte den Hut abgenommen, um den Wind in seinen Haaren zu fühlen. Vor lauter Glückseligkeit hätte er laut schreien mögen.

Am Ende der Hochfläche verlangsamte Master Fetterlock seinen Galopp und wartete auf Nicolas.

»Du hattest übrigens recht, die Lombarden waren in Newbury«, bemerkte er beiläufig, als sie nebeneinander herritten. »Ich begegnete ihnen auf dem Markt.«

Nicolas war so überrascht, daß er beinahe damit herausgeplatzt wäre, daß er sie alle zusammen gesehen hatte, doch er besann sich noch rechtzeitig.

Sein Vater hatte offenbar beschlossen, ihn ins Vertrauen zu ziehen. »Wir hatten gewichtige Dinge zu besprechen«, sagte er. »Da du mein einziger Sohn bist, und das Geschäft, falls mir etwas zustoßen sollte, dir gehört, habe ich beschlossen, dich so weit wie möglich mit allen Vorgängen bekannt zu machen.« Er blickte Nicolas an und lachte kurz auf. »Da du gut beobachten kannst und deine Augen fleißig gebrauchst, möchte ich, daß du auch begreifst, was du siehst. Wenn dir etwas von dem, was ich dir jetzt sagen werde, nicht klar ist, so bitte ich dich, mich zu fragen.«

Er hielt inne, um seine Worte gebührend wirken zu lassen. Da Nicolas' Antwort nur in einem pflichtschuldigen Gemurmel bestand, fuhr er langsam und bedächtig fort:

»Vor allen Dingen solltest du wissen, daß ich für Messer Antonio Bari den Herren der Gilde gegenüber eine Bürgschaft in der Höhe von fünfhundert Pfund übernommen habe. Verstehst du, was das bedeutet?«

Nicolas schüttelte den Kopf. Er verstand kein einziges Wort.

»Dann höre gut zu. Eine Bürgschaft übernehmen heißt, eine Summe Geldes als Pfand dafür einzusetzen, daß Messer Antonio gewisse Gesetze der Gilde nicht umgeht, wenn er Wolle aus England exportiert. Sollte er sie umgehen und dabei entdeckt werden, dann müßte ich fünfhundert Pfund einbüßen. Ist das klar?«

Nicolas bejahte. Insgeheim war er entsetzt. Fünfhundert Pfund waren ein Vermögen. Rasch stellte er einige Rechnungen an. Petronel hatte fünf Pfund gekostet. Also bedeutete diese Summe hundert Pferde wie Petronel.

Master Fetterlock, der von Nicolas' Rechenkünsten nichts ahnte, fuhr mit seiner Erzählung fort.

»Vielleicht wunderst du dich, daß ich dafür meine Einwilligung gegeben habe«, sagte er. »Fünfhundert Pfund ist eine große Summe, aber es handelt sich um eine ganz sichere Sache. Es wird niemals der Fall eintreten, daß ich diese Summe bezahlen muß. Ich weiß, daß du auf dummes Gerede über die Lombarden gehört hast. Die einfachen Leute halten die Italiener alle für Spitzbuben und Wucherer. Der Italiener von guter Familie ist ein vornehmer und kultivierter Herr. Messer Antonio zum Beispiel ist der Bevollmächtigte der edlen Medici, der berühmten Bankiers. In unserer modernen Welt kann man ohne Bankiers nicht auskommen. Sogar der König ist gezwungen, gelegentlich von ihnen Geld zu borgen.«

Nicolas biß sich auf die Lippen. Onkel John hatte erwähnt, daß der König den Lombarden verschuldet sei, aber er merkte noch rechtzeitig, daß er das besser nicht äußerte.

»Wenn die Lombarden Bankiers sind, können sie dann außerdem auch Kaufleute sein?« fragte er zweifelnd.

»Natürlich«, sagte sein Vater geduldig. »In ihren Galeeren bringen sie italienische Waren, und mit Wolle, Tuch, Zinn oder was immer wir zu verkaufen haben, fahren sie zurück. Sie haben vom König eine Sondergenehmigung, Wolle nach Italien auszuführen, aber wie du weißt, nimmt es die Gilde sehr genau mit aller Wolle, die dieses Land verläßt. Ausländer dürfen englische Wolle auf den Märkten von Frankreich oder Flandern nicht absetzen. In den Häfen wird von der Gilde kontrolliert, was für Wolle die italienischen Schiffe führen, und dafür gesorgt, daß sie ausschließlich Mittelmeerhäfen anlaufen.«

Er hielt inne. Nicolas wagte eine Frage.

»Aber warum sollten die Italiener englische Wolle in Frankreich verkaufen wollen? Ich dachte, sie wollen sie für Italien?«

Master Fetterlock lächelte. »In dieser Welt, mein Sohn, will jeder Geld verdienen. Sie könnten durch rasche Verkäufe auf reichen Märkten weit größere Gewinne erzielen, als wenn sie mit der Reise nach Italien Zeit vergeuden. Bedenke, die Galeeren brauchen sechs bis sieben Monate, bis sie Italien erreichen. Gut, daß du diese Frage gestellt hast, sie hilft mir weiter bei dem, was ich dir erklären will.«

Inzwischen hatten sie das Ende der Hochfläche erreicht und ritten hintereinander her einen steilen Pfad hinunter. Es war sehr heiß, aber am Fuß des Hügels gelangten sie an einen Teich, aus dem die

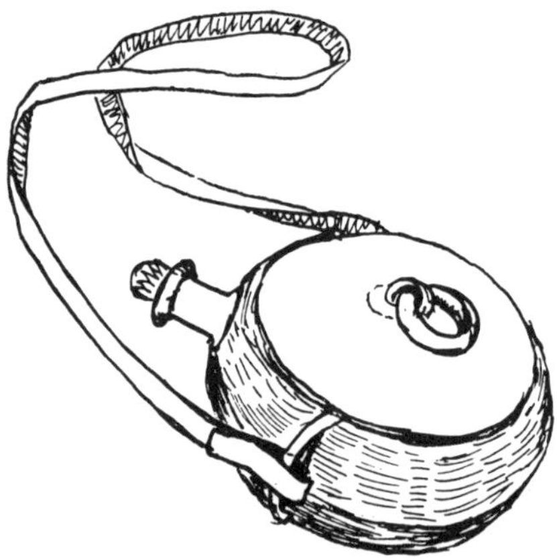

Eine Wasserflasche.

Pferde trinken konnten, während sie sich mit einem Trunk aus den ledernen Wasserflaschen erquickten, die sie auf Reisen stets mit sich führten. Dann nahm Master Fetterlock seine Erzählung wieder auf.

»Ich sagte dir bereits, daß die Galeeren sechs bis sieben Monate brauchen, um Italien zu erreichen. Wesentlich schneller geht es, wenn man die Wolle auf Packpferden quer durch Europa transportiert. Aber ehe ein Lombarde seine Ladung in Frankreich löschen kann, um sich auf diese Reise zu begeben, muß ein Kaufmann der Gilde mit einer großen Summe Geldes für ihn bürgen, daß er die Wolle nicht auf irgendeinem Markt nördlich der Alpen verkauft.«

Als er zu sprechen aufhörte, entstand ein so langes Schweigen, daß er, sich an seinen Sohn wendend, ihn mit einiger Schärfe fragte, was er denke.

Nicolas nahm seinen ganzen Mut zusammen.

»*Mußtet* Ihr für Messer Antonio bürgen, Sir?« fragte er und staunte über seine eigene Kühnheit. »Ich meine, hättet Ihr auch Nein sagen können, wenn Ihr gewollt hättet?«

»Was willst du damit sagen?« erwiderte sein Vater erregt. »Ganz gewiß hätte ich Nein sagen können. Schließlich habe ich noch immer meinen freien Willen. Aber ich hätte mich wie ein Flegel benommen und wäre überdies schlecht beraten gewesen, – denn Messer Antonio ist ein guter Kunde und ein sehr guter Freund. Er hat mir aus vielen Schwierigkeiten geholfen, und ich stehe tief in seiner Schuld.«

Nicolas biß sich auf die Lippen, um nicht laut herauszuschreien. Dieser letzte Satz erklärte alles! Onkel John hatte recht gehabt. Die Lombarden hatten seinem Vater Geld geliehen. Er stand in ihrer Schuld und mußte tun, was sie verlangten. Nicolas hatte das mit seinen eigenen Augen gesehen, in jenem kurzen Augenblick auf dem Markt von Newbury.

Master Fetterlock sah den Ausdruck in seinem Gesicht und schien einige seiner Gedanken erraten zu können.

»Sei ruhig, mein Sohn; das ist alles nicht so schlimm, wie es den Anschein hat. Messer Antonio ist ein Ehrenmann. Aber höre, Nicolas, was ich dir jetzt gesagt habe, darfst du keinem Menschen gegenüber erwähnen. Verstehst du? Keinem einzigen Menschen. Es darf keinerlei Geschwätz und Getratsche mehr geben. Ich will kein dummes Gerede mehr hören. Ich habe dir dies alles anvertraut, weil ich glaube, daß du, wenn du die Tatsachen kennst, verständig genug sein wirst, deine Zunge im Zaum zu halten. Ich bin ein Kaufmann der Gilde, und du hast selbst gesehen, daß das eine ansehnliche Stellung ist. Auf Grund dieser meiner Position heiratest du die Tochter eines reichen Mannes. Aber vergiß nicht, die Verlobung ist bis jetzt noch nicht bindend – der Vertrag muß noch unterzeichnet werden.

Was glaubst du wohl, würde geschehen, wenn sich das Gerücht verbreitete, das Haus Fetterlock wäre in der Hand von Geldverleihern?«

Auf diese Frage konnte Nicolas keine Antwort geben. Zu gern hätte er seinem Vater von Cecilys Begegnung mit Leach und dem Lombarden im New Forest in der Nähe der Abtei erzählt. Aber er hatte einfach nicht den Mut, er wollte sich nicht noch einmal Schwätzer schimpfen lassen. So hielt er den Mund. Bald erreichten sie Faringdon und legten eine Rast ein, um Brot und Käse zu verzehren und kühles Bier zu trinken. Auf der Straße gesellte sich ein Wollhändler zu ihnen, der in die Cotswolds ritt, um Vliese von der neuen Schur zu kaufen. Schweigend ritt Nicolas neben den beiden Männern her, die sich miteinander unterhielten. Er versuchte, Klarheit zu gewinnen über alles, was sein Vater ihm mitgeteilt hatte. Es klang erschreckend, aber wenn sein Vater erklärte, es sei in Ordnung, dann mußte es wohl so sein. Schließlich wurde er des Grübelns müde, verbannte die ganze Sache aus seinen Gedanken und schaute sich statt dessen in der Gegend um.

Eine Zeitlang verweilten sie in Redcot, um beim Beladen eines Lastkahns zuzuschauen. Als sie die Themse hinter sich hatten, fühlte Nicolas sich gleich wieder wie zu Hause. Während des aufregenden Besuchs in Newbury hatte er gar nicht mehr an die Schur gedacht, jetzt waren überall Anzeichen davon zu sehen. Auf jeder Weide grasten frisch geschorene Schafe, und auf der Straße herrschte ein reger Verkehr von Wollhändlern, Packern und armen zerlumpten Landarbeitern, die arbeitslos geworden waren, seitdem der Großgrundbesitz in den Cotswolds von Ackerbau auf Schafzucht umgestellt worden war. Nun zogen sie in der Hoffnung auf Gelegenheitsarbeit von einer Schur zur nächsten.

Dickon scherzte und lachte mit der pummeligen Frau eines Bürgers von Faringdon. Sie saß im Damensattel hinter ihrem Mann und hoffte unterwegs hier und da billige Wollreste zu erstehen, um sie für ihre Familie zu verspinnen und verweben. Nicolas winkte Hal an seine Seite. Hal war in bester Stimmung. Seine einzige Sorge war, daß ein Teil der Schur vielleicht schon vorbei sein könnte. Aber zum großen Festessen kamen sie auf jeden Fall noch zurecht. Newbury gehörte der Vergangenheit an.

Die Sonne stand noch hoch, als sie zu Hause ankamen. Mistress

Dickon scherzt mit der Frau aus Faringdon.

Fetterlock hielt schon eine gute Mahlzeit bereit und wartete voller Spannung auf einen Bericht über ihre Erlebnisse. Nachdem man gegessen und alles erzählt hatte, war Nicolas frei. Trotz seiner Müdigkeit beschloß er, noch zu Giles hinüberzulaufen und sich nach dem Stand der Schur zu erkundigen.

Bereits auf dem Weg den Hügel hinunter merkte er, daß er im Mittelpunkt des allgemeinen Interesses stand. Obwohl die Sonne schon unterging, waren viele der Läden noch geöffnet, die Besitzer lehnten sich heraus und genossen die Kühle des Abends und einen Schwatz unter Nachbarn. Sobald er erschien, hörte alle Unterhaltung auf. Einige der Männer wünschten ihm ein »Guten Abend, junger Herr!«, andere grinsten nur und stießen sich an. Eine Frau rief ihm zu, er solle vom Newbury-Jahrmarkt erzählen, und als er stehen blieb, um ihre Frage höflich zu beantworten, drängten sich auch die anderen herbei, um ihm zuzuhören. Es war ganz offensichtlich, daß man in jedem Heim in Burford über ihn und seine Verlobung gesprochen hatte.

In der Hütte des Schäfers war es nicht anders. Meg brannte darauf, von seinen Erlebnissen zu hören, aber es gelang ihm, sie »auf morgen« zu vertrösten. Giles war durchaus bereit, ein Gespräch über Schafe zu führen, und so ließen sie sich in der Dämmerung draußen vor dem Haus nieder. Nicolas verspürte endlich wieder Ruhe und Frieden.

Giles berichtete, daß die Schur gute Fortschritte mache. Leach mit seiner Gruppe angeheuerter Arbeiter hatte die Wolle bereits während des Scherens sortiert, das meiste war schon gepackt. Fast der ganze Ertrag war gut genug für Calais, und dreißig Säcke hatte man auf Bestellung der Lombarden für Southampton verpackt. Als Giles die Lombarden erwähnte, spuckte er mit großem Vorbedacht aus. Dann blickte er über seine Schulter, um sich zu vergewissern, daß sie allein waren.

»Es will mir nicht gefallen, was hier vorgeht, Master. Morgen muß ich mit deinem gnädigen Herrn Vater sprechen. Letzte Woche erwischte ich einen der Packer dabei, wie er die Beine von einem Schaffell abschnitt, einem ganzen Schaffell, und in einen Sack packte, der als Schurwolle abging. Das war ein neuer Arbeiter, einer von Leachs Leuten. Darauf hin sah ich in einem anderen Sack nach – oben feine Schurwolle, unten drunter vollgestopft mit Ausschuß und das ganze großartig verpackt und vernäht, mit bester Leinwand und dem Fetterlock-Spiegel.«

»Hast du Leach das gesagt?« rief Nicolas.

»Da kannst du Gift drauf nehmen. Er hat ihm heimgeleuchtet, aber wie. Wenn es nach mir gegangen wäre, wäre der Kerl vor den Richter gekommen und hätte einen Tag am Pranger gestanden. Aber Leach sagte, es sei nicht gut für unseren Ruf, wenn so etwas bekannt würde. Er ist der Verwalter. Es ist seine Sache. Ich konnte nichts mehr sagen.«

Nicolas dachte scharf nach. »Du sagtest, der Mann hatte den Sack mit einem Schaffell ausgestopft? Wo hatte er das Schaffell her? Wir töten doch die Schafe nicht bei der Schur.«

Giles lachte anerkennend. »Du hast ein helles Köpfchen. Genau das habe ich Leach gefragt. Er antwortete, daß er einen Auftrag für einen Packen Felle habe und einige aus seiner Scheune genommen hätte.«

»Dann hat er also Wolle in seiner Scheune?« rief Nicolas triumphierend.

»Was der in seiner Scheune hat, das wissen nur die Heiligen«, erwiderte der Schäfer, »aber ich glaube, es ist an der Zeit, daß es auch andere erfahren. Leach hat Umgang mit den Lombarden; das wissen wir; und ich traue dem Mann nicht.«

Nicolas war drauf und dran, das Treffen zwischen Leach und dem Lombarden im New Forest zu erwähnen, aber es gelang ihm, sich zurückzuhalten. »Du wirst doch das alles meinem Vater sagen?« drängte er.

»Der Himmel sei mein Zeuge, morgen früh soll er es erfahren«, gelobte Giles voller Inbrunst. »Heute abend wird er müde sein von der Reise. Ich werde mich morgen um acht Uhr bei ihm melden.«

Aber am nächsten Morgen hatte Giles keine Gelegenheit, seinen Bericht vorzubringen. Nachdem Nicolas zu Bett gegangen war, war ein Bote mit einem Brief des Großmeisters der Gilde erschienen. Mit einem beunruhigenden Brief, wie Mistress Fetterlock Nicolas später erzählte. Als die Sonne aufging, saß sein Vater schon im Sattel und war auf dem Weg nach Calais.

Nicolas versteht sich auf das Scheren von Schafen.

Die Schur

Nachdem er seinen ersten Schrecken überwunden hatte, nahm Giles die plötzliche Abreise seines Herrn mit Gelassenheit auf. Er fragte Nicolas, wie lange sein Vater auf Reisen sein würde, und da Nicolas ihm das nicht sagen konnte, äußerte er nichts weiter. Master Fetterlock war oft abwesend, in London oder Calais, und die Geschäfte in den Cotswolds lagen in den Händen seiner beiden Geschäftsführer, des Schäfers und des Verwalters. Während seiner Abwesenheit hatte man mit der Schur angefangen, und während seiner Abwesenheit würde man sie beenden, das war alles. Und wenn Giles über das, was um ihn herum vorging, besorgt war, so mußte er das für sich behalten. Zu Nicolas sprach er vorderhand nicht mehr darüber.

Auch Nicolas schien an einem toten Punkt angekommen. Er war voller Unruhe und mehr denn je überzeugt, daß sich irgendein Unheil zusammenbraute, aber wegen seiner Redseligkeit war er derart beschimpft worden, daß er nicht einmal mehr mit Giles zu sprechen wagte. So ging er, so gut er konnte, seinen alltäglichen Pflichten nach.

Da war zunächst die Schur. Mit Master Richard war vereinbart, daß der Unterricht bei ihm nur die eine Hälfte seiner Ausbildung ausmachte; im übrigen war er bei seinem Vater in der Lehre, und einen großen Teil seiner Zeit mußte er dem Erlernen seines Handwerks widmen. So konnte Nicolas lange Sommertage im Freien verbringen, und darum beneideten ihn Fulk und die anderen Jungens, die Geistliche werden sollten und deshalb über den Büchern sitzen mußten. Nicolas war entschlossen, seine Prahlerei gegenüber Master Bradshaw zu rechtfertigen: er wollte ein Schaf so gut wie jeder andere Schäfer scheren können. Er geriet ins Schwitzen, wurde schmutzig und müde, und die ganze Welt schien erfüllt von dem Gestank der Schafe, aber es gab doch immer den Fluß, in den man hineinspringen konnte, und die harte Arbeit vertrieb alle düsteren Gedanken aus seinem Kopf.

Endgültig kuriert wurde er durch das bevorstehende Schafschurfest. Dieses Fest, das in der größten ihrer Scheunen gefeiert wurde, hatte noch nie in der Abwesenheit des Herrn stattgefunden. Aber Master Fetterlock hatte angeordnet, daß alles seinen gewohnten Gang gehen und sein Sohn ihn vertreten sollte, falls er nicht rechtzeitig zurück war, und das versetzte Nicolas in ungeheure Aufregung.

Das Festessen war seit jeher eine gewaltige Unternehmung, an der nicht nur alle diejenigen teilnahmen, die bei den Herden arbeiteten, sondern auch alle, die in irgendeinem Zusammenhang mit dem Haushalt der Fetterlocks standen; und das traf auf die halbe Stadt zu. Alle die dafür erforderlichen Speisen zuzubereiten, überstieg selbst Mistress Festterlocks Fähigkeiten. Das Backhaus der Stadt wurde gemietet, große Fässer mit Apfelwein und Birnenmost wurden den Hügel hinuntergerollt. Am Rande der großen Wiese wurde von den Maurern eine Schutzmauer errichtet, so daß dort ein Feuer entzündet werden konnte, und der Schmied fertigte einen zwölf Fuß langen Bratenspieß an, der auf kräftigen eisernen Dreifüßen lag. Daran konnten nach altem Brauch ganze Schafe gebraten werden. Die jungen Burschen aus der Stadt übernahmen es, abwech-

Ein Schaf wird gebraten.

selnd den Spieß zu drehen. Sie ließen sich nicht abschrecken von der glühenden Hitze und dem Hammelfett, das beim Drehen des Bratens heftig zischend umherspritzte.

Als alten Freund der Familie hatte man Master Midwinter gebeten, neben Nicolas Platz zu nehmen und ihm, wenn nötig, zu helfen. Für kurze Zeit erschien auch Master Richard, um die Speisen zu segnen, und von den Alten aus dem Armenhaus wurde ein Amen gesungen. Die Musikanten wechselten einander ständig ab, denn jeder, der auch nur eine Ahnung von irgendeinem Instrument hatte, benützte das als Vorwand, am Fest teilzunehmen.

Einer jedoch fiel gerade durch seine Abwesenheit auf, und Master Midwinter bemerkte das sofort.

»Wo ist denn euer hohlwangiger Verwalter?« fragte er Nicolas. »Dort sitzt euer Schäfer an dem einen Ende des Tisches, und von rechtswegen müßte der Verwalter ihm am anderen Ende gegenübersitzen. Was ist denn aus eurem Master Leach geworden?«

Nicolas wußte es nicht. Am Vormittag war er noch dagewesen, hatte auch noch zugesehen, wie das Feuer entzündet wurde, also mußte er Bescheid wissen, daß das Essen heute Abend stattfand.

»Na, es geht auch ohne ihn«, erklärte Master Midwinter vergnügt. »So einen trübseligen und düsteren Kerl wie euren Master habe ich noch selten gesehen. Er reitet in der Gegend herum, wie wenn er gerade von einer Beerdigung käme. Aber nach dem, was man sich so erzählt, hat er keinen Grund dazu. Seine Börse ist gut gefüllt. Er hat seiner Frau gerade einen Zelter für zwanzig Pfund gekauft. Der Kerl muß Geld wie Heu haben. Zwanzig Pfund – ich bitte dich! – für einen Zelter.«

Er schlug mit der Faust so heftig auf den Tisch, daß Hal, der mit anderen Burschen zusammen aufwartete, seinen Becher randvoll füllte in der Annahme, er wolle mehr zu trinken haben.

Mehr und mehr Fleisch wurde aufgeschnitten, immer weitere Fässer wurden angezapft, der Lärm wurde immer lauter. Abgenagte Hammelknochen lagen in Bierlachen und Soßenpfützen auf den Tischen herum, und Arbeiter, die solch ein gutes Essen für gewöhnlich nicht vorgesetzt bekamen, tunkten diese Mischung mit Brotstücken auf. Dann war die Zeit für Nicolas' Rede gekommen, aber erst mußte er ein Stück Tisch freimachen und hinaufklettern, ehe er sich Gehör verschaffen konnte. Vor dieser Rede hatte er große Angst gehabt, aber schließlich war es dann ganz einfach. Die Festgäste hatten ihn Zeit seines Lebens gekannt, und die Geschichte seiner Verlobung gab Anlaß genug zu groben Späßen. Er kam nur gerade so weit, sie in seines Vaters Namen willkommen zu heißen, dann gingen seine Worte in ihren Zurufen, in Händeklatschen und

Gelächter unter. Da gab er auf und konnte nur den Musikanten noch zurufen, mit ihrem Spiel zu beginnen. Die Tische wurden auseinandergenommen, wobei jeder seinen Humpen in der Hand behielt, die Gestelle wurden beiseite geräumt und die Bretter auf den Boden gekippt; die Hunde balgten sich um die Reste. Raum zum Tanzen wurde freigemacht, und Nicolas beteiligte sich an zwei ausgelassenen Reigentänzen. Es wurde dunkel, Fackeln wurden entzündet. Die Gesänge und Tänze wurden immer wilder, und Master Midwinter flüsterte Nicolas zu, er solle nun am besten nach Hause gehen, die Leute fühlten sich wohler ohne ihren Herrn.

Den ganzen Weg durch die Stadt und den Hügel hinauf folgte ihm noch das Getöse des übermütigen Gesangs und des schrillen, mißtönenden Wimmerns der Dudelsackpfeifen und Leiern. Selbst als Nicolas sein Schlafzimmerfenster öffnete, um seinen schmerzenden Kopf zu kühlen, vernahm er noch immer die leisen Klänge der Festmusik, die über den vom Mond beschienenen Dächern schwebten. Plötzlich mußte er an seinen Vater denken – wo er wohl jetzt sein mochte? Und diese Frage führte zur nächsten: wo war Leach, der Verwalter?

Die Antwort auf diese beiden Fragen tauchte bereits am nächsten Tag auf. Mistress Fetterlock erhielt einen Brief ihres Gatten, in dem er mitteilte, daß er aus Calais zurück sei, jedoch noch eine Zeitlang in London bleiben müsse. Sie gab diese Nachricht an Nicolas weiter, der gerade seine Büchertasche packte. Kurz darauf, auf seinem Weg zum Pfarrhaus, begegnete er Master Midwinter, der beim Laden des Barbiers vom Pferd stieg.

»Nicht nur Schafe müssen geschoren werden«, rief er Nicolas zu. »Auch andere haben das nötig, meine Haare sind der reine Heuhaufen! Bald werde ich so schöne Locken haben, wie dieser feine Herr Lombarde, der Freund deines Vaters.« Er winkte freundlich und griff zur Türklinke. Dann wandte er sich noch einmal um. »Euer Leach soll gestern abend sein eigenes Festessen veranstaltet haben. Unsere Gesellschaft war ihm wohl nicht fein genug.«

Nicolas, der den Hügel hinuntereilte, blieb abrupt stehen und ging zurück.

»Was sagtet Ihr, Sir? Sein eigenes Essen? Wo? Und wer war dabei?«

»Wie soll ich das wissen, wer dabei war? Meinetwegen soll er den Teufel zu Gast gehabt haben! Mein Diener Gregory ritt gestern nach Westwall – seine Mutter ist krank; und als er gegen Mitternacht zurückkehrte, sah er Licht in Leachs Schuppen. Das war schon von weitem zu sehen. Er wunderte sich darüber, weil er Leach bei eurem Fest glaubte.« Er nickte und wandte sich wieder dem Barbierladen zu. »Nun, wir haben ihn nicht vermißt. Was macht dein Kopf, Junge? Sicher ein bißchen dumpf.«

Giles wußte nichts von einem Festessen bei Leach, als Nicolas ihn danach fragte. Er knurrte nur, wenn der ein Festessen veranstaltet hätte, wäre er wohl selbst sein einziger Gast gewesen. Giles litt noch unter den Nachwirkungen des vergangenen Abends und hatte keine Lust zu einem Schwatz.

Nachdem die Schafschur mit all ihren Aufregungen vorbei war, ging das Leben wieder seinen gewohnten eintönigen Gang. Master Richard erwartete von Nicolas, daß er die versäumte Zeit aufholte, und hielt ihn bei den Büchern fest. Sonst ereignete sich wenig. Der übliche Jahrmarkt am Johannitag war, verglichen mit Newbury, nur ein besserer Wochenmarkt; immerhin unterbrach er die Eintönigkeit. Auch Mistress Fetterlock sorgte für Abwechslung, indem sie auf einem Brief an Cecily bestand. Sie hatte gehört, daß ein Bote in die Gegend von Newbury ritt, und diese Gelegenheit müsse man wahrnehmen.

Nicolas verbrachte viele jammervolle Stunden am Schreibtisch seines Vaters und kaute auf seinem Federkiel herum. Als er Master Richard um Hilfe anging, erwiderte der Priester lächelnd, Liebesbriefe lägen nicht in seinem Zuständigkeitsbereich. Nicolas solle schreiben, was sein Herz ihm eingebe. In seiner Verzweiflung ließ er sich schließlich von seiner Mutter einen Brief diktieren, den sie ihrerseits einer Sammlung »Briefmuster für alle Gelegenheiten« entnahm. Er war voller zierlich gedrechselter Sätze und begann damit, Cecily als seine »verehrungswürdige Herrin und geliebte Kusine« anzureden. (»Kusine«, so wurde er belehrt, sei eine sehr nützliche Anrede, mit der man jegliche Beziehung ausdrücken konnte.) Er empfahl sie der Fürsorge der Heiligen und stellte fest, daß Nicolas am Leben keinen Gefallen mehr finde, solange er nicht mit Cecily vereint sei, und daß er ihr treuester Liebhaber und ergebenster Diener sei.

Nicolas grinste, als er Streusand über die Tinte streute und sah Cecily vor sich, wie sie auf dem Baum saß, wie sie ausriß, um den Lombarden nachzuspionieren, und wie zornig sie auf dem Jahrmarkt gewesen war. Er versiegelte das Schreiben mit dem Siegel seines Vaters – dem Kaufmannssiegel, das Mistress Fetterlock so verachtete – und versuchte dann, den ganzen Brief so schnell wie möglich zu vergessen.

Ihr Antwortbrief, in einer runden kindlichen Handschrift, traf bereits zwei Wochen später ein. Er hatte nicht gewußt, daß Cecily schreiben konnte. Schließlich lernten viele Mädchen nichts weiter als die häuslichen Fertigkeiten. Aber so blumig der Brief auch war, ließ er doch eine Spur der echten Cecily erkennen. Sie redete Nicolas mit »vielgeliebter Schatz« an und teilte ihm mit, sie sei die »glückseligste aller Jungfrauen«, solange er mit ihr zufrieden sei. Darüber mußte er schallend lachen. In Wahrheit war er sehr zufrieden.

Doch das sollte noch nicht sein letzer Brief gewesen sein. Eines Abends nahm Giles ihn beiseite.

»Du bist ein Studierter, junger Herr«, fing er an. »Könntest du für mich einen Brief an deinen gnädigen Herrn Vater schreiben?«

Nicolas starrte ihn an. »Ist irgend etwas Neues geschehen?« rief er.

Giles schüttelte den Kopf. »Es ist nur, daß Leach die Wolle für Calais jetzt abschickt. Seit ich die frisierten Säcke gesehen habe, hab ich alles mir mögliche versucht, das hinauszuschieben. Immer wieder habe ich einen neuen Grund gefunden, warum die Wolle nicht abgeschickt werden kann, weil ich hoffte, der Herr würde zurückkommen. Aber jetzt will Leach nicht mehr länger warten. Und er ist der Verwalter, ich kann ihn nicht hindern. Wenn dein Vater Bescheid weiß, werde ich des Nachts leichter Ruhe finden. Ich bin kein Studierter, Master Nicolas, und einem Schreiber kann man in so einer Sache nicht trauen.«

Das stimmte. Einen öffentlichen Briefschreiber konnte man in diese Angelegenheit nicht hineinziehen.

»Den Brief könnte ich schon schreiben«, sagte Nicolas. »Aber wie sollen wir ihn befördern? Der Bote meiner Mutter ist gestern abgeritten. Diese Woche geht kein weiterer mehr ab.«

»Das hab ich schon überlegt«, erwiderte der Hirte. »Es gibt da einen Mann, der regelmäßig zum Abt von Gloucester reitet. Er wirbt um die Hand meiner Nichte und wird deshalb auf seinem Weg nach London bestimmt morgen beim Bader vorsprechen.«

Nicolas seufzte. Das schien unumgänglich. Und wenn der Brief schon am nächsten Morgen abgehen sollte, war keine Zeit mehr zu verlieren. Da Giles ihm sagen mußte, was er schreiben sollte, nahm er den Schäfer mit zu sich nach Hause und betete insgeheim, daß seine Mutter sie nicht entdecken möge. Sie hatten Glück – in der Stadt begegneten sie Mistress Fetterlock auf ihrem Weg zur Vesper, mit Gebetbuch, Rosenkranz und dem unvermeidlichen, in ihrem Ärmel verborgenen Bel. Nicolas seufzte vor Erleichterung. Seine Mutter nahm sich immer viel Zeit für ihre Andachten. Sie würden mindestens eine Stunde lang ungestört bleiben.

Der Brief selbst war nicht annähernd so schwierig wie der für Cecily. Er wußte, wie er seinen Vater anzureden hatte, das hatte er gelernt. Und was er ihm mitteilen mußte, war auch nicht schwierig. Als er sein Werk vollendet hatte, las er es Giles vor.

»Meinem hochwohllöblichen Master Thomas Fetterlock, Kaufmann der Gilde der Wollgroßhändler, Mart Lane in London, ist dies zu übergeben.

Hochzuverehrender und hochwohllöblicher Vater. Auf das untertänigste empfehle ich mich Euch und flehe Gott den Allmächtigsten an, Euch bei guter Gesundheit und Zufriedenheit zu erhalten und erbitte mir Euren Segen.

Sir, ich möchte Euch kundtun, daß Euer Diener Giles sich Euch anempfiehlt, der mir aufgetragen hat, Euch mitzuteilen, daß er verschiedene Säcke Eurer Wolle geöffnet hat, die unter Aufsicht von Simon Leach, Eurem Verwalter, und Männern seines Vertrauens verpackt wurden. Giles fand in einigen dieser Säcke Ausschuß, ebenso einen mit Schaffellen, alles fälschlicherweise ausgezeichnet als gute Schurwolle. Diese Säcke befinden sich auf dem Weg nach Calais, und er konnte dies in keiner Weise verhindern.

Deswegen bitte ich Euch untertänigst, mich Euren Willen wissen zu lassen, wie Ihr die Angelegenheit zu Eurer Zufriedenheit und Eurem Nutzen gehandhabt wissen wollt. Nichts weiteres, lieber Vater. Möge der Allmächtigste Jesus Euch in Seiner Heiligen Hut halten.

Geschrieben in Burford, am Tage der Maria Magdalena. Im achten Jahre Heinrich VII.

Euer ergebener Sohn Nicolas Fetterlock.«

Giles blieb der Mund offen vor Bewunderung, und auch Nicolas hatte den Eindruck, eine gute Leistung vollbracht zu haben. Er faltete den Brief, entzündete eine dünne Wachskerze an der Zunderbüchse und versiegelte ihn mit dem Siegel seines Vaters. Dann überreichte er ihn Giles.

Das war geschafft. Er war gespannt, ob sein Vater antworten würde. Er zählte an seinen Fingern ab: sechs Tage mindestens würde es dauern, bis er etwas hören konnte, und auch dann nur, wenn sein Vater sofort einen Boten abschickte.

Aber die Antwort traf noch schneller ein, als er es sich erträumt hatte. Am Abend des fünften Tages kam sein Vater nach Hause.

Als er zum Abendessen heimkam, in der Annahme, daß er wie letzthin üblich mit seiner Mutter in deren Zimmer essen würde, fand er zu seiner größten Überraschung beide Eltern im Speisezimmer sitzen. Rot vor Verlegenheit machte er seinen Diener, aber sein Vater machte keine Anspielungen auf irgendwelche geschäftlichen Angelegenheiten. Während der ganzen Mahlzeit plauderte er nur von Calais und London und erzählte, was es dort Neues gebe. Nicolas dachte schon, der Bote von Giles sei vielleicht unzuverlässig gewesen. Aber gegen Ende der Mahlzeit, er spielte noch ein wenig mit seinem Weinglas, lächelte er Nicolas an.

»Du kannst ausgezeichnet Briefe schreiben, mein Sohn«, bemerkte er freundlich.

»Briefe«, sagte seine Frau scharf. »Was für Briefe? Ich wußte nicht, daß der Junge dir geschrieben hat.«

»Einen Geschäftsbrief«, antwortete Master Fetterlock ruhig,

»von einem Kaufmann an den anderen. Die Angelegenheit, die er enthielt, muß noch bis morgen warten. Gott helfe mir, was bin ich müde. Frau, mit deiner Erlaubnis werde ich zu Bett gehen.«

Obwohl Nicolas zeitig aufstand, hatte sein Vater sich noch zeitiger erhoben und trotz der frühen Stunde Giles in sein Kontor rufen lassen. Nicolas hörte sie miteinander sprechen, als er an der Tür vorbeiging. Es fiel ihm schwer, sich in Geduld zu fassen und die Aufforderung seines Vaters abzuwarten, die bestimmt erfolgen würde. Aber selbst nachdem Giles weggegangen war, dauerte es noch einige Zeit, bis sein Vater ihn zu sich rief.

Master Fetterlock, die Brille auf der Nase, saß vor seinem Schreibtisch, der mit aufgeschlagenen Hauptbüchern bedeckt war.

»Nun, mein Sohn«, sagte er. »Mir scheint, wir haben viel miteinander zu besprechen. Ich sagte dir schon, daß dein Brief mich erfreut hat. Es war ein ausgezeichneter Brief für einen Jungen deines Alters. Setz dich. Es geht hier etwas äußerst Rätselhaftes vor, und ich bin willens dahinterzukommen.«

Er stieß die Bücher zurück, schob die Brille auf die Stirn, legte die gekreuzten Arme auf den Tisch und blickte Nicolas an.

»Ich vermute, du sitzt wie auf glühenden Kohlen, weil du wissen möchtest, warum ich so plötzlich abreiste. Es ist eine lange Geschichte, doch ich will mich kurz fassen. Ich erhielt eine Aufforderung von der Gilde, vom Großmeister selbst, daß ich ihn unverzüglich in Calais aufsuchen sollte. Schwerwiegende Dinge müßten aufgeklärt werden. Auf dem Markt von Brügge seien Säcke meiner Wolle aufgetaucht, als feinste Cotswolds-Wolle deklariert, aber vollgestopft mit Ausschuß.«

Nicolas nickte ernsthaft. Das war es, was Giles befürchtet hatte.

»Das ist natürlich keine Überraschung für dich«, fuhr sein Vater fort. »Ich habe lange mit Giles gesprochen. Es war ein großes Mißgeschick, daß ich ihn vor meiner Abreise nicht mehr sprach. Aber das muß schon länger vor sich gegangen sein. Die neue Wolle kann Brügge noch nicht erreicht haben. Das bedeutet, daß es um mehr geht, als um die Schlamperei eines unehrlichen Arbeiters, und wir müssen der Sache auf den Grund kommen. Nun schau her. Giles hat mir eine Aufstellung all der feinen Wolle gebracht, die er den Packern geliefert hat. Hier ist alles aufgeschrieben.«

Er schob eines der aufgeschlagenen Bücher hinüber und deutete auf eine Reihe säuberlicher Eintragungen.

»Nehmen wir an – um die Sache zu vereinfachen – daß es genügend Wolle für fünfzig Säcke gab. Gut. Ich habe hier eingetragen, daß fünfzig Säcke in die und die Richtung abgeschickt wurden. So weit so gut. Aber wenn ein Teil dieser Säcke frisiert und mit Ausschuß gefüllt war, muß eine beträchtliche Menge guter Wolle vorhanden sein, die verschwunden ist. Was ist aus dieser Wolle geworden? Das gilt es herauszufinden.«

Eine Weile schwiegen beide. Dann nahm Nicolas allen Mut zusammen. »Habt Ihr Master Leach gefragt?« erkundigte er sich.

Sein Vater lächelte. »Es liegt natürlich auf der Hand, Leach zu verdächtigen. Aber, mein Sohn, hinter dieser Sache steckt vielleicht mehr, als bis jetzt herausgekommen ist, und vielleicht tun wir besser daran, ihn nicht zu warnen, solange wir nicht alles wissen.«

»Sir«, sagte Nicolas. »Es gibt da etwas, was ich Euch gerne sagen möchte, nur fürchte ich, daß Ihr mich wieder schelten werdet.«

Sein Vater runzelte die Stirn. »Ich will dich nicht schelten. Sage mir, was du weißt. Betrifft es Leach?«

Nicolas nickte. Es betraf Leach und die Lombarden. Er schilderte, wie sie sich nach dem Weg zu Leachs Haus erkundigt hatten, wie er den Lombarden bei Leachs Scheune gesehen und schließlich, wie Cecily Leach im New Forest gesehen hatte.

Sein Vater unterbrach ihn. »Im New Forest«, rief er aus. »Das ist allerdings seltsam. Und sie hatten Packpferde, sagtest du? Dann waren sie bestimmt auf dem Weg nach Southampton.« Cecilys Äußerung, daß sie meilenweit von Southampton entfernt gewesen seien, wischte er beiseite. Das sei nicht von Belang. Sie wären einen Umweg geritten, um nicht entdeckt zu werden, und das allerdings mache die Sache nur noch verdächtiger. Er stieß seinen Stuhl zurück und ging auf und ab, tief in Gedanken versunken. Endlich blieb er stehen und blickte Nicolas an.

»Ich habe dich wegen deiner Redseligkeit getadelt, mein Junge, aber ich gebe zu, vielleicht war das voreilig. Messer Antonio ist ein Ehrenmann; doch sein Schreiber ist möglicherweise ein Betrüger. Nun – bereite dich auf eine Reise vor. Morgen werden wir nach Southampton reiten.«

Die Galeere aus dem Mittelmeer.

Eine Begegnung in Winchester

Das war in der Tat eine Überraschung! Nicolas verbrachte den restlichen Tag in einem Wirbel von Vorbereitungen. Diesmal sollte er als Schreiber seines Vaters reisen, und so waren an seinem Gürtel außer einer geräumigen Geldbörse auch zwei zusammenklappbare Wachstafeln sowie ein Griffel befestigt. So konnte er die Berichte aufschreiben, die sein Vater ihm diktieren würde.

Zunächst schlugen sie den gleichen Weg ein wie das letzte Mal. Da Newbury auf ihrem Weg lag, wurde Dickon mit einer Botschaft an Master Bradshaw vorausgeschickt – mit der Bitte in Beechampton Manor übernachten zu dürfen.

So sollte er Cecily also eher wiedersehen, als er erwartet hatte. Nicolas freute sich, aber sein Vater ermahnte ihn, daß über den Zweck ihrer Reise nichts verlauten dürfe. Nicolas könne aber wahrheitsgemäß sagen, daß er nach Southampton reite, um in die

Geschäfte eingeführt zu werden. Obwohl Cecilys Erzählung über Leach der eigentliche Anlaß ihrer Reise sei, bleibe das besser unerwähnt. Je weniger darüber geredet würde, desto besser sei es, solange die Schwierigkeiten mit der Gilde bestünden.

Nachdem sie ein gutes Stück Wegs hinter sich gebracht hatten, begann Master Fetterlock Nicolas zu erklären, was er in Southamp-

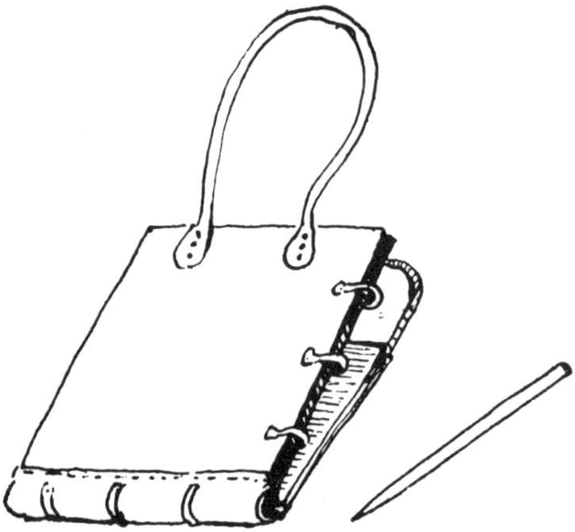

Schreibtafeln.

ton zu erreichen hoffte. Er hatte die Absicht, das Zollamt aufzusuchen. Jeder Ballen Wolle, der den Hafen verließ, wurde in Listen eingetragen, und ehe er auf ein Schiff verladen werden durfte, mußte eine Zollabgabe entrichtet werden. Die Zollbeamten würden genau wissen, wieviele Ballen die Lombarden verladen hatten, und da er wußte, wieviele er ihnen verkauft hatte, war das leicht nachzuprüfen. Falls Leach ihnen die gestohlene Wolle geliefert hatte, würde sich in Southampton ein Protokoll darüber befinden.

Nicolas war begeistert. Was er da erlebte, war ein richtiges Abenteuer, und überdies würde es sich als die Lösung all der beunruhigenden Rätsel erweisen. Daß er Cecily nichts erzählen durfte, machte ihm nichts aus. Vielleicht war bis zu ihrer Rückkehr alles aufgedeckt, und dann brauchte nichts mehr verheimlicht werden.

Er fand keine Möglichkeit, mit Cecily zu reden, selbst wenn er gewollt hätte. In Faringdon wurden sie durch ein Gewitter aufgehalten und kamen so spät in Beechampton an, daß die Kinder bereits im Bett waren. Cecily durfte zwar aufbleiben, um mit ihrem Ver-

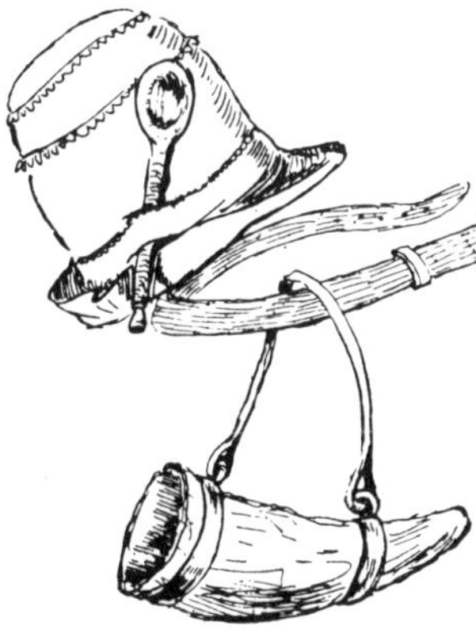

Ein Reisender sollte immer Trinkbecher und Löffel mitführen.

lobten am gleichen Tisch das Abendessen einzunehmen, doch auch sie wurde zu Bett geschickt, noch ehe das Mahl ganz beendet war, und Nicolas mußte mit den Erwachsenen Halma spielen. Am nächsten Morgen regnete es, so daß sie nicht mit ihnen reiten, sondern nur aus der überdachten Vorhalle zum Abschied winken konnte.

Newbury im Regen sah langweilig und wie ausgestorben aus, ganz anders als am Tag des Jahrmarkts, und obgleich die Wolken sich nach einiger Zeit hoben und die Sonne herauskam, waren die Straßen ein einziger Morast, voller tiefer Wagenfurchen und schmierigen Lehms. Auf dem Gipfel eines der lang gestreckten Hügel verlor Bayard ein Hufeisen, und Nicolas mußte bei Dickon mit aufsitzen, so daß sein Vater Petronel reiten konnte. Als sie bald darauf zu einer Schmiede gelangten, gab es da noch mehr Reisende in derselben Notlage, und sie hatten zu warten, bis die Reihe an sie kam. Um sich die Zeit des Wartens zu vertreiben, wanderten sie inzwischen durch das Dorf, eine armselige Ansammlung elender Hütten, nicht viel besser als Löcher, die noch die altmodischen Rauchöffnungen im Dach hatten, anstelle von Schornsteinen. Von einer Frau erhielten sie für einen Penny eine kräftige Mahlzeit aus Gerstenbrot und saurem Käse, die sie mit scharfriechender Ziegenmilch herunterspülten. »Nun siehst du«, sagte Master Fetterlock lächelnd, »warum ein Reisender gut daran tut, immer sein eigenes Trinkhorn und einen Löffel mitzuführen.«

Erst am Nachmittag konnten sie weiterreiten, und es wurde beschlossen, die Nacht in Winchester zu verbringen. Dort sei ein gutes modernes Gasthaus, der »St. Georg«, und bis Southampton seien es dann nur zwanzig Meilen, die sie am nächsten Morgen leicht zurücklegen konnten.

Winchester war eine bedeutende Stadt. Die Straßen waren voller Menschen, die Luft schien voller Glockengeläut. Sie stiegen im Gasthof »St. Georg« ab, einem gut gebauten Haus mit einem schön gemalten Schild, das einen Heiligen Georg zeigte, der einen sehr wilden Drachen besiegte; die Zügel wurden einem Stallknecht, die Satteltaschen Dickon übergeben, mit dem Auftrag, ein Auge auf das Gepäck und die Pferde zu haben. Master Fetterlock winkte Nicolas, ihm zu folgen; sie kämen gerade noch zur Vesper zurecht.

Beim Anblick der Kathedrale stockte Nicolas der Atem. Eine so wundervolle Kirche hatte er noch nie gesehen. Im Inneren herrschte tiefe Dämmerung, nur weit hinten im Chor, wo die Mönche die Litanei sangen, schimmerten Kerzen, und vor den Altären in den Seitenkapellen glühten die kleinen Lämpchen. Erst nachdem seine Augen sich an die Dunkelheit gewöhnt hatten, konnte er die vielen hochaufragenden fahlen Säulen in dem gewaltigen Mittelschiff erkennen.

Kaum hatten sie ihre Gebete beendet, als Master Fetterlock ihm zuflüsterte, sie müßten jetzt gehen. Es sei schon zu dunkel, um noch etwas zu sehen, und eine Mahlzeit täte ihnen jetzt gut. Das hörte Nicolas gern, er war so hungrig, daß ein Abendessen das einzige schien, wofür er noch Interesse aufzubringen vermochte.

Ein köstlicher Bratenduft stieg ihm in die Nase, als er seinem Vater in den Schankraum des Gasthauses folgte. Ringsherum waren lange Tische aufgestellt, an denen die Reisenden der niederen Stände auf Holzbänken saßen, ihr Fleisch auf Holztellern zerschnitten oder mit den Fingern zerrissen. Einige packten ihr mitgebrachtes Essen aus ihren Beuteln aus, andere tranken nur Bier und aßen Brot dazu, das sie von dicken Laiben abbrachen. An den Wänden befestigte Fackeln verbreiteten ein flackerndes, rauchiges Licht. Der Lärm war ohrenbetäubend und der Fußboden schlüpfrig von zertretenen Binsen und weggeworfenen Essensresten.

Durch dieses Gewühl hindurch bahnte Master Fetterlock sich den Weg zu einer Tür am anderen Ende des Schankraums. Sie betraten ein Speisezimmer, in dem es ruhig und anständig zuging. Ein halbes Dutzend Kaufleute saßen an einem Tisch, der mit einem weißen Tuch, mit Zinntellern, Bechern, Servietten und allem Zubehör der vornehmen Gesellschaft gedeckt war. In der Mitte der Tafel war noch viel freier Raum; die Kaufleute gruppierten sich um das eine Ende, während am anderen nur ein einzelner Gast saß, in einen hohen Armsessel gelehnt. Die Kerzen hinter dem Stuhl erhellten ein Profil, das Nicolas unmöglich verkennen konnte. Es war Messer Antonio Bari.

Wenn der Lombarde oder Thomas Fetterlock auch nur einen Bruchteil der Bestürzung fühlten, die Nicolas ergriff, so verstanden sie das gut zu verbergen. Mit einem Ausruf der Freude stieß Messer Antonio seinen Stuhl zurück und trat mit ausgestreckter Hand auf sie zu. Das sei in der Tat eine glückliche Begegnung, rief er. Gerade habe er seine Einsamkeit beklagt und sich nach der Gesellschaft gu-

Messer Antonio stieß seinen Stuhl zurück.

ter Freunde gesehnt. Er schlug auf den Tisch, rief nach der Bedienung und bat sie inständig, sich als seine Gäste zu betrachten und mit ihm zu speisen. Diesmal sei die Reihe als Gastgeber an ihm.

Nicht einmal der Schrecken über diese Begegnung konnte Nicolas' Appetit dämpfen, und er verschlang zwei Portionen köstlichen Rehbratens, der, so behauptete Messer Antonio, zweifellos von königlichem Wild aus dem New Forest stamme. Im Verlauf des Abends dämmerte ihm, daß nicht alles so einfach lief, wie es an der Oberfläche den Anschein hatte. Eine leichte Spannung lag in der Luft, und er nahm wahr, daß die beiden Männer einander abschätzten wie Turnierkämpfer in den Schranken. Messer Antonio fragte schließlich geradeheraus, was Master Fetterlock in Winchester täte, und Thomas Fetterlock antwortete wahrheitsgetreu, daß er geschäftlich in Southampton zu tun habe. Nicolas glaubte zu sehen, wie der Lombarde schnell seine Augen hob und ebenso schnell wieder senkte. Gleich darauf lächelte er wieder und beugte sich vor, um die Gläser seiner Gäste aufs neue mit dem süßen Gascogner Wein zu füllen, den er bestellt hatte.

»In der Tat!« sagte er höflich. »Ich war der Meinung, all Eure Ware ginge aus den Häfen von London oder Sandwich ab. Die dreißig so hervorragend verpackten Säcke, die Ihr mir gütigerweise überlassen habt, sind alle vor mehr als einer Woche durch den Zoll abgefertigt worden. In dieser Hinsicht braucht Ihr keine Sorgen zu haben.«

Geschmeidig erwiderte Master Fetterlock, daß er keineswegs besorgt sei und stellte seinerseits eine Frage.

»Ihr seid allein? Es ist ungewöhnlich, Euch ohne Euren Schreiber zu sehen.«

Der Lombarde zuckte die Achseln. »Ja, er ist in eigenen Geschäften unterwegs, ich weiß nicht, wo.« Er wandte sich an Nicolas. »Ist das dein erster Besuch in Southampton, junger Freund? Ich erinnere mich noch gut, wie ich als Junge überwältigt war vom Anblick der vielen Schiffe im Hafen von Genua. Es ist ein großartiges Erlebnis, zum ersten Mal einen bedeutenden Hafen zu sehen. Auf mein Wort, ich möchte mir das Vergnügen gönnen, morgen mit Euch zu reiten.«

Master Fetterlock griff ein. »Wir würden nicht im Traum daran denken, Euer Gnaden Umstände zu bereiten«, sagte er bestimmt. »Ihr seid ein vielbeschäftigter Mann, und auch wir haben viel zu tun.«

Der Lombarde lächelte sein träges Lächeln. »Es wäre kein Umstand. Es wäre mir ein Vergnügen, Eurem Sohn die Sehenswürdigkeiten von Southampton zu zeigen.«

Thomas Fetterlock runzelte die Stirn. Die ständige Begleitung Messer Antonios würden seine Nachforschungen natürlich sehr erschweren.

»Nicolas muß die Pflichten seines Berufs erlernen«, sagte er steif. »Für die Besichtigung von Sehenswürdigkeiten wird er keine Zeit haben.«

Nicolas, der die beiden Männer beobachtete, glaubte diesmal mit Sicherheit eine plötzliche Kälte in den Augen des Lombarden wahrzunehmen. Doch wieder senkten sich seine schweren Lider, und sein Ton war so liebenswürdig wie eh und je.

»Auf der Suche nach Wissen, hm? Und, wenn du es errungen hast, geh sorgsam mit ihm um. Wissen ist eine launenhafte Geliebte. Man denkt, man ist ihrer sicher – und aus der Ferne lacht sie einen aus. Es tut mir leid, daß du meine Galeere nicht besichtigen kannst und die auf dem Vorderdeck so säuberlich verstauten Wollballen deines Vaters. Aber sie ist nicht mehr da, sie hat heute morgen die Anker gelichtet.«

Er blickte von einem zum anderen, um die Wirkung seiner Worte festzustellen. Nicolas sah, daß seines Vaters Gesicht undurchdringlich war, die auf seinem Schoß ruhende Hand sich jedoch plötzlich verkrampfte.

»Ihr habt schnelle Arbeit geleistet, Sir«, bemerkte er gleichmütig.

Der Lombarde schnippte mit den Fingern. »Wir hatten keinen Grund, länger zu zögern«, sagte er, »da Euer Gnaden uns ja die Dinge bei der Gilde erleichtert haben. Wir haben natürlich nicht im Traum an die Ehre eines Kontroll-Besuchs gedacht, sonst hätte ich meinen Kapitän angewiesen zu warten, damit Ihr in aller Ruhe die Waren überprüfen könnt.«

Seine schleppende Sprechweise beschleunigte sich, seine Oberlippe hob sich wie bei einem Hund, der im Begriff ist zu knurren. Aber gleich hatte er sich wieder in der Gewalt, nahm einen Schluck aus seinem Glas, und aus dem Zähnefletschen wurde ein Auflachen.

»Wie dem auch sei«, lächelte er, »die Galeere ist fort und dürfte jetzt bei der Insel Wight vor Anker liegen, um Wasser aufzunehmen. Ist es nicht bemerkenswert, daß das Wasser von dieser Insel sich an Bord eines Schiffes länger frisch hält als jedes andere? Wußtet Ihr das, junger Herr?«

Nicolas sagte, er habe davon gehört, sein Onkel John hätte es erwähnt.

Messer Antonio nickte mehrere Male. »Natürlich, natürlich; dein Onkel ist Seekapitän; ich erinnere mich. Er kannte die Insel. Er war ein Mann von Unternehmungsgeist. Ich hörte ein Gerücht: er soll sich mit dem Plan tragen, nach Westen zu segeln, um den Seeweg nach Indien zu finden. Ich hoffe, er wird es verwinden, daß ein Lombarde ihm zuvorgekommen ist!«

Nicolas vergaß seine Manieren. »Was?« rief er. »Was sagtet Ihr? Ein Lombarde? Nach Indien?«

Messer Antonio lachte ihn aus. »Der junge Engländer ist entsetzt! Aber es stimmt, mein Freund. Die ganze Welt weiß es mittlerweile. Christoph Columbus ist nach Westen gesegelt und auf Land gestoßen, entweder Indien, oder ein anderes unbekanntes Land. Er segelte mit spanischen Schiffen und kehrte vor etwa drei Monaten zurück.« Er streifte die Krümel von seinem Gewand und erhob sich. »Und nun, meine Herren, muß ich Euch eine sehr gute Nacht wünschen und zu Bett gehen. Ich breche schon früh am Morgen nach London auf. Ich hege die Hoffnung, daß Ihr erfolgreich sein und« – ein leichtes Lächeln spielte um seine Lippen – »finden mögt, was immer Ihr sucht. Leb wohl, mein Junge. Eine weitere Galeere wird in wenigen Wochen in Southampton anlegen. Sie kommt von Flandern und befindet sich auf der Heimreise. Vielleicht kannst du wiederkommen und dir diese ansehen? Es wäre mir ein Vergnügen, dich zu führen.«

Als er gegangen war, blickten Nicolas und sein Vater einander an. Auch die anderen Kaufleute hatten sich zurückgezogen; sie hatten den Raum für sich allein.

»Was hat er gemeint?« fragte Nicolas leise. »Er hoffte, wir hätten Erfolg bei unserer Suche?«

Sein Vater nickte. »Gut, daß du das bemerkt hast. Wer sagte, daß wir etwas suchen? Wir nicht.«

»Er wäre mit uns gekommen, wenn Ihr das zugelassen hättet, – und doch sagte er dann, er müsse nach London.«

»Er wurde überrumpelt«, sagte Master Fetterlock. »Er wußte nicht recht, worauf er hinaus sollte, wollte aber herausfinden, wonach wir suchen. Oh, Gott«, seufzte er tief, »ich habe dem Mann vertraut und möchte ihm auch jetzt Vertrauen schenken, aber ich muß gestehen, daß er mich heute abend argwöhnisch gemacht hat.«

Nicolas holte tief Luft.

»Stimmt das, Sir, mit Indien? Hat Columbus wirklich Land gefunden?«

»Ja, mein Sohn, ich fürchte, das stimmt. In London hat man seit Wochen davon gesprochen. Ich hätte es dir erzählt, aber ich hatte an anderes zu denken. Deinen Onkel wird das schwer treffen. Ich weiß gar nicht, wo er ist, ich habe ihn lange nicht mehr gesehen.«

»Onkel John sagte, die Lombarden steckten dahinter«, bemerkte Nicolas nachdenklich. »Er sagte, sie seien überall.« Doch als er wahrnahm, wie seines Vaters Gesicht sich verfinsterte, wechselte er rasch das Thema. »Wohin werden wir morgen gehen?« fragte er. »Ich meine, Southampton hat doch keinen Sinne mehr, da wir jetzt wissen, daß die Galeere nicht mehr da ist.«

»Das spielt keine Rolle«, erwiderte Master Fetterlock. »Beim Zoll werden wir alles Nötige erfahren. Komm, Junge, wir müssen auch zu Bett. Ich bin gespannt, ob er uns morgen ohne seine Begleitung reiten läßt.«

Aber am Morgen war von dem Lombarden nichts zu sehen. Der Gastwirt berichtete, daß er noch vor Sonnenaufgang seine Zeche beglichen habe und abgeritten sei.

Southampton.

Stadt der Schiffe

Noch nie hatte Nicolas einen derart regen Verkehr erlebt wie auf der Straße von Winchester nach Southampton. Sie begegneten nüchternen englischen Geschäftsleuten mit ihren Schreibern und ausländischen Kaufleuten, die in fremdartige, kostbare Gewänder gekleidet waren. Geistliche jeglichen Ranges waren unterwegs, von einem Bischof in Purpur, der mit einem Gefolge von Priestern und Schreibern reiste, bis hin zum einfachen Wandermönch mit Sandalen an den Füssen und dem Pilgrim mit Muscheln am Hut, der von seiner Wallfahrt zum Schrein von St. Jakob von Campostella in Spanien zurückkehrte. Eine Schar von Pilgern, die in irgendeiner fremden Sprache schwatzten, war im Hafen von Southampton an Land gegangen und zog nun über die Downs nach Canterbury. Ein vornehmer Edelmann, von Höflingen umgeben, ritt die Straße entlang; eine Gruppe von Hellebardieren, mit in der Sonne funkelnden Waffen, deren Wehrpflicht in Southampton beendet war, marschierte singend heimwärts. Und immer wieder begegneten sie Seeleuten, von Wind und Wetter gegerbt; die es sich leisten konnten, ritten auf mageren Gäulen, andere gingen zu Fuß, schäbig, mit geflickten Kleidern oder halb nackt. Und wie die Kettenfäden in einem Webstuhl zogen Packpferde die Straße entlang, Packpferde in beiden Richtungen und immer wieder Packpferde, und alle beladen mit Warenballen.

Nicolas wäre gern langsam geritten, um alles in Ruhe aufnehmen zu können, aber seinem Vater lag daran, rasch ihr Reiseziel zu erreichen. Er kannte die Gegend gut, und hier und da verließ er die mit tiefen Furchen durchzogene Straße und schlug gewundene Saumpfade ein, die Umwege zu sein schienen; aber jedesmal, wenn sie wieder auf die Straße zurückkamen, hatten sie irgendwelche Reisegruppen überholt.

Als sie endlich eine große Gemeindeweide überquerten, wurde sein Blick von einem am Horizont glitzernden Streifen angezogen. Je näher sie kamen, desto breiter wurde er, bis eine weite Wasserfläche vor ihnen lag, die in die offene See überging, und sie erblickten eine große Stadt mit mächtigen Mauern, deren Vorsprünge von den Flutwellen bespült wurden.

Staunend hielt Nicolas an. Er hatte das Meer noch nie gesehen, und als er den Seewind im Gesicht verspürte und den ungewohnten, scharfen Salzduft einatmete, hätte er sich am liebsten in den Steigbügeln aufgestellt und gejauchzt.

Durch ein wuchtiges Tor, Bargate, mußten sie in die Stadt einreiten. Tor und Wachthaus waren von einem Graben umgeben, über den eine Zugbrücke führte, und dieses mit Fallgattern befestigte Torgewölbe war von der Landseite her der einzige Zugang zu der Seefestung. Sie mußten lange warten, denn es wurde immer nur ein einzelnes Fuhrwerk nach dem anderen eingelassen, und jeder Fuhrmann oder Händler mußte auf die Waren, die er mit sich führte, eine Abgabe entrichten. Ungeduldig rutschte Nicolas in seinem Sattel herum. Er wollte zu gern weiterreiten und sehen, was hinter diesen abweisenden Mauern lag, die sich bis hinunter zur Küste erstreckten, wo das Wasser in den Wallgraben einströmte und die Wellen die Fundamente des Eckturms umspülten. Einige kleine

Boote konnte er erblicken und die Masten der großen Schiffe, die die Mauerzinnen überragten.

Endlich kamen sie an die Reihe. Sie überquerten die Zugbrücke und ritten mit klappernden Hufen über die Kopfsteine unter dem Torgewölbe.

Der Stadtzollmeister hatte sein Kontor im Wachthaus, und in einem steingepflasterten Durchgang, in dem Säcke und Ballen herumlagen, waren seine Untergebenen damit beschäftigt, Abgaben zu erheben. Master Fetterlock stieg vom Pferd, warf seinem Sohn die Zügel zu und verschwand in einem dunklen Eingang. Nicolas stellte sich mit den Pferden in einen ruhigen Winkel und bestaunte den Anblick, der sich ihm bot.

Er hatte sich nicht vorstellen können, was für eine geschäftige moderne Stadt innerhalb dieser alten Mauern lag. Eine schöne breite Straße ging vom Bargate aus. Alle Häuser waren dreistöckig, aus schwarzem und weißem Fachwerk erbaut, hatten rote Dächer und bunt bemalte Ladenschilder. In der Mitte der Straße bewegte sich der gleiche ununterbrochene Strom von Wagen und Packpferden, während an den Seiten ein buntes Gemisch von Reisenden und Hausfrauen mit Einkaufskörben die Auslagen der offenen Ladengeschäfte betrachteten. An der Innenseite der Stadtmauern waren Marktstände errichtet, in denen buntes Obst und Gemüse feilgeboten wurde und – Wunder über Wunder – glitzernde Fische, frisch aus dem Meer. Nicolas, der abgesehen von Forellen oder Barschen aus dem Windrush-Flüßchen nur Salzfisch kannte, trat näher heran, um die glänzenden Farben zu betrachten, wobei ihm die Fischfrau lächelnd versicherte, das seien nur »Heringe und Makrelen«.

Diesseits des Tores hatte er gegen das Warten nichts einzuwenden. Bald aber befand er sich im Mittelpunkt allgemeiner Aufmerksamkeit: Hausierer und vielerlei Bettler scharten sich um ihn. Die einen boten Krimskrams feil, der ihn an den Jahrmarkt erinnerte, die anderen, mit Verbänden oder auf Krücken, drängten heran, um ihre Wunden zu zeigen. Zerlumpte Gassenjungen und räudige

Hunde kugelten sich in der Gosse, schlugen Purzelbäume und tollten um die Beine der Pferde.

Nach einigen Minuten dieses Durcheinanders war er recht erleichtert, als sein Vater wieder erschien, in Begleitung des barhäuptigen und ehrerbietigen Stadtzollmeisters, bei dessen Anblick sich die Menge zerstreute. Als dieser großmächtige Herr die Steigbügel

Nicolas und sein Vater ritten zum »Wool House«.

von Bayard hielt und Master Fetterlock in den Sattel half, merkte Nicolas wieder einmal, daß ein Kaufherr der Gilde in der Tat ein sehr bedeutender Mann war.

Aber Thomas Fetterlock war unzufrieden. Die Listen des Zolls hatten nicht weitergeholfen. Sie würden nun zum »Wool House« reiten, dem Lagerhaus für Wolle, wo die Ballen gewogen und die Abgaben bezahlt wurden. Vielleicht hätten sie dort mehr Glück.

Jedenfalls für Nicolas bedeutete das mehr Glück, denn das »Wool House« lag am entgegengesetzten Ende der Stadt, innerhalb der zum Meer hin gelegenen Mauern. Es war ein gewöhnliches Lagerhaus, dessen dicke Steinmauern mit Verstrebungen gestützt wurden. Im Innern waren Wollballen gestapelt; einige Träger waren damit beschäftigt, Packpferden die Last abzunehmen, andere rollten die Ballen auf zweirädrigen Handkarren in die Lagerhalle. Nachem er die Pferde angebunden hatte, folgte Nicolas seinem Vater in das Innere des Lagerhauses. Er holte Wachstafeln und Griffel hervor, weil er glaubte, seine Pflichten als Schreiber könnten hier beginnen. Doch sein Vater verschwand wiederum in einem der Kontore. Nach einigen Minuten müßigen Wartens erlag er der Versuchung nachzuforschen, was hinter diesen Mauern liegen mochte. Er fand eine offenstehende Seitentür, wagte sich hindurch und gelangte auf den Kai.

Er hatte noch nie zuvor ein Schiff gesehen, und der Anblick der riesigen Schiffsrümpfe mit ihren Deckaufbauten an Bug und Heck raubte ihm einfach den Atem. Bisher hatten die Bilder in den Initialen eines der Bücher von Master Richard seine Vorstellungen über Schiffe geprägt, aber die Wirklichkeit war viel großartiger. Die meisten Schiffe hatten einen oder zwei Maste, die größten hatten drei, an denen bunte Wimpel flatterten. In dem komplizierten Takelwerk kletterten Seeleute herum und taten irgend etwas mit den aufgerollten Segeln. Er wünschte, daß sie eines dieser Segel losmachen würden, er wollte zu gern sehen, ob es wirklich mit einem Wappen geschmückt war wie auf den Bildern in dem Buch. Einige von den kleinen Schiffen sahen gerade so aus, wie die Boote, die Onkel John für ihn gemacht hatte, aus Walnußschalen mit Masten, die mit Siegellack befestigt waren. Sehnsüchtig schaute er den kleinen Ruderbooten nach, die überall herumtanzten. Wenn er doch einem der Schiffer zunicken dürfte, die da ihre Boote vermieteten!

Dieses Verlangen stand so deutlich in seinem Gesicht geschrieben, daß sein Vater ihm seinen Wunsch erfüllte, als er wiederkam. Zehn Minuten lang wurden sie in einem knarrenden Kahn zwischen den großen Schiffen umhergerudert. Die Galeeren sind fort, teilte ihnen der Schiffer mit und bestätigte damit, ohne es zu wissen, was Messer Antonio gesagt hatte. Sie hätten einen langen, spitz zulaufenden Rumpf und die Ruder seien anders angeordnet. Doch in Kürze würden wieder welche hier vor Anker gehen, von Flandern

Sie wurden zwischen den großen Schiffen umhergerudert.

kommend, auf ihrem Weg nach Süden. Schade, daß der junge Herr sie nicht sehen könnte.

Wieder auf festem Land, suchten sie sich ein Gasthaus zum Essen, und als Nicolas' Aufregung sich gelegt hatte, erkundigte er sich, was sein Vater im »Wool House« ausgerichtet habe.

Master Fetterlock schüttelte den Kopf. »Es hat zu nichts geführt«, sagte er düster. »Ich war überzeugt, in Southampton die Lösung des Rätsels zu finden, aber ich habe nichts entdecken können. Alle Listen habe ich durchgesehen, sowohl die vom Zollhaus, durch das die Wolle in die Stadt hereinkommt, wie die im »Wool House«, das die Wolle wieder abfertigt, und ich bin der Wahrheit kein bißchen nähergekommen. Die Lombarden haben dreißig Ballen meiner Wolle gekauft, und dreißig Ballen, nicht mehr und nicht weniger, haben Southampton passiert.«

Er schnitt ein Bein von dem Kapaun ab, den man ihnen aufgetischt hatte, tunkte es in die Sauce und nagte nachdenklich daran.

»Könnte die Wolle nicht aus einem anderen Hafen abgegangen sein?« meinte Nicolas.

Sein Vater schüttelte den Kopf. »Die lombardischen Galeeren legen nur in Southampton oder Sandwich an, und Sandwich ist zu weit entfernt. Es sieht so aus, mein Sohn, als ob deine Geschichten über Leach und die Lombarden uns auf eine falsche Fährte gelockt hätten.«

Nicolas sagte nichts mehr. Schweigend ritten sie nach Winchester zurück und wurden von heftigen Regenschauern durchnäßt. Die Abendglocken läuteten, als sie in die Stadt einritten. Türen öffneten sich und Hände streckten sich heraus, um die Laternen zu löschen, die an jedem Haus hingen. Plötzlich waren die Straßen in tiefe Dunkelheit getaucht. Von der Kathedrale ertönte die Gabriel-Glocke und ermahnte jeden, sein Abendgebet zu sprechen. Nicolas versuchte ein Ave, gelangte aber nicht bis zum Ende. Dankbar leerte er einen Becher heißen Biers und ging fröstelnd zu Bett.

Der Regen hatte aufgehört, als sie sich am nächsten Morgen auf den Rückweg nach Newbury begaben. Sein Vater sprach nicht mehr über die geheimnisvolle Angelegenheit mit der Wolle, und Nicolas hütete sich, das Thema zu berühren. Er sehnte sich danach, wieder nach Beechampton Manor zu gelangen. Wenn er auch Cecily gegenüber die Lombarden nicht erwähnen durfte, so brachte er doch die Nachricht mit, daß Columbus den Seeweg nach Indien gefunden hatte. Er konnte sich Robins Aufregung darüber vorstellen.

Aber auch ihr Empfang in Beechampton Manor schien irgendwie ein wenig verunglückt. Master Bradshaw war außer Haus und wurde erst zum Abendessen zurückerwartet. Robin steckte im Bett. Er war ungezogen gewesen, und sein Vater hatte ihn geschlagen und oben eingesperrt. Und Cecily durfte aus irgendeinem Grunde ihren Stickrahmen nicht aus der Hand legen und wurde immer wieder an die Seite ihrer Mutter zurückgerufen, wenn sie versuchte, sich zu entfernen. Nur Mistress Bradshaw war liebreizend und freundlich wie stets. Sie bat die beiden Reisenden in ihr Gemach, versah Master Fetterlock mit einem Becher hausgemachten Weins und einem Geschichten-Buch und gab Nicolas einige Stränge Wolle, die er für ihre Gobelin-Stickerei aufwickeln sollte. Schließlich, da sie wohl befürchtete, diese Unterhaltung sei nicht ganz befriedigend für ihre Gäste, holte sie ein Päckchen französischer in Rouen gedruckter Spielkarten. Die Bilder seien so schön, daß Master Fetterlock sie sicher gerne betrachten würde. Die Karten seien ganz neu, Messer Antonio Bari habe sie erst gestern abend als Gastgeschenk mitgebracht.

»Gestern abend!« rief Master Fetterlock aus. »Sagtet Ihr 'gestern abend'?«

Mistress Bradshaw erwiderte, daß sie tatsächlich »gestern abend« gesagt habe. Messer Antonio sei ganz unerwartet von Winchester gekommen, völlig durchnäßt, der Arme. Er habe zu Abend gegessen, übernachtet und sei diesen Morgen nach London aufgebrochen.

Nicolas begegnete dem Blick seines Vaters. Newbury lag schlechterdings nicht auf dem Weg von Southampton nach London, und Messer Antonio hatte klar und deutlich gesagt, daß er nach London zu reiten beabsichtigte.

Das Abendessen war eine langweilige Mahlzeit. Diesmal durfte Cecily nicht aufbleiben, und Master Bradshaw, verstimmt und schweigsam, war gar nicht er selbst. Die Spielmanns-Galerie war leer, und als Thomas Fetterlock mit der Gastgeberin sprach, rief seine Stimme in der Leere der Halle ein dünnes Echo hervor. Er

Französische Spielkarten.

sprach von dem geplanten Besuch in Burford, den Cecily und ihre Eltern bald machen würden, und beschrieb die Freude, mit der seine Frau diesem Ereignis entgegensah. Wenn Master Bradshaw seine Falken und Hunde mitbringen würde, konnte er ihm gute Jagd im Wychwood-Wald in Aussicht stellen.

Selbst darauf ging Master Bradshaw nicht ein. Er bemerkte nur mürrisch, daß er sich vielleicht entschuldigen müsse. Er habe dringende Geschäfte in Newbury. Nicolas ging mit bösen Ahnungen zu Bett. Es war alles so anders als bei ihrem letzten vergnügten Besuch.

Doch der nächste Morgen sah freundlicher aus. Die Sonne schien, und Master Bradshaw hatte seine gute Laune wiedergefunden. Im letzten Augenblick gelang es Cecily, Nicolas aufzulauern und ihn in den Stall zu ziehen.

»Ich muß mit dir sprechen«, drängte sie. »Es ist doch wohl nicht wahr, daß dein Vater in der Gefahr ist, von der Gilde ausgeschlossen zu werden?«

»Ausgeschlossen, von der Gilde?« wiederholte Nicolas. »Natürlich ist das nicht wahr. Was hat dich denn bloß auf diesen Gedanken gebracht?«

»Robin hörte, wie mein Vater es meiner Mutter erzählte.« Sie blickte sich um, um sich zu vergewissern, daß sie allein waren. »Wir spielten Verstecken, und er versteckte sich im Kräutergarten. Mein Vater erwischte ihn und steckte ihn ins Bett. Oh, Nicolas, bist du ganz sicher? Es hat mich so schrecklich bedrückt.«

»Natürlich bin ich sicher. Wer kann denn nur so etwas gesagt haben?« – und im gleichen Augenblick, in dem er die Frage stellte, kam ihm auch die Antwort –.

»Es war Messer Antonio, der meinem Vater das sagte«, sagte sie.

»Am Spieß will ich ihn braten wie ein Huhn,« rief Nicolas in jäh aufflammender Wut. »Beim Blut des . . . , ich will –«.

»Sch–sch«, keuchte Cecily entsetzt. »Nicht diesen Fluch. Das ist ein furchtbarer Fluch. Ich weiß nicht, was er bedeutet, aber meine Mutter sagt, er ist schrecklich.«

»Das ist mir gleich«, knurrte Nicolas. »Je schlimmer der Fluch desto besser. Beim Blut des – – beim – – der Himmel sei mein Zeuge –.«

Cecily packte ihn am Arm. »Sag niemandem, daß ich dir das erzählt habe«, bat sie flehentlich.

Nicolas riß sich los. »Mein Vater muß das wissen. Was immer geschehen mag, mein Vater muß das wissen.«

In diesem Augenblick wurde nach ihnen gerufen.

»Die Pferde warten«, rief Nicolas. »Ich muß gehen. Ängstige dich nicht, mein Püppchen. Meinem Vater muß ich es sagen, aber ich werde dafür sorgen, daß du das nicht ausbaden mußt.«

Erst nachdem er sich in den Sattel geschwungen hatte, fiel ihm auf, daß er Cecily »mein Püppchen« genannt hatte. So hatte seine Mutter zu ihm gesagt, als er klein war, und es war der erste Kosename, der ihm auf die Lippen kam. Seltsam, daß er ihn für Cecily gebraucht hatte.

Schweigend ritten sie durch den Park und die Hügel hinauf. Endlich wandte Master Fetterlock sich seinem Sohn zu.

»Nun«, erkundigte er sich, »hat der Besuch in Beechampton Manor dir gefallen?«

Nicolas schüttelte den Kopf. »Es war anders diesmal.« »So hast du das auch bemerkt? Ich hatte den Eindruck, daß sie alle seltsam mißgestimmt waren. Den kleinen Jungen habe ich nicht einmal zu Gesicht bekommen. Er wurde für irgendetwas bestraft.«

»Ja, Sir. Er hatte sich im Kräutergarten versteckt und etwas gehört, was nicht für seine Ohren bestimmt war.« Er nahm allen Mut zusammen. »Es gibt da etwas, was ich Euch sagen muß, Vater.«

»Ich hoffe, nicht das, wofür Robin bestraft wurde.«

»Ich bitte um Vergebung, Sir, aber diesmal ist es kein müßiges Geschwätz.«

Master Fetterlock runzelte die Stirn. »Nun, mein Junge, wenn du es sagen mußt, dann sage es.«

Nicolas holte tief Luft und wiederholte, was Cecily ihm erzählt hatte. Sein Vater erschrak.

»*Das* war es also«, sagte er. »Es scheint, Messer Antonio will mich in Verruf bringen aus Angst, ich könnte ihn in Verruf bringen. Auf mein Wort, ich hatte ihn für meinen Freund gehalten, doch in Wahrheit scheint er mein Feind zu sein.«

Nicolas war derart beunruhigt, daß er nicht einmal den Wunsch verspürte, »ich hab's dir ja gesagt« zu sagen. Noch einmal faßte er allen Mut zusammen.

»Sir«, sagte er flehend, »es ist doch nicht wahr, was sie da gesagt haben?« Nachdem er das ausgesprochen hatte, hielt er den Atem an und wartete darauf, daß sich ein Unwetter über seinem Haupt entladen würde. Aber die Antwort seines Vaters war liebevoll.

»Nein, mein Sohn, es ist nicht wahr, obgleich ich dir nicht verhehlen will, daß ich allerlei Schwierigkeiten mit der Gilde habe. Diese frisierten Säcke waren nämlich nicht die ersten. Und deshalb gebe ich mir solche Mühe, die verschwundene Wolle aufzuspüren. Die Herren der Gilde nehmen es sehr genau mit ihren Gesetzen. Gleichviel, mit Messer Antonio habe ich eine Rechnung zu begleichen. Er ist jetzt nach London geritten. Ich denke, daß ich ihm am besten dorthin folge und dafür sorge, daß er in Zukunft seine Zunge hütet.«

Einen Augenblick hielt er inne und sagte dann leise, wie für sich: »Ich bete zu allen Heiligen, daß nichts diese Verlobung verhindern möge.«

Nicolas erschrak. »Die Verlobung, Sir? Ist etwas dagegen gesagt worden? Ich dachte, es sei alles abgemacht.«

»Nein, mein Sohn, nichts ist gesagt worden. Im Gegenteil – zu wenig wurde diesmal gesagt. Möglicherweise sind Messer Antonios Worte auf fruchtbaren Boden gefallen. Der Vertrag sollte anläßlich des Besuches in Burford unterzeichnet werden.«

»Aber sie kommen doch nach Burford?« rief Nicolas voller Angst. »Cecily sagte das jedenfalls, und auch Mistress Bradshaw.«

»Ja, sie kommen, wenn sie ihren Besuch nicht noch absagen. Aber bedenke, daß Master Bradshaw sagte, er müsse sich vielleicht entschuldigen. Und ohne Master Bradshaw kann kein Vertrag unterzeichnet werden.«

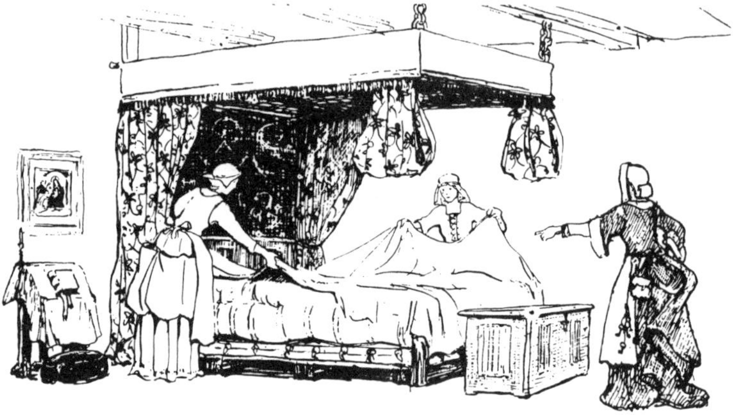

Mistreß Fetterlock trifft Vorbereitungen.

Schlechte Nachricht aus Calais

Zwei Tage nach ihrer Rückkehr begab Master Fetterlock sich wieder auf die Reise nach London. Er versprach, rechtzeitig zum Empfang der Bradshaws zurückzukehren.

Vor seiner Abreise hatte er noch eine vertrauliche Unterredung mit Giles, dann mit Leach, darauf noch einmal mit Giles. Schließlich ließ er Nicolas zu sich ins Kontor kommen.

»Ich habe mit Leach gesprochen und ihn ausgefragt«, sagte er. »Doch er war mürrisch, ich konnte nichts aus ihm herausbekommen. Dann, als ich ihn beschuldigte, etwas zu verheimlichen, erklärte er, er habe Zahnschmerzen.«

»Zahnschmerzen haben nichts mit frisierten Säcken zu tun!« rief Nicolas verächtlich.

»Er gab zu, die Arbeiter, die er anheuerte, nicht sorgfältig genug ausgewählt zu haben«, sagte Master Fetterlock müde. »Zwei von ihnen hätten Säcke mit Ausschuß gefüllt und die gute Wolle offenbar gestohlen. Das mag wahr sein, erklärt aber nicht den ganzen Umfang des Schadens. Mir gefiel sein Benehmen nicht. Er wand sich wie ein Fisch an der Angel, ich bekam ihn nicht zu fassen.«

»Ich meine, daß die gute Wolle in seinem Schuppen steckt«, behauptet Nicolas kühn. »Könnt Ihr ihn nicht dazu zwingen, Euch zu zeigen, was er da drin hat?«

Master Fetterlock schüttelte den Kopf. »Diese Scheune ist sein Eigentum. Er hat das Land gekauft und sie darauf erbaut. Nur das Gericht könnte ihn gegen seinen Willen dazu zwingen. Ich könnte ihn entlassen, aber da wir der Sache auf den Grund kommen wollen, wäre das nur hinderlich und keine Hilfe. Giles wird ihn beobachten wie ein Luchs, und außerdem habe ich auch einen Sohn, der seine Augen zu gebrauchen versteht. Was mich anbelangt, so muß ich eilends nach London und dafür sorgen, daß Messer Antonio seine Zunge hütet. Das ist dringlicher als alles andere.«

Voller Unruhe blickte Nicolas seinem Vater nach, als dieser abritt. Zwar genoß er jetzt seines Vaters Vertrauen, teilte seine Geheimnisse und wurde nicht mehr als schwatzhaftes Kind behandelt. Dennoch hatten sich die dunklen Wolken nicht gelichtet, sondern waren im Gegenteil nur dunkler und drückender geworden, und dahinter lauerte der drohende Schatten der Lombarden, denen sein Vater verschuldet war, für deren Handelsgeschäfte er mit seinem guten Ruf, mit seinem Hab und Gut bürgte, und die nun darauf aus zu sein schienen, sein Ansehen zu schädigen und seinen guten Namen zu besudeln. Er befürchtete, daß selbst das Leben seines Vaters bedroht war, falls er ihnen entgegentrat. So sehr er sich bemühte, – es gelang ihm nicht, die Erinnerungen an jenen Abend zu verdrängen, als Onkel John erschien und die Hände der Lombarden zu den Dolchen geschnellt waren.

Sein einziger Trost war, daß er das alles nicht mehr so geheimzuhalten brauchte. Giles kannte den größten Teil der Geschichte, und vor seiner Abreise hatte sein Vater ihm noch mitgeteilt, daß er alles mit Master Richard Chauncellor, dem Priester, besprochen habe.

Wenn Nicolas Rat oder Hilfe brauchte, konnte er ins Pfarrhaus gehen.

Mistress Fetterlock ahnte nichts von dem Unheil, das sich zusammenbraute. Der bevorstehende Besuch der Bradshaws erfüllte ihr ganzes Dasein. Sie begann mit den Vorbereitungen, sobald sie über das Ereignis unterrichtet worden war – und wenn der König mit seinem ganzen Hofstaat gekommen wäre, ihre Bemühungen hätten nicht größer sein können. War Mistress Bradshaw nicht eine Erbin, eine Dame von Adel, und war nicht Master Bradshaw im Namen seiner Frau Lord des Herrensitzes von Beechampton? Ihre ganze freie Zeit verbrachte sie damit, Mistress Bradshaws Wappen in eine prächtige Decke für das Bett im großen Gastzimmer zu stikken, und sie stürzte Nicolas in einen Abgrund peinlicher Verlegenheit, als sie erklärte, diese Decke würde eines Tages auch ihm zustatten kommen, da er ja dank der Herkunft seiner Frau das Adelswappen anstelle des bloßen Kaufmanns-Siegels führen könne.

Was Nicolas am meisten erstaunte, war, daß sie derart umfangreiche Vorbereitungen traf, als ob der Besuch monatelang dauern würde. Und warum denn nicht? rief sie entrüstet. Eine junge Braut pflegte lange Zeit bei ihrer zukünftigen Schwiegermutter zu leben, um mit den Gewohnheiten ihrer neuen Familie vertraut zu werden. Daraufhin sagte Nicolas kein Wort mehr. Seit dem letzten Besuch in Newbury hatte er das Gefühl, daß die Verlobung recht ungewiß geworden war und, wie auch alles andere, von der Lösung der Probleme seines Vaters abhing.

Am schlimmsten schien ihm, daß er in dieser Hinsicht so wenig tun konnte. Wie Bluthunde folgten er, Giles und Hal den Spuren von Leach, und eines Tages, als Giles mit Leach zu einer weit entfernten Bergheide bei Stow unterwegs war, machten die beiden Jungens eine energische Anstrengung, in die neue Scheune einzudringen. Aber sie war wie eine Festung gebaut, die Fenster waren schmal wie Schießscharten, und das große Tor war fest verschlossen. Hal stemmte seine Schultern dagegen und hämmerte mit den

Fäusten, bis die Dachbalken dröhnten, und die Hühner und Hähne sich laut gackernd durch eine Öffnung in der Mauer in Sicherheit brachten, die gerade nur groß genug für sie war. Zum Glück lag die Scheune vollkommen einsam, sonst hätte der Lärm die ganze Nachbarschaft aufgeschreckt, meinte Nicolas.

Es war quälend, immer wieder vergeblich das unzugängliche Gebäude zu umkreisen und dabei sicher zu sein, daß es die Anwort auf alle ihre Fragen enthielt. Bei ihrem zweiten Rundgang entdeckte Hal eine winzige Tür, die durch einen Holunderstrauch verdeckt wurde. Sie war ebenso fest verschlossen wie das Tor, – sogar fester, meinte Hal. Ein Schlüsselloch war nicht vorhanden, sie mußte von innen verriegelt sein.

Sie konnten also nichts anderes tun als geduldig sein, und für Nicolas vergingen die Tage, einer nach dem anderen, in eintönigem Gleichmaß; Unterricht, Scheibenschießen (Cecilys Schießkünste hatten ihn angespornt), Schlagball oder Stuhlball und an heißen Sommernachmittagen ein Bad im Fluß.

Eines Abends, als er nach Hause kam – sein Haar war noch strähnig und tropfnaß – fand er im Hof vor den Ställen zwei Pferde angebunden. Das eine war die graue Stute, die Dickon für gewöhnlich ritt. Das zweite Pferd war ihm unbekannt. Sein Vater mußte heimgekommen sein! Hastig glättete er seine Haare und zog seine Hose hoch und das Wams herunter, ehe er sich gespannt durch den Hof in die Halle wagte.

Seine Mutter stand am Fenster und las einen Brief. Neben ihr wartete ein Diener, die Mütze in der Hand. Nicolas erkannte sofort die blaue Livree mit den drei goldenen Sternen, dem Kennzeichen der Bradshaws von Beechampton. Da Nicolas wußte, daß seine Mutter in der Anwesenheit eines solch vornehmen Dieners bestes Benehmen von ihm erwartete, ließ er sich auf ein Knie nieder und verharrte in dieser Stellung, bis sie ihm mit einem Wink ihrer Hand bedeutete, sich zu erheben, und mit dem gleichen Wink den Diener der Bradshaws entließ.

Sobald sie allein miteinander waren, sank sie in einen Stuhl und reichte ihm den Brief.

»Du kannst ihn lesen«, sagte sie. »Mistress Bradshaw schreibt, daß sie morgen hier eintreffen werden. Sie bringt Cecily mit, ihre Kammerfrau und Gott weiß wieviele Diener. Seltsamerweise

Schlagball.

kommt Master Bradshaw nicht mit ihnen. Sie entschuldigt ihn mit Geschäften in Salisbury und teilt mit, daß er sie auf dem Rückweg hier abholen würde. Sollte man nicht erwarten, daß ein so großer Herr seine Tochter höchstselbst zu ihrer Verlobung geleitet? Hier ist auch ein Brief von ihm an deinen Vater. Vielleicht erklärt er sich darin. Ich würde ihn gern öffnen.«

»Aber mein Vater? Ist er nicht hier?«

»Nein, und er wird auch nicht kommen. Er ist wiederum nach Calais gereist, – ich bitte dich! – und ein Unglück kommt selten allein. Fast gleichzeitig mit dem Boten von Beechampton kam Dikkon nach Hause. Ich glaube, dein Vater hat den Verstand verloren. Er wußte, daß das Mädchen und ihre Eltern nach Burford kommen, und er entschuldigt sich! An dieser Heiratsangelegenheit scheinen nur Frauen beteiligt zu sein, auf keiner der beiden Seiten ein Vater. Ich weiß nicht, was ich davon halten soll.«

Nicolas fand sich nur mit Mühe durch die Schnörkel und Floskeln von Mistress Bradshaws Brief hindurch. Er sagte ihm nichts Neues, und tief in Gedanken legte er ihn zurück auf den Tisch.

»Und als ob das noch nicht genug wäre«, fuhr sie fort, »dein Vater hat Onkel John mit Dickon hierher geschickt und bittet mich, ihn unterzubringen, da er an den Blattern erkrankt war.«

»Onkel John? Er ist hier?«

»Er ist im Spital«, erklärte sie kühl. »Als er erfuhr, in welcher Lage wir uns hier befinden und welchen Besuch wir erwarten, sagte er, er wolle zu den Brüdern gehen. Dort würde er für einige Tage gute Pflege erhalten, bis er imstande ist, nach Bristol weiterzureiten.« Als sie den mißbilligenden Ausdruck im Gesicht ihres Sohnes sah, fing sie an, sich zu entschuldigen. »Gott weiß, daß er mein geliebter und stets willkommener Bruder ist. Aber zu einer unpassenderen Zeit hätte er schwerlich kommen können. Was kann ich dafür, wenn das Haus voller Gäste ist und er auch noch die Blattern hatte? Das Spital ist eine Unterkunft für kranke Reisende. Die guten Brüder werden ihn gern aufnehmen und besser versorgen, als er hier versorgt werden könnte. Aber du darfst ihn besuchen. Die Ansteckungsgefahr ist vorbei, wie er mir sagte.«

Nicolas war entsetzt. Trotz ihrer Entschuldigungen wußte er, daß Onkel John ein unwillkommener Gast war, so wie er damals unwillkommen war, als die Lombarden kamen. Die Erlaubnis seiner Mutter voraussetzend, wandte er sich zur Tür. Doch sie rief ihn zurück und erinnerte ihn daran, daß das Spital jetzt für Besucher geschlossen sei. Nach der Vesper würden nur noch Reisende eingelassen. Als sie sah, daß er entschlossen war, trotzdem zu gehen, hielt sie ihm einen weiteren Brief hin, dessen Siegel noch nicht erbrochen war. Selbst aus der Entfernung erkannte er seines Vaters klare Handschrift.

»Wenn du schon gehst«, sagte sie, »dann bringe dieses Schreiben so schnell wie möglich zu Master Richard ins Pfarrhaus. Dickon ist erschöpft, er war ununterbrochen im Sattel.«

Nicolas' Herz tat einen Freudensprung. Das brauchte man ihm nicht zweimal zu sagen. Dieser Brief würde endlich neue Nachrichten enthalten. Er ergriff den Brief, lief nach einer hastigen Verbeugung hinaus auf die Straße und las dabei die Anschrift:

»Seiner Hochwürden, dem verehrlichen Master Richard Chauncellor in Burford, möge dies in Eile überbracht werden.«

Sobald er außer Sichtweite war, nahm er die Beine in die Hand und rannte mit großen Sprüngen den Hügel hinunter. Ein flüchtiger Blick auf das Spital zeigte, daß die Tore tatsächlich geschlossen waren, aber er hätte auf keinen Fall, nicht einmal für Onkel John, jetzt Halt gemacht. Als er beim Geschäft von Nash, dem Barbier und Wundarzt, vorbeikam, hörte er das Gewinsel von Hals Dudelsack. Offenbar hatte man ihn geholt, um das Geschrei irgendeines armen Patienten zu übertönen.

Master Richard wandelte im Garten auf und ab und las sein Brevier. Er gab Nicolas sein Buch zu halten, während er das Siegel erbrach. Sein Gesicht verdüsterte sich, und Nicolas konnte seiner Ungeduld kaum Herr werden, als der Priester den Brief noch ein zweites Mal las.

Mit grimmig zusammengepressten Lippen schaute er auf und blickte Nicolas an.

»Ich fürchte, das bedeutet Verdruß, mein Sohn«, sagte er. »Dein Vater ist nach Calais gerufen worden, um sich gegen weitere Anklagen zu verteidigen. Er hat diesen Brief noch vor seiner Abreise geschrieben, aber da die Aufforderung vom Großmeister der Gilde selbst kam, befürchtet er, daß große Schwierigkeiten bevorstehen.«

»Um was geht es?« fragte Nicolas hastig. »Sind es wieder die frisierten Säcke?«

Master Richard schüttelte den Kopf. »Diesmal handelt es sich um etwas ganz anderes. Du weißt, daß dein Vater eine Bürgschaft für

Messer Bari und dessen Handelsgesellschaft geleistet hat, so daß sie auf dem Landweg Wolle nach Italien transportieren dürfen. Nun, die Bedingungen sind, daß diese Wolle nicht nördlich der Alpen verkauft werden darf.«

Nicolas nickte. Ja, sein Vater habe ihm das mitgeteilt.

»Also, wie es scheint, ist ein Beamter der Gilde, der zufällig den Markt der Stadt Rouen in der Normandie besuchte, auf Säcke mit dem Fetterlock-Siegel gestoßen. Diese waren nicht durch Calais gegangen, und dein Vater besitzt keine eigenen Schiffe. Deshalb besteht kein Zweifel, daß es sich um Säcke handelt, die zu der Lieferung an die Lombarden gehören, für die dein Vater die Bürgschaft leistet. Vielleicht kommt er ohne Verwarnung davon, aber da er bereits Schwierigkeiten mit der Gilde hat, fürchtet er, daß sie keine Gnade walten lassen werden. Auf jeden Fall kostet ihn das eine große Summe Geldes, denn sie werden die Bürgschaft einklagen. Und eine derart große Summe Geldes ist nicht leicht aufzutreiben.«

Nicolas runzelte die Stirn. »Glaubt Ihr, Sir, daß Messer Bari das absichtlich getan hat, – mit voller Absicht das Vertrauen meines Vaters getäuscht hat, um ihn zugrunde zu richten, wenn das herauskäme?«

»Ich fürchte, so ist es«, sagte Master Richard ernst.

»Dann, bei Gott, ist er ein Verräter und hinterlistiger Schuft«, rief Nicolas.

»Hüte deine Zunge, mein Sohn«, mahnte der Priester. »Harte Worte ändern nichts. Ich kann noch nicht verstehen, was der Lombarde dadurch gewinnt, daß er die Treuepflicht verletzt. Sage mir, Nicolas, habt ihr diese Wolle in Southampton nicht gesehen? Waren dort keine anderen Säcke als diejenigen, für die die Bürgschaft geleistet wurde?«

»Die Galeeren waren schon fort. Aber mein Vater hatte die Listen im ›Wool House‹ eingesehen und sagte, sie wären richtig gezählt und eingetragen worden.«

»Ah! Nun, ich habe nicht den Eindruck, daß wir dieser Sache

Einer der Brüder holt Wasser.

schon auf den Grund gekommen sind. Denke daran in deinen Gebeten, mein Sohn. Ich will eine Messe für deinen Vater lesen, und du bete für ihn.«

In dieser Nacht fand Nicolas wenig Schlaf; unruhig warf er sich hin und her; erst als der Morgen dämmerte, schlief er ein und schreckte hoch, als die Sonne hell auf sein Lager fiel. Er sprang aus dem Bett und beugte sich zum Fenster hinaus, um die Zeit abzuschätzen. Zu seiner Linken, ein Stück hügelabwärts, stand das »Spital von Johannes dem Evangelisten«, wo Augustinermönche Kranke pflegten und mittellose Reisende aufnahmen. Dort war Onkel John, und er hatte ihn noch nicht besucht. In der Morgenstille erklangen die Töne eines Liedes, das in der kleinen Kapelle gesungen wurde. Das war der Frühgottesdienst, und das bedeutete sechs Uhr. Es fiel ihm ein, daß das Tor, das sie nach der Vesper schlossen, nach dem Frühgottesdienst wieder geöffnet wurde. Er schlüpfte in Hemd und Hose, zog anstelle des Wamses eine warme Jacke über, nahm seine Schuhe in die Hand und schlich auf Zehenspitzen die Treppe hinunter.

Obwohl das Tor des Spitals offenstand, sagte ihm der Bruder, der ihm begegnete – er hatte zwei Eimer an einer Schultertrage hängen und holte Wasser – daß man die Insassen erst eine halbe Stunde nach der Messe besuchen dürfe. Eingedenk der Ermahnungen von Master Richard verbrachte er diese Zeit auf den Knien und erflehte die Hilfe eines jeden Heiligen, der in dieser Kapelle einen Altar oder Kerzen vor seinem Bildnis brennen hatte. Dort fand ihn sein Onkel, der freudig erstaunt grinste. Nach der Messe zogen sie sich in den

Kreuzgang zurück und ließen sich auf einem niedrigen Mäuerchen nieder, von dem aus man in den sonnigen Innenhof blickte, wo weiße Tauben im Gras herumstolzierten.

Der Anblick von Onkel Johns vernarbtem Gesicht entsetzte Nicolas. Die Blattern hatten ihm wahrhaftig zugesetzt. Aber das nahm Onkel John auf die leichte Schulter. Jeder, der lange in der Stadt lebte, müsse damit rechnen, sagte er. Er konnte noch von Glück sagen, daß es nicht die Pest war.

Im übrigen gab es nur ein Thema, über das er reden wollte – die Reise von Christoph Columbus. Er fand Worte stolzer Anerkennung für diesen Erfolg eines alten Schiffsgefährten und war wütend, daß sich der englische König diesen Ruhm hatte entgehen lassen. Er hatte mit dem König gesprochen, und selbst jetzt bestand noch eine gewisse Hoffnung, daß ihm und Master Cabot Geld bewilligt werden würde für eine Passage nach dem Nordwesten. Vielleicht würden sie nun die Küste des asiatischen Erdteils finden, und nicht nur Inseln wie Columbus. Er wollte sich noch ein oder zwei Tage im Spital ausruhen und dann nach Bristol aufbrechen, um seine Pläne in die Tat umzusetzen.

Zum Schluß neckte er Nicolas noch mit dem Besuch seiner zukünftigen Braut. Er müsse die junge Dame sehen, erklärte er – ein Seemann habe ein Auge für hübsche Mädchen.

Nicolas kam gleichzeitig mit seiner Mutter zu Hause an, die in der Pfarrkirche zur Messe gewesen war. Sie glaubte, er wäre eben erst aufgestanden und tadelte ihn, daß er seine Pflichten vernachlässige. Als sie zu ihrem Erstaunen vernahm, daß er die Messe im Spital gehört habe, verlieh sie der Hoffnung Ausdruck, daß ihr Bruder gut geschlafen habe. Sie wollte ihn später auch besuchen, doch hoffte sie, daß er so klug sein würde, den Tag über zu ruhen – was Nicolas so verstand: sie hoffte, er würde nicht gerade anwesend sein, wenn die Bradshaws ankämen.

Den ganzen Tag hindurch, so aufgeregt wie eine Henne, betraute sie ihn mit tausend kleinen Aufgaben. Am Fluß unten gäbe es blühenden Thymian, er möge bitte gehen und welchen pflücken, damit man ihn zwischen die Binsen im Gastzimmer streuen konnte. Sein Haar sei schlecht geschnitten; ohne Ponyfrisur sehe er aus wie ein Hanswurst, er möge bitte sofort zum Barbier gehen. Im ganzen Hause gebe es nur stumpfe Messer; würde er bitte alle zu Wat, dem Messerschmied, tragen und sie schleifen lassen; und er müsse neben dem Schleifstein stehen bleiben, bis sie fertig seien, sonst werde man erst zu Weihnachten wieder ein Messer im Haus haben.

Er ertrug das alles, so gut er konnte, bis ihm am Nachmittag eine Erleuchtung kam. Am Tage ihres Besuches in Newbury war Master Bradshaw ihnen entgegengeritten, um sie zu begrüßen. Sollte nicht vielleicht er, da sein Vater abwesend war, den Gästen entgegenreiten und sie heimgeleiten?

Mistress Fetterlock war sofort einverstanden. Wenn er wolle, könne er auch Dickon und Hal mitnehmen, damit es mehr Eindruck mache.

Cecilys Mutter reist in einer Sänfte.

Die Karte

Anstatt hinunter ins Tal zu reiten, hielt Nicolas oben auf dem Kamm des Hügels. In drei Richtungen erstreckte sich das wellige Hochland, soweit das Auge reichte; einige Meilen entfernt lag als kleiner einsamer Punkt die Scheune von Leach, und vor ihnen schlängelte sich die Straße, auf der die Gäste kommen würden.

Sie hatten noch nicht lange gewartet, als Hal, dessen Ohren auch leise, weit entfernte Geräusche wahrnehmen konnten, ausrief: »Horch!« Kurz darauf vernahm auch Nicolas das Klirren von Zaumzeug und erhaschte einen ersten Blick auf die Reisenden, die hinter einer Gruppe von Bäumen auftauchten.

Es schienen acht oder neun Pferde zu sein, obwohl sie noch nicht voneinander zu unterscheiden waren. Während er sie beobachtete, löste sich ein weißes Pony heraus und kam auf ihn zugetrabt. Er gab Petronel die Sporen und galoppierte den Hügel hinunter. Cecily winkte mit ihrem Halstuch, und er ließ Petronel zur Begrüßung auf die Hinterbeine steigen; wieder einmal stellte er fest, daß Cecily ihrer Begegnung alles Steife zu nehmen verstand und er sich ganz frei fühlen konnte.

Mistress Bradshaw reiste in einer Sänfte, die von zwei Pferden getragen wurde, während Mistress Lovejoy im Damensattel hinter einem der Reitknechte saß. Sie wurden von vier bewaffneten Wächtern begleitet und führten zwei Packpferde mit. Da solch ein Reiterzug nur langsam vorwärtskam, hatten sie eine Nacht in Faringdon verbracht.

Nicolas saß ab, um Cecilys Mutter seinen Respekt zu erweisen, die von dem formlosen Benehmen ihrer Tochter peinlich berührt

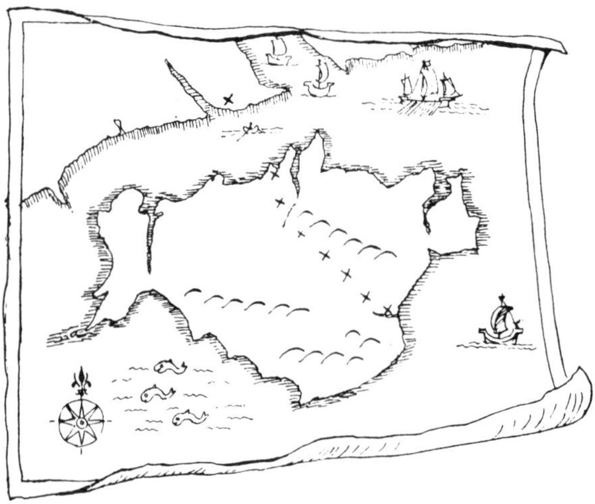

Auf der Karte waren keine Namen eingezeichnet.

war. Er entschuldigte die Abwesenheit seines Vaters, aber Mistress Bradshaw war die Pflichtversäumnis ihres eigenen Gatten derart unangenehm, daß sie geradezu mit Erleichterung vernahm, daß ihr Gastgeber auch nicht da war. Als endlich alle Empfangsformalitäten beendet waren – Mistress Fetterlock wich nicht um ein Jota von der vollständigen Zeremonie ab – machten die Damen es sich bequem, tauschten ihre Ansichten über Haartrachten aus, über die unmögliche Eitelkeit, sich die Haare über der Stirn wegzurasieren, um klüger auszusehen, als Gott sie geschaffen hatte, über Gobelin-Stickerei und die weltbewegende Frage des Einmachens. Nicolas und Cecily wurden beauftragt, unendliche Mengen von Himbeeren, Johannisbeeren und Stachelbeeren für ihre Mütter zu pflücken, damit diese gegenseitig ihre Rezepte ausprobieren konnten.

Beerenpflücken aber wurde langweilig, wenn man genug gegessen hatte. Sie fanden schnell heraus, daß sie mit fleißigem Pflücken in einer Stunde genügend Körbe füllen konnten, um für den ganzen Vormittag Rechenschaft abzulegen. Auf diese Weise blieb ihnen reichlich Zeit, hinunter zum Fluß oder hinüber zu Megs Hütte zu laufen oder sogar Petronel und Meadowsweet zu satteln. Zwischendurch erschien Onkel John, um Cecily und ihrer Mutter seine Aufwartung zu machen, doch Mistress Fetterlock achtete darauf, daß der Besuch nicht zu lange dauerte, und danach verteilte die Familie sich wieder auf Frauengemach und Obstgarten.

Hierher in den Obstgarten brachte Cecily am nächsten Morgen eine kleine Rolle Pergament mit und übergab sie Nicolas; sie hatte sie von zu Hause mitgebracht, in ihrer Stickarbeit versteckt, und nicht mehr daran gedacht. Robin schickte sie ihm. Nicolas rollte sie auf. »Eine Karte«, stellte er fest, was ohnehin offenkundig war.

Sie nickte. »Ich weiß. Es ist die Karte von einer Insel. Ich schäme mich fast, es zu sagen, aber Robin hat sie gestohlen. Er nahm sie den Lombarden weg.«

»Den Lombarden!« rief Nicolas scharf. Er studierte die Karte von neuem. »Aber was für eine Insel soll das sein? Es stehen keinerlei Namen darauf.«

Cecily schüttelte den Kopf. »Wir wußten auch nicht, was das für eine Insel ist. Robin dachte, es könnte Brasilia sein. Weißt du noch, daß du erzähltest, dein Onkel will dorthin und fürchtet, die Lombarden könnten ihm zuvor kommen? Also, Robin fand die Karte. Messer Antonio verlor sie, als er das letzte Mal bei uns war, in der Nacht, ehe ihr auf eurer Rückreise von Southampton bei uns Station machtet. Robin wollte sie dir damals geben, aber er bekam dich nicht zu sehen. Er meinte, dein Onkel John würde sie vielleicht gern anschauen.«

Nicolas starrte die Karte an, konnte aber nichts mit ihr anfangen.

»Wir wollen sie Onkel John zeigen«, schlug er vor. »Er ist noch im Spital. Ich kenne einen Schleichweg dorthin, niemand braucht uns zu sehen.«

Es war nicht weiter schwierig, über die Straße zu huschen, mit Hilfe einiger Trittsteine die Mauer zu übersteigen und in das Wäldchen hinter dem Spital zu gelangen. Und das Glück blieb ihnen treu: sie stießen sogleich auf Onkel John, der damit beschäftigt war, einen gefällten Baumstamm zu zerhacken, um sich dadurch für die Gastfreundschaft, die die Brüder ihm gewährt hatten, dankbar zu erweisen. Als er sie gewahrte, schlug er die Axt ins Holz und lud sie ein, auf dem Baumstamm Platz zu nehmen.

Auf Bitten von Nicolas wiederholte Cecily ihre Erzählung von der Karte, ein bißchen verschämt, als sie gestand, daß Robin sie gestohlen habe. Inzwischen studierte John Stern das Pergament. Als sie Brasilia erwähnte, spielte ein leichtes Lächeln um seine Lippen. Aber er wartete, bis sie fertig erzählt hatte.

»Eine hübsche Geschichte, Mistress«, bemerkte er. »Es schmeichelt mir, daß Ihr und Euer Bruder solchen Anteil an meinem armseligen Geschick nehmt. Aber ach! dies ist nicht eine Karte von Brasilia oder einer fernen Insel. Sie liegt viel näher. Es ist keine andere als die Insel Wight.«

»Die Insel Wight«, rief Nicolas aus und rückte näher. »Die ist doch bei Southampton. Ist Southampton auf der Karte vermerkt?«

»Nichts ist vermerkt«, sagte Onkel John mit zusammengezogenen Brauen. »Kein Name ist angegeben. Weder Southampton noch Newport, die beiden großen Häfen, sind eingezeichnet. Das ist alles höchst seltsam. Hier ist ein kleines Kreuz, ich nehme an, das soll die kleine Ortschaft Lepe bezeichnen; von dort steuern manche die Insel an. Es gibt dort einen alten Kai, die Römer sollen ihn erbaut haben. Bei Gunards Bay auf der Insel – am Zielpunkt dieser Überfahrt

– ist eine weitere Kennzeichnung, aber wieder kein Name. Dann eine Reihe von Markierungen quer über die Insel und ein weiteres Kreuz beim Dorf Shanklin auf der anderen Seite. Unter all dem kann ich mir nichts vorstellen. Es scheint eine gewöhnliche Karte zu sein, nicht besonders gut gezeichnet, aber ganz deutlich.«

»Bist du sicher, daß das die Insel Wight ist?« beharrte Nicolas.

»Verdammt, Junge, natürlich bin ich das«, versetzte sein Onkel gereizt. »Schließlich habe ich jede Bai und jede Bucht in diesen Gewässern befahren. Hier ist East Cow und West Cow, wenn man hinauf nach Newport segelt, und dieser große Meeresarm bei Lepe geht über in den Fluß, auf dem man nach Beaulieu gelangt . . .«

»Beaulieu?« unterbrach Cecily plötzlich. »Die Abtei von Beaulieu?«

Er zeigte ihr die Karte. »Die Abtei ist nicht vermerkt, Mistress, aber sie liegt etwa hier, am oberen Ende der Bucht. Als ich ein Junge war . . .« Er begann mit einer seiner Erzählungen, die Nicolas zu einer anderen Zeit entzückt haben würde. In diesem Augenblick aber vernahmen sie aus der Ferne unüberhörbar eine Stimme, die nach ihnen rief. Es war die Stimme von Mistress Fetterlock.

Rasch entriß Nicolas seinem Onkel die Karte, schob Cecily vor sich her, über die Mauer, und auf einem Seitenweg direkt zu den Stallungen, aus denen sie heraustraten, um eine Strafpredigt über sich ergehen zu lassen: anstatt ihre Körbe mit Himbeeren zu füllen, trieben sie sich im Stall herum und dufteten nach Pferd!

Später, nach dem Essen, kehrten sie in den Obstgarten zurück, um alles genau zu besprechen. Beide waren voller unterdrückter Aufregung.

»Hast du bemerkt, daß er Beaulieu gesagt hat?« fragte Cecily eifrig.

Nicolas nickte. »Ja, und in Beaulieu hast du deine Großeltern besucht.«

»Ja, und dort sah ich euren Leach und Krötengesicht mit den Packpferden. Sie gingen nicht nach Southampton, dessen bin ich gewiß. Meinst du nicht, sie könnten auf dem Weg zu diesem Lepe gewesen sein? Dein Onkel sagte, dort sei ein Kai.«

»Gut möglich. Die Galeere könnte dort anlegen, nachdem sie Southampton verlassen hat.«

»Aber warum dann die Karte von der Insel Wight?« rief sie.

Plötzlich klatschte Nicolas in die Hände. »Ich hab's. Meiner Treu, das ist doch sonnenklar. Die Wolle wird über das Wasser transportiert, von Lepe zu dieser Bucht, von der mein Onkel sprach. Dann müssen sie sie über die Insel schaffen – auf dem Weg, der da bezeichnet ist. Und auf der anderen Seite wartet die Galeere auf sie. Messer Antonio sagte das ja, erinnerst du dich?« Sie sah ganz verwirrt aus, so daß er innehielt und sich entschuldigte. Er habe nicht daran gedacht, daß sie nicht dabei gewesen war. »Die Galeere liegt bei der Insel Wight vor Anker, um Trinkwasser an Bord zu nehmen. Das ist so üblich. Mein Onkel erzählte das auch. Das Wasser von der Insel hält sich länger frisch als jedes andere. Und wenn sie außer Wasser auch Wolle an Bord nehmen – wer soll das schon merken?«

»Deshalb also wurde die überzählige Wolle in Southampton nicht in die Listen eingetragen?«

»Natürlich, sie kommt ja gar nicht in die Nähe von Southampton – und natürlich werden auch keine Steuern bezahlt. Messer Antonios dreißig Ballen sind völlig einwandfrei. Über diese kann er jede verlangte Auskunft geben und mit dem Rest tun, was er will, weil niemand weiß, daß der überhaupt existiert. Oh, wenn ich doch nur meinen Vater finden könnte.«

»Wird er bald nach Hause kommen?«

»Ich weiß es nicht. Er ging erst nach London, um Messer Antonio aufzusuchen, und wurde dann nach Calais gerufen. Als wir in Winchester waren, kamen wir dieser Angelegenheit gefährlich nahe, und Messer Antonio muß befürchtet haben, daß mein Vater ihn beargwöhnte. Deshalb versuchte er, meinem Vater zu schaden, ehe mein Vater ihm schaden konnte, und darum streute er unwahre

Gerüchte über ihn aus. Wenn die Leute glauben, daß mein Vater ein Betrüger ist, schenken sie auch dem, was er über andere sagt, keine Beachtung.«

Cecily nickte wieder. »Das stimmt«, sagte sie. »Aber die Wolle! Wie kommt sie denn dorthin? Als ich jene Packpferde im New Forest sah, – woher kamen die denn?«

Plötzlich fiel es Nicolas wie Schuppen von den Augen. »Von Leach«, rief er aus. »Kind, koste es, was es wolle, wir müssen in Leachs Scheune eindringen und sie uns von innen besehen.«

Das Naheliegendste war, jetzt das zu tun, was sein Vater ihm geraten hatte: die Angelegenheit Master Richard vorzutragen. So machte Nicolas sich unverzüglich auf den Weg zum Pfarrhaus und nahm die Karte mit. Wieder fand er den Priester im Garten. Aufmerksam und mit wachsender Erregung hörte er Nicolas' Geschichte an. Noch ehe er sie ganz beendet hatte, zog Master Richard ihn in sein Zimmer und rollte die Karte auf seinem Pult aus. Das sei alles vollkommen klar, erklärte er schließlich. Es gebe nicht den geringsten Zweifel. Die Karte sei der Schlüssel zu der ganzen Angelegenheit. Er würde einen Brief an Master Fetterlock schreiben und einen schnellen Boten damit losschicken.

»Aber die Scheune, Sir. Wir müssen sehen, was in der Scheune ist. Könnten wir nicht die Richter bitten, das Tor aufzubrechen?«

Der Priester schüttelte den Kopf. »Nicht so hastig, mein Sohn. Noch haben wir keinen Beweis, noch sind nicht alle Glieder dieser Kette geschmiedet. Du mußt Geduld haben.«

Verzweifelt seufzte Nicolas. Wie sollte er immer weiter Geduld aufbringen, wenn doch eben der Beweis, nach dem sie suchten, ohne Zweifel in der Scheune zu finden war. Sein widerspenstiger Gesichtsausdruck entging Master Richard nicht.

»Ich sagte dir, du solltest beten, mein Sohn«, sagte er. »Und schau, was dein Gebet bereits bewirkt hat. Diese Karte ist dir wie durch ein Wunder in die Hände gespielt worden. Jetzt geh in die

Kirche, und zwar in die Kapelle des Heiligen Thomas von Canterbury. Der ist der Schutzpatron deines Vaters. Flehe ihn an, deine Bitte zu erhören.«

Nicolas betrat die Kirche. Er betete nur selten in der Kapelle des Heiligen Thomas , nicht einmal für seinen Vater, weil sie um einige Stufen erhöht über einem Gewölbe lag, in dem man, wie ihm seine Kinderfrau erzählt hatte, die Gebeine all der vor Jahrhunderten verstorbenen Menschen bestattet hatte. Heute nahm er sich zusam-

Die Damen waren im Garten versammelt.

men, erklomm die Stufen und kniete allein in der kleinen Kapelle hinter dem Lettner. Winzige Lämpchen leuchteten vor dem Altar und ließen kleine Gegenstände aus Gold und Silber aufglänzen – Dankopfer von Einwohnern Burfords, die nach Canterbury gewallfahrtet und gesund wieder zurückgekehrt waren, deren Gebete Erhörung gefunden hatten. Eine Wandmalerei zeigte den Heiligen, wie er von den vier Rittern mit gezückten Schwertern ermordet wurde. Nicolas ertappte sich bei dem Gedanken, daß man unmöglich ein Schwert auf diese Weise schwingen konnte. Gleich darauf rief er sich wieder zur Ordnung, flüsterte sein Bittgebet und eilte ins

Freie. Cecily würde ungeduldig darauf warten zu erfahren, was er ausgerichtet hatte.

Zu seinem Mißvergnügen fand er alle Damen im Garten versammelt, mit Laute und Viola, mit Zuckerwerk und einem Geschichtenbuch zum Vorlesen, so daß er für die nächsten Stunden keine Gelegenheit fand, mit Cecily allein zu sprechen. Endlich, als die Sonne zu sinken begann, wurden die kleinen Stechfliegen zu seinen Verbündeten. In dem allgemeinen Aufbruch, als man Kissen, Hokker und Musikinstrumente wieder ins Haus schaffte, gelang es ihm, Cecily ein paar Worte zuzuflüstern und einen Treffpunkt im Obstgarten zu vereinbaren.

Er hatte kaum angefangen zu erzählen, was der Priester gesagt hatte, als Fußtritte durch das Tor stapften, das zwischen dem Obstgarten und den Ställen lag. Es war Hal.

Nicolas blickte ihn erstaunt an, denn in Cecilys Gegenwart zeigte Hal immer das Benehmen eines scheuen und wortkargen Dieners. Und jetzt kam er hier in den Garten gestapft, den er ohne besondere Aufforderung niemals betrat, und war so rot und atemlos und aufgeregt, daß Nicolas einen Augenblick lang glaubte, er sei betrunken.

»Schaut, junger Herr!« rief er. »Seht nur, was ich hier habe! Mistress Cecily, seht!« Er streckte ihnen seine große Hand entgegen – auf der Handfläche lag ein dicker, eiserner Schlüssel.

Nicolas blieb der Mund offen vor Erstaunen. Ein Gedanke schoß ihm durch den Kopf, aber er sprach ihn nicht aus. Das konnte nicht sein, das konnte einfach nicht sein.

Cecily war es, die fragte: »Was ist das?«

»Der Schlüssel zu Leachs Scheune«, antwortete Hal und wartete ab, um die Wirkung seiner Worte zu beobachten.

Ob das nun wirklich ein Wunder war oder nicht, sie mußten ihm zuhören, wie das zugegangen war. Leach war an jenem Nachmittag mit einem schmerzenden Zahn zum Bader gekommen. Hals Onkel hatte erklärt, da könne man nichts machen, der Zahn müsse heraus.

Und weil Leach ein kräftiger Mann war, hatte Nash Helfer holen lassen, die ihn festhalten mußten. Der Zahn war hartnäckig, und es gab einen langen Kampf. Währenddessen hatte Hal nach unten geblickt und den Schlüssel, der aus dem Gürtel des Verwalters gerutscht war, auf dem Boden liegen sehen. Schnell hatte er seinen Fuß darauf gestellt, und der unglückliche Mann, von Schmerzen benommen, war weggegangen, ohne den Verlust zu bemerken.

Leach büßt einen Zahn ein.

Nicolas fand seine Sprache wieder. »Kommt«, rief er. »Wir müssen sofort gehen, kommt, zur Scheune.«

Aber ganz so einfach war die Sache nicht. Sobald er zu Hause angekommen war, hatte Leach den Verlust seines Schlüssels bemerkt und einen Boten zum Bader geschickt. Nur mit Ausreden, Späßen und halben Lügen war es Hal gelungen, den Schlüssel zu behalten. Sein Onkel hatte gesehen, daß er ihn hatte, und das einzige, was er erreichen konnte, war, eine Botschaft zurückzuschicken, daß Hal innerhalb der nächsten Stunde Leach den Schlüssel in sein Haus in Westwell bringen würde. Es wäre schierer Wahnsinn, wenn sie alle miteinander zu der Scheune gingen. Möglicherweise saß Leach sogar dort, um Wache zu halten. Wenn Hal alleine ginge, könnte er auf seinem Weg nach Westwall versuchen, in die Scheune zu schlüpfen um zu sehen, was darin war.

Nicolas war außer sich, aber wie sie die Sache auch drehten und wendeten, Hal hatte recht. Sie mußten ihn allein gehen lassen, und es war keine Zeit mehr zu verlieren.

Es fiel ihm sehr schwer, ruhig ins Haus zu gehen, gelassen das Abendbrot zu verzehren und dann auch noch ein Spiel Backgammon zu spielen. Nicolas stand immer wieder auf und lief zum Fenster, bis seine Mutter ihn fragte, was mit ihm los sei. Als er antwortete, ihm sei heiß und er müsse hinaus an die frische Luft, befahl sie ihm streng, ruhig sitzen zu bleiben. Er habe wohl ein Fieber. Sie würde ihm vor dem Zubettgehen einen Rhabarber-Trank geben. Er fing Cecilys vergnügten Blick auf, aber diesmal ärgerte er sich darüber. Sie hatte gut lachen. Nicht ihr Vater war es, der sich in Schwierigkeiten befand.

Endlich war er allein und stand am Fenster seiner Schlafkammer unter dem Dachgiebel. Mit einigem Geschick hatte er sich des Rhabarber-Tranks entledigt, indem er ihn in eine offenstehende, mit Kräutern gefüllte Truhe kippte, die in der Destillier-Kammer seiner Mutter stand, wo sie das Gebräu hergestellt hatte. Vielleicht würde sie die Kräuter am nächsten Morgen etwas feucht finden, aber Rhabarber hinterließ keinen Geruch, und außerdem war es ihm sowieso gleichgültig. Leise riegelte er das Fenster auf und blickte hinaus auf die Straße.

Er brauchte nicht lange zu warten. Im Licht des Halbmondes sah er, wie sich eine Gestalt näherte, und dann ein fahles Gesicht, das nach oben blickte. Er winkte mit einem Tuch, zum Zeichen, daß er gesehen hatte und schlich die Treppe hinunter.

Hal wartete am Hoftor.

»Ich war in der Scheune«, flüsterte er, »aber es war stockdunkel. Säcke waren da, Wollsäcke, alle fertig gepackt und vernäht. Und viele waren es. Aber in der Dunkelheit konnte ich sie nicht zählen.«

»Und der Schlüssel?« fragte Nicolas besorgt.

»Ich habe ihn zurückgebracht«, sagte Hal. »Das ging nicht anders. Aber keine Sorge – erinnerst du dich an die kleine Tür? Ich fand sie und habe den Riegel aufgeschoben. Sie ist gut hinter den Säcken versteckt, ganz unauffällig. Auf diese Weise können wir jederzeit hinein.«

Die Brücke bei Burford.

Federn

Nicolas lag wach und grübelte. Zunächst schien es ihm, als ob sie nun alles herausgefunden hätten, was sie wissen mußten. Wenn die Scheune von Leach voller gestohlener Wolle war, konnte er dem Gericht vorgeführt werden, und damit käme alles in Ordnung.

Aber stimmte das auch? Sein Vater hatte Schwierigkeiten wegen Wolle, die in Frankreich entdeckt worden war; was konnte es ihm helfen, wenn hier in Burford ein unehrlicher Verwalter an den Pranger gestellt, geschlagen oder sogar gehängt wurde? Wer konnte beweisen, daß Leach – ganz zu schweigen von den Lombarden – die Schuld trug an den Vergehen, die seinem Vater angelastet wurden? Nein. Er mußte einen Weg finden zu zeigen, daß die von Leach gestohlene Wolle die gleiche war wie die, die über die Insel Wight nach Frankreich reiste und auf dem Markt von Rouen auftauchte. Er setzte sich auf und starrte in die Dunkelheit.

Plötzlich hatte er die Lösung. Die Säcke mußten gekennzeichnet werden. Er mußte mit Hal in die Scheune eindringen und sie mit einem geheimen Zeichen versehen, das erst bemerkt werden würde, wenn es erforderlich war. Dann konnte sein Vater der Gilde sagen: »Wenn die nächsten Säcke, die ihr in Rouen findet, so und so markiert sind, kann ich euch genau erklären, wie sie dort hingelangt sind«. Ganz erfüllt von einem Gefühl des Triumphes gelang es ihm endlich einzuschlafen.

Erst als er versuchte, Cecily und Hal seinen Plan auseinanderzusetzen, stellte sich heraus, wie schwierig die praktische Durchführung war. Wie, forschte Hal, könnten sie die Säcke kennzeichnen, ohne daß Leach die Markierung sofort bemerkte?

Diese Frage beunruhigte sie alle drei, und keiner schien eine Antwort zu wissen. Immerhin hatte Hal eine wichtige Neuigkeit zu berichten. Leachs Gesicht war angeschwollen, so dick wie ein Kürbis, und er wollte nach Oxford reiten, um dort einen Bader zu konsultieren, der einen noch besseren Ruf hatte als Will Nash. So würde er den ganzen Tag fort sein. Das war wie eine Erhörung ihrer Gebete. Ohne Angst vor Entdeckung würden sie in die Scheune eindringen können.

Inständig bat Cecily, sie doch mitzunehmen. Aber Nicolas war dagegen, denn wenn ihre Mutter davon erfuhr, würde sie bestimmt Mistress Lovejoy mitschicken. Und wenn sie sich, wie schon einmal, heimlich davonstahl, würde ihre Abwesenheit ganz sicher auffallen – denn diesmal brauchten sie Zeit und konnten sich nicht beeilen. Es würde vielleicht viele Stunden dauern. Cecily kümmerte das nicht, eine Tracht Prügel war ihr lieber, als zu Hause zu bleiben und alles zu versäumen.

So gab Nicolas schließlich nach. Wieder einmal sattelten sie in aller Heimlichkeit ihre Pferde. Hal, auf Dickons Stute, ritt voraus und nahm den Weg über Westwell, um sich zu vergewissern, daß Leach tatsächlich nach Oxford aufgebrochen war. Nicolas und Cecily ließen sich mehr Zeit und versuchten so weit wie möglich im Schutz der Bäume und Hügel Deckung zu finden. Nicolas hatte einen Lederbeutel bei sich, in dem ein Metallstempel mit dem Fetterlock-Siegel sowie ein Stempelkissen steckten, die er aus dem Kontor seines Vaters entwendet hatte. Er wußte zwar noch nicht, ob und wie er sie brauchen könnte, aber er hoffte auf eine Eingebung.

Trotz seines längeren Weges hatte Hal noch vor ihnen die Scheune erreicht. Als sie über die Kuppe des Hügels kamen, gab er ihnen ein Zeichen, daß die Luft rein sei. Er hatte sein Pferd hinter den gleichen Schlehdornbäumen versteckt, die Nicolas bei seinem letzten Besuch Schutz gewährt hatten; und hier banden sie auch Petronel und Meadowsweet an.

Hal hatte die kleine Tür hinter dem Holunderstrauch schon ausprobiert. Sie war noch immer unverriegelt und ließ sich so weit öffnen, daß sie sich gut hindurchzwängen konnten. Klopfenden Herzens machte Nicolas den Anführer.

Zunächst schien es innen derart dunkel, daß er befürchtete, sie könnten nichts sehen. Die Scheune war so hoch wie eine Kirche und einzig von den goldenen Sonnenstrahlen erleuchtet, die durch die schmalen Fensterschlitze drangen. Stäubchen und Spinnenweben tanzten in diesen Lichtstreifen, und die Schatten dahinter waren um so schwärzer. Hal tastete sich vorwärts, bis er die dunkelste Ecke erreichte.

»Hier ist es einfacher«, sagte er, und seine Stimme hallte so laut, daß die zwischen den Dachsparren hockenden Hühner aufgeregt zu gackern anfingen. »Wenn ihr die Augen eine Minute lang zumacht, könnt ihr hinterher besser sehen.«

Das stimmte. Je mehr sie sich an die Dunkelheit gewöhnten, desto heller schien sie zu werden, bis sie deutlich die Umrisse der Säcke ausmachen konnten, die säuberlich verpackt und in ordentliche rechteckige Form gebracht am anderen Ende der Scheune aufgereiht waren.

»Hier sind sie«, rief Hal. »Zwei, vier, sechs – –« fuhr er laut zählend fort, »– zwanzig. Und ich wette, die beste Schurwolle. Schau, Master, sie sind schon markiert. Da ist überall das FL. Es sieht so aus, als hätten sie die Leinwand schon vor dem Verpacken gestempelt.«

Nicolas untersuchte sie, auch seine Augen hatten sich jetzt an das Halbdunkel gewöhnt.

»Wenn ich sie an der Unterseite stempelte«, meinte er zögernd, »würde man das vielleicht nicht merken. Und ich kann den Stempel kreuzweise benützen, dann sieht es anders aus.«

Hal schüttelte den Kopf. »Sie sind noch nicht verschnürt«, sagte er. »Um sie zu verschnüren, muß man sie umdrehen, und dann wird eine andere Kennzeichnung bestimmt entdeckt.«

Sie überlegten hin und her. Hal wollte in die Ecke eines jeden Sacks eine Kerbe einschneiden, während Nicolas an seinem Stempel festhielt. Unterdessen war Cecily in der Scheune umhergewandert. Als sie wieder zu ihnen kam, hielt sie etwas in ihren geschlossenen Händen.

»Wie wäre es damit?« fragte sie.

Nicolas guckte sie an. »Was hast du da?«

»Federn«, antwortete sie einfach. »Hühnerfedern. Da drüben steht ein ganzer Sack voll. Wahrscheinlich, um Kissen damit zu stopfen. Könnten wir nicht in jeden Ballen ein paar Federn stecken? Die würden an der Wolle kleben bleiben.«

»Allerdings würden sie das«, rief Hal. »Mistress, Ihr habt's! Wenn die Federn erst einmal zwischen der Wolle stecken, kriegt man sie nie mehr heraus!«

Von jetzt an war das Glück auf ihrer Seite, und alles verlief reibungslos. Sie mußten zwar jeden Sack aufschneiden und wieder zunähen, aber an einem der Haken hing eine große Schurschere und an einem anderen baumelte ein Strang Arras-Garn mit einer Packnadel daran. Hal wußte auch mit dem Stich Bescheid, er hatte nach der Schur beim Packen geholfen. Und Cecilys Hand war klein genug, um durch winzige Löcher greifen zu können. Die ganze Sache war in ungefähr einer Stunde erledigt und alles wieder an Ort und Stelle gebracht. Die Säcke standen aufgereiht wie zuvor und warteten auf ihre Reise nach Frankreich. Sie machten von außen einen durchaus unschuldigen Eindruck, aber in seinem Innern barg jeder eine reichliche Handvoll Hühnerfedern.

Frohgemut ritten sie nach Hause zurück. Doch dort warteten Unannehmlichkeiten auf sie. Mistress Bradshaw hatte überall nach ihrer Tochter gesucht und war zu der Überzeugung gelangt, sie sei entweder ertrunken oder entführt worden. Als sie Cecily erblickte – sehr lebendig und sehr schmutzig – schlug ihr Kummer in Zorn um. Sie verlangte umgehend zu erfahren, wo sie gewesen sei. Einer plötzlichen Eingebung folgend, bekannte Cecily, sie hätte beim Verpacken von Wolle geholfen. Das machte die Sache nur noch schlimmer.

»Du bist wie eine gewöhnliche Schlampe in der Gegend herumgeritten, ohne deine Mutter, ohne deine Kammerfrau?« wetterte ihre erzürnte Mutter.

Das war zuviel für Nicolas. Er trat einen Schritt vor.

»Madam, ich bitte um Vergebung«, sagte er unerschrocken.« Da Mistress Cecily nun einmal die Frau eines Wollhändlers wird, ist es nur angemessen, daß sie auch die damit zusammenhängenden Arbeiten kennenlernt. Ich habe sie heute morgen zum Packen mitgenommen. Wenn Ihr erzürnt seid, so bitte ich Euch daran zu denken, daß die Schuld bei mir liegt.«

Schweigend und voller Erstaunen starrten die beiden Mütter ihn an. Dann schickte Mistress Bradshaw ihre Tochter zu Bett. Nachdem Cecily gegangen war, zog sich auch Nicolas unter tiefen Verbeugungen zurück.

Als er die Tür hinter sich schloß, hörte er noch die Stimme seiner Mutter – »Es heißt zwar, daß Söhne ihren Müttern nachschlagen, aber ich sage Euch, Madam, soeben habt ihr meinen Gatten gesehen.«

Nach all diesen aufregenden Erlebnissen war das Warten und Herumsitzen schwer zu ertragen, insbesondere, da Nicolas beschlossen hatte, niemand dürfe von dem Geheimnis der Scheune etwas erfahren. Zu gern wäre er damit herausgeplatzt und hätte Giles oder Master Richard oder Onkel John, der am nächsten Tag nach Bristol abreiste, alles erzählt. Aber das war zu gefährlich. Wenn irgendjemand erfuhr, daß Leachs Scheune voller gestohlener Wolle war, würde er sich womöglich verpflichtet fühlen, die Sache vor den Richter zu bringen. Denn jedermann hatte die Pflicht, einen Dieb festzuhalten oder anzuzeigen, und wenn diese Pflicht versäumt wurde, konnte die Strafe ein ganzes Dorf treffen.

Dann würde man Leach ergreifen, und der ganze Plan würde ins Wasser fallen.

Hal hatte versprochen, die Scheune, und auch Leach, im Auge zu behalten. Er konnte kommen und gehen ohne irgendwelche lästigen Fragen zu riskieren, denn die Schafe boten jederzeit eine ausreichende Erklärung für seine Streifzüge durch die Hügel. Jeden Abend tauchte er auf, um Nicolas Bericht zu erstatten, aber es war immer dasselbe. Die Säcke waren noch da. Nichts hatte sich gerührt.

Endlich eines Abends, als Nicolas schon zu Bett gegangen war, hörte er unter seinem Fenster den langgezogenen weichen Ton einer Hirtenflöte. Ein Blick aus dem Fenster genügte. Taghell lag die Straße im gleissenden Licht des Mondes, und unten stand Hal, in den Schatten des Hauses gedrückt. Geschwind fuhr Nicolas in seine Kleider und stahl sich auf Zehenspitzen die Treppe hinunter. Unter der Tür zum Zimmer seiner Mutter drang Licht hervor; er hielt den Atem an, als er vorbeischlich und betete, sie möge Hals Flöte nicht gehört haben. Wenn Bel jetzt kläffte, war alles verloren. Aber das Glück war auf seiner Seite. Es blieb still hinter der geschlossenen Tür.

Hal keuchte vor Erregung. »Heute nacht gehen sie los«, stammelte er. »Ich war drüben in Westwell, um mich ein wenig umzuschauen und sah Krötengesicht bei dem Haus von Leach. Sie haben ungefähr ein Dutzend Packpferde, und es ist Vollmond. Ich wette, sie ziehen noch vor dem Morgengrauen los. Komm schnell, wir wollen uns unter den Schlehenbäumen verstecken und sie beobachten.«

Das brauchte man Nicolas nicht zweimal zu sagen. Sie rannten los, quer über die Hügel. Zu reiten wagten sie nicht. Der Weg zu Fuß schien ihnen sehr weit, und streckenweise kamen sie wegen der Unebenheiten des Bodens nur langsam voran. Als sie den Kamm des Hügels fast erreicht hatten, bedeutete Hal Nicolas, sich hinfallen zu lassen, damit sie sich nicht gegen den Himmel abzeichneten und leicht zu sehen waren. Die letzten dreißig Meter krochen sie auf allen Vieren und waren erleichtert, als sie sich im dunklen Schatten der Schlehenbäume niederlegen konnten.

Einsam und verlassen, in silbriges Mondlicht getaucht, lag die Scheune vor ihnen, fast so deutlich erkennbar wie im Tageslicht. Einige Minuten verhielten sie sich vollkommen still, aber nichts war zu hören außer dem Geraschel winzigen Nachtgetiers und dem langgezogenen Schrei einer Eule weit hinten im Tal.

»Vielleicht kommen sie erst gegen Morgen«, flüsterte Nicolas.

Im gleichen Augenblick packte Hal ihn warnend am Arm. Auf dem Abhang hinter der Scheune bewegte sich etwas. Mit angestrengten Augen starrten sie in das gleichmäßig silbrige Licht des Mondes. Dann vernahmen sie ein leises Klirren, noch einmal und noch einmal. Eine Männerstimme rief »Sachte!«, und dann tauchte eine Reihe von Packpferden auf, eines hinter dem anderen, die sich deutlich vor der hellen Wand der Scheune abhoben. Zwei Männer ritten heran und hielten; einer saß auf einem dunklen Pferd, eine schattenhafte, kaum erkennbare Gestalt, – sie hielten ihn für Krötengesicht. Der andere, deutlich schwarz und weiß gefleckt, konnte niemand anderes sein als Leach auf seiner scheckigen Stute.

Unter dem Schutz der Bäume beobachteten sie wie gebannt, wie er absaß und das große Tor aufschloß. Sie konnten es knarren hören. Er rief etwas – was, konnten sie nicht verstehen – und zwei oder drei Leute kamen zwischen den Pferden hervor und verschwanden

Im Schutz der Schlehenbäume.

in der Scheune. Jemand zündete ein Licht an, und bald leuchteten ein paar Laternen auf, die sich wie zwei Glühwürmchen in der Finsternis hin und her bewegten. Dann wurden die Pferde eins nach dem andern vor das Tor geführt und die Wollsäcke herausgebracht und aufgeschnallt. Leach erteilte seine Anordnungen in ganz gewöhnlicher Lautstärke, und auch die Treiber antworteten ebenso laut, sprachen zu ihren Pferden oder fluchten, als ob man an diesem abgelegenen Ort keine Vorsicht walten zu lassen brauchte.

Einmal trat Leach aus der Scheune heraus und blickte um sich, wie wenn er den Horizont absuchte. Er richtete seinen Blick auf die Schlehenbäume und starrte sie endlos lange an. Nicolas und Hal hielten den Atem an. Hatte er sie entdeckt? Fast schien es so. Dann wandte er sich ab. Sie hörten ihn rufen: »Kurz nach Mitternacht, denke ich«, und merkten, daß er am Stand des Mondes die Zeit abgeschätzt hatte.

Endlich waren die Ballen verladen – sie zählten ihrer zwanzig. In der Stille der Nacht vernahmen sie, wie der Schlüssel im Schloß knirschte. Die Treiber ordneten den Zug, der sich langsam in Richtung Süden in Bewegung setzte. Die Hühnerfedern hatten ihre Reise nach Frankreich angetreten.

Nicolas und Hal waren steif und kalt, und ihre Glieder schmerzten, als sie sich wieder bewegten. Obwohl das, was sie eben beobachtet hatten, den Höhepunkt all ihrer Pläne bedeutete, waren sie so müde, daß sie keinerlei Aufregung mehr verspüren konnten und schweigend nach Hause trotteten.

Doch als Nicolas wieder in seinem Bett lag, konnte er nicht einschlafen und wartete auf die Morgendämmerung. Eines gab es noch, was er zu tun hatte. Sobald es Tag wurde, mußte er seinem Vater schreiben.

Sein Brief ging zusammen mit einem Schreiben von Master Richard ab. Voller Erstaunen hatte der Priester die Geschichte angehört und nichts als hin und wieder »Gut! Gut!« gesagt. Und sein Ratschlag, nachdem er alles gehört hatte, war einfach: Er ermahnte sie Geduld zu haben und zu beten.

Es fiel ihnen sehr schwer, wiederum nur geduldig zu sein. Sie hatten schon so viel warten müssen. Zunächst sprachen sie von nichts anderem, wann immer sie zusammen waren, Nicolas und Hal, Nicolas und Cecily, oder alle drei. Sie glaubten fest daran, daß bald etwas Aufregendes geschehen würde; es mußte doch von irgendwoher Nachricht kommen. Aber ein Tag nach dem anderen verging, und nichts ereignete sich außer dem Alltäglichen. Leach tauchte wieder auf und von niemandem wurde erwähnt, daß er überhaupt weggewesen war.

Von Master Fetterlock kam kein Wort. Er schien noch immer in Calais aufgehalten zu werden.

Dann traf plötzlich ein Brief ein, den niemand erwartet hatte. Master Bradshaw schrieb und entschuldigte sich, daß er nicht nach Burford kommen könnte. Er gab zu verstehen, daß es an der Zeit sei, daß Frau und Tochter nach Hause zurückkehrten. Cecily war verzweifelt. Jetzt nach Hause zu reisen und nicht mitzuerleben, was geschehen würde, war mehr, als sie ertragen konnte. Sie und Nicolas steckten ihre Köpfe zusammen, Master Richard wurde ins Vertrauen gezogen, und am Ende machte Mistress Fetterlock Mistress Bradshaw den Vorschlag, Cecily noch bei ihnen zu lassen, um hausfrauliche Fertigkeiten zu erlernen, da doch ein Mädchen leichter bei jemand anderem als der eigenen Mutter in die Lehre ging. Mistress Bradshaw sah ein wenig zweifelnd drein, aber Cecily bat und schmeichelte und versprach, tüchtig arbeiten zu wollen, bis ihre Mutter schließlich erlaubte, daß sie noch bleiben durfte.

Cecily arbeitet von früh bis spät.

Aber wenn Nicolas und Cecily geglaubt hatten, nun Zeit für einander zu haben, dann hatten sie sich getäuscht. Mistress Fetterlock fühlte sich ganz in ihrem Element und hielt Cecily von früh bis spät in Trab. Sie mußte kochen und nähen, spinnen und Leinen für ihre eigene Ausstattung weben oder Spulen für Mistress Fetterlocks Webstuhl wickeln; und in der Zwischenzeit ging sie in die Kirche.

Nicolas kam sich überflüssig vor und wandte sich wieder den Schafen zu. Wenn es auch bis zum Winter noch lange hin war, wurden die Herden schon sortiert und voneinander getrennt – die tragenden Mutterschafe kamen auf die saftigsten Weiden, die einjährigen Tiere auf die Hochebenen, damit die Vliese dicht wurden, und diejenigen Tiere, deren Häute Schaffelle ergeben sollten, wurden für die Schlachtung am Martinstag ausgesondert. Die Mauern der Pferche wurden ausgebessert und die Scheunen gereinigt und wasserdicht gemacht. Über den steinernen Dächern der kleinen Stadt lagen herbstliche Nebel und vermengten sich mit den blauen Rauchsäulen, die von den abendlichen Feuern aufstiegen.

Ein solcher Herbstabend war es, als Master Fetterlock zurückkehrte.

Nicolas erfuhr davon, als er, über das Geländer der steinernen Brücke gebeugt, eine Angel ins Wasser hielt. Der Fuhrknecht des Bäckers kam vorbei; ziemlich unbequem hockte er auf zwei Säcken Mehl, die einem alten, weißen Gaul aufgepackt waren. Nicolas drückte sich in eine Ausbuchtung der Brücke, um sie vorbeizulassen. Aber mit einem »Heda!« hielt der Mann an und rief Nicolas zu:

»Junger Herr, wißt Ihr, daß Euer Vater heimgekommen ist?«

Erst konnte Nicolas kaum begreifen, was er da hörte. Dann rief er dem Mann einen Dank zu und rannte den langen Hügel hinauf. Er dachte nicht daran, daß er schmutzig und ungekämmt war, er rannte durch den Hausgang geradewegs in die Halle. Er dachte auch nicht mehr an irgendwelche höflichen Begrüßungen – er stürzte auf seinen Vater zu und blieb keuchend vor ihm stehen.

Thomas Fetterlock legte seine Hände auf Nicolas' Schultern.
»Mein Sohn«, sagte er mit seinem stillen Lächeln, »du hast mir wahrhaftig gute Dienste geleistet.«

Erst als das Abendessen beendet und der Tisch abgedeckt war, begann Master Fetterlock zu berichten, was sich alles ereignet hatte. In seinem Lehnstuhl vor dem lodernden Reisigfeuer, einen Becher warmes Bier in der Hand, begann er seine Erzählung. Mistress Fetterlock, auf einem Polsterstuhl, drehte ihre Spindel; Cecily, auf einem niedrigen Hocker, unterhielt das Feuer mit dürren Lavendelstengeln, während Nicolas, die Arme um die Knie geschlungen, gar nichts tat; wie gebannt blickte er seinen Vater an.

»Als ich Burford verließ«, begann Master Fetterlock, »ritt ich eilends nach London mit der Absicht, Messer Antonio aufzusuchen und zur Rede zu stellen. Er sollte mir sagen, warum er alle die schlimmen Gerüchte ausstreute, die meinen guten Ruf und mein Vermögen zu zerstören drohten. Ich suchte sofort das Quartier auf, wo die Lombarden zu wohnen pflegen. Dort erfuhr ich, daß Messer Bari, der eine Woche lang dagewesen war, an eben diesem Morgen nach Southampton abgeritten sei. Da ich die Lombarden nun beargwöhnte, überlegte ich, weshalb er so bald schon wieder dorthin reiste, bis mir einfiel, daß eine weitere Galeere von Flandern, auf ihrer Heimreise nach Italien, fällig war. Erinnerst du dich, mein Sohn, daß man uns das im Hafen von Southampton erzählt hat?«

Nicolas nickte, ohne ein Wort zu sagen. Seine Augen ließen das Gesicht seines Vaters nicht los.

»Es schien natürlich, daß Messer Antonio mit der Galeere zusammentreffen wollte. Aber wo immer ich in London hinkam, überall hörte ich die gleiche Geschichte über mich, daß Master Fetterlock, Kaufherr der Gilde, in Geldnot sei und auf eine Katastrophe zusteuere. Das hatte seine Wirkung. Hier und da traf ich auf alte Kunden, die nichts mehr mit mir zu tun haben wollten. Dann erhielt ich eine weitere Aufforderung von Calais, mich wegen der gleichen alten Anschuldigungen zu verantworten: die frisierten Säcke. Immer mehr von ihnen tauchten auf, vollgestopft mit allem erdenklichen Ausschuß. Ich sprach mit dem Großmeister der Gilde und machte zu meiner Verteidigung geltend, daß ein unehrlicher Verwalter hinter der Sache steckte. Diese Verteidigung wurde anerkannt, doch mußte ich meinen gesamten Besitz – ja sogar mehr – als Sicherheit für diese Rechtsverletzung geben. Das alles aber ließ sich aufklären, und ich wartete auf ein Schiff für die Heimreise, als neue Schwierigkeiten auftauchten. Du hast wohl davon gehört, mein Sohn?«

»War es das, was Ihr Master Richard schriebt, von dem Markt in Rouen?« fragte Nicolas.

Sein Vater nickte. »Das war es«, sagte er. »Das Geschick wollte es – ich hätte beinahe gesagt ›Mißgeschick‹, aber es zeigte sich, wie gut es war, daß das alles passierte; ich wiederhole, das Geschick wollte es, daß ein Beamter der Gilde den Markt von Rouen besuchte. Dort fand er Säcke mit ausgezeichneter Cotswolds-Wolle mit dem Fetterlock-Siegel. Als er nach Calais zurückkehrte, brachte er die Angelegenheit vor den Obersten Rat der Gilde. Man stellte fest, daß es sich um einen Teil jener Wolle handelte, die die Lombarden über die Alpen nach Italien transportieren durften, wofür ich mit meinem gesamten Hab und Gut Bürgschaft geleistet hatte. Nicht nur sollte ich die fünfhundert Pfund bezahlen, die Gilde glaubte vielmehr, daß ich mit den Lombarden unter einer Decke steckte. Sie wiesen nach, daß die Wolle, die ich nach Calais und Brügge geschickt hatte, als feinste Cotswolds-Wolle deklariert, schierer Abfall war. Dahingegen war die Wolle in Rouen hervorragend, die beste der Schur. Es war verständlich, daß sie glaubten, das wäre auf mein Betreiben hin geschehen. Sie warfen mich in den Kerker der Burg von Calais. Dort sollte ich auf meinen Prozeß warten. Wie lange ich dort saß, ich weiß es nicht, es müssen Wochen gewesen sein. Ich glaubte, ich sei am Ende, da brachten sie mir einen Brief meines Sohnes.«

Er hielt inne und lächelte Nicolas zu.

»Dieser Brief bedeutete die Wende meines Geschicks. Er beschrieb alles so klar, daß selbst die Herren der Gilde keine Zweifel mehr hatten, wie die gute Wolle aus der Scheune eines betrügerischen Verwalters zur Insel Wight reiste, den Zoll umging und dann auf der Galeere der Lombarden zu den Märkten in Frankreich gelangte. Aber vor allem erbrachte er den Beweis: Wenn die nächsten Säcke die gleiche Route nähmen, würden sie markiert sein. Ein Bote der Gilde wurde nach Rouen entsandt, und die Wolle tauchte auch tatsächlich auf, mit Hühnerfedern garniert. Das war ein glänzender Einfall – eine echt weibliche List. Es will mir so vorkommen, Mistress Cecily, ich habe nicht nur einen Sohn , auf den ich stolz sein kann, ich werde eines Tages vielleicht auch eine Tochter haben, die ihm ebenbürtig ist.«

Cecilys Augen funkelten; ihr ganzes Gesicht leuchtete vor Freude. Eine kurze Pause entstand. Dann sagte Mistress Fetterlock mit einiger Schärfe, sie habe von dem ganzen nichts gewußt; sehr merkwürdig, daß ihr die Kinder nichts erzählt hätten. Und was komme nun als nächstes? Sei die Sache jetzt erledigt?

»Das nächste ist«, sagte ihr Gatte, »daß ich noch einmal nach London reite und Nicolas mit mir kommt.«

Daraufhin entstand eine allgemeine Aufregung. Wieder stellte Mistress Fetterlock eine Reihe von Fragen. Was sie in London zu tun hätten? Und was mit den Lombarden geschehen sei?

»Die Lombarden sind im Gewahrsam des Großmeisters der Gilde. Sie sitzen, glaube ich, im Marshalsea-Gefängnis in London. Es soll eine Gerichtsverhandlung stattfinden vor dem Obersten Rat in der Guildhall, dem Rathaus der Stadt London. Ich bin beauftragt worden, den wichtigsten Zeugen herbeizuschaffen.«

Zweifelnd blickte ihn Nicolas an. Selbst jetzt war er sich noch nicht über alles im klaren.

»Wer ist dieser Zeuge?« fragte er. »Ist das Master Leach?«

Sein Vater schüttelte den Kopf. »Master Leach wird mit uns reiten«, sagte er. »Aber mit dem Unterschied, daß er als Gefangener mitreitet, der gemeinsam mit den angeklagten Lombarden vor die Schranken des Gerichts treten wird. Der Hauptzeuge, mein Sohn, ist ein Mann von Ehre. Sein Name ist Nicolas Fetterlock.«

Nachwort

Ehe ihr dieses Buch aus der Hand legt, möchtet ihr vielleicht ein wenig mehr über die Bilder erfahren und über die Orte, die in der Geschichte vorkommen.

Burford liegt, wie in den Tagen von Nicolas, noch immer auf dem Hügel, der sich bis hinunter zu dem Windrush-Flüßchen zieht. Es ist heute natürlich größer, als es damals war, aber in der Sheep Street ist das Haus noch zu sehen, das ich als das Haus der Fetterlocks gezeichnet habe. Auf der gegenüberliegenden Seite stehen heute andere Häuser, aber aus Nicolas' Schlafzimmerfenster könnte man zweifellos noch über die Dächer zu den Bäumen des »Spitals von St. Johannes dem Evangelisten« blicken, so wie damals, als Onkel John von den Brüdern des Augustinerordens gepflegt wurde. Im Jahre 1493 war Master Richard Chauncellor tatsächlich Vikar von Burford, und in der Kirche ist die Seitenkapelle des Heiligen Thomas von Canterbury zu sehen, die angeblich über einem Gewölbe voller Gebeine errichtet wurde, vor denen Nicolas sich insgeheim fürchtete. Das Armenhaus gibt es noch, ebenso wie die Brücke; und die alte Straße über den Kamm des Hügels, auf der die Packpferde entlangzogen, ist heute die Autostraße von Oxford nach Cheltenham und Gloucester.

Die Fetterlocks sind eine frei erfundene Familie, und eine Gedenktafel für Nicolas' Großeltern in der Kirche von Burford gibt es nicht; aber derartige Gedenktafeln für Wollhändler kann man sowohl in den Kirchen von Burford wie denen von Northleach finden, und auf ihnen sind auch Kaufmannssiegel zu sehen, ähnlich wie das, welches ich mir ausgedacht habe.

Northleach ist auch eine kleine Stadt mit einer großartigen Kirche, die Zeugnis ablegt für den Wohlstand der einheimischen Wollhändler. Master Midwinter liegt dort begraben, seine Gedenktafel kann man besichtigen. Er war ein wohlbekannter Wollhändler, und in seinen Briefen bezieht Master Richard Cely sich des öfteren auf ihn – jener Master Richard Cely, der wirklich mit einem Falken auf der Faust in den Cotswolds umherritt und Wolle kaufte.

Auf der Kartenskizze könnt ihr den Wegen folgen, auf denen Nicolas mit seinem Vater auf seinen Reisen entlangritt. Sie überquerten die Themse bei der Radcot-Brücke, und Master Fetterlock bemerkte, daß sie schon zweihundert Jahre alt war und er sich nicht wundern würde, wenn sie noch weitere Jahrhunderte überdauerte. Er hatte recht; denn das war im Jahr 1493, und sie steht noch heute. Die kleine Statue gibt es nicht mehr, nur noch einen Teil ihres Sokkels. Das Bild der Radcot-Brücke ist auf Seite 92.

In Newbury wurde etwa dreißig Jahre nach der Zeit, in der unsere Geschichte spielt, anstelle der St. Nicolas-Kirche eine neue erbaut; Master Bradshaw stellte fest, daß die alte zu klein war (Seite 109). Jack O'Newbury, der berühmteste Tuchhändler von Newbury, spendete das Geld für den Neubau. Als ich an den Bildern für dieses Buch arbeitete, sah ich in einer Zeitung eine Photographie der Fronleichnams-Prozession von 1950. Sie war für mich die Anregung für die Mittelgruppe der Zeichnung von der Fronleichnamsprozession auf Seite 148.

Das Gasthaus »Zum Heiligen Georg« in Winchester blüht und gedeiht noch heute, wenn es auch des öfteren umgebaut worden ist. Und die Kathedrale ist natürlich im wesentlichen noch gerade so wie damals, als Nicolas sie sah. Southhampton hat sich stark verändert, wenn auch noch genug von der alten Stadtanlage übrig ist, um die Rekonstruktion zu rechtfertigen, von der ich am Anfang des Kapitels »Stadt der Schiffe« erzähle. Das Bargate war damals stark befestigt, mit Zugbrücke und Fallgattern, da es von der Landseite her den Eingang zur Stadt darstellte. Heute steht es in der Mitte der Hauptstraße, und an beiden Seiten brandet der Verkehr vorbei. Aber in dem Torgewölbe kann man das kleine Kontor des Stadtzolls noch finden, in dem Master Fetterlock die Listen einsah, als er versuchte, seiner gestohlenen Wolle auf die Spur zu kommen. Ein großer Teil der alten Stadtmauer steht noch; auch von dem Wallgraben, der sie umgab, sind noch Reste vorhanden. Durch das Meer und den Wallgraben war Southampton eine Art Inselfestung. Wahrscheinlich lagen in jenen Tagen rings im Wallgraben Boote, auf denen die Waren durch mehrere kleine Wasser-Tore in die Stadt gebracht wurden. Die Zeichnung auf Seite 184 ist sehr klein, aber vielleicht vermittelt sie euch doch eine Vorstellung von dem, was Nicolas erblickte, als er im Jahre 1493 auf die Stadt zuritt. Das »Wool House« (Zeichnung auf Seite 187) ist, äußerlich unverändert, noch vorhanden.

Lepe, an der Mündung des Flußes Beaulieu, ist heute ein so winziges Dorf, daß es nur auf großen Karten verzeichnet ist; doch pflegten die Römer, die durch den New Forest eine Straße von Lepe nach Southampton gebaut hatten, die Überfahrt zur Gurnards-Bucht auf der Insel Wight von Lepe aus vorzunehmen. Es ist auch eine Tatsache, daß die ausreisenden Schiffe an der Süd-Ostküste der Insel anlegten, um Trinkwasser an Bord zu nehmen, das sich länger frisch hielt als anderes.

Im vierten Kapitel erklärt Messer Atonio Nicolas den Zweck der Bronze-Medaille von Lorenzo de Medici, die auf Seite 39 abgebildet ist. Eben diese Medaille kann man im Victoria- und Albert-Museum in London sehen, auch noch viele ähnliche, sowohl von berühmten wie von gewöhnlichen, längst vergessenen Menschen. Diese Medaillen, eine Art von Vorläufern der modernen Photographie, stellten damals die einzige Möglichkeit dar, sein Porträt an seine Freunde zu verschenken. Wer in das Museum geht, sollte einige Zeit bei den großen Glasvitrinen verweilen, wo solche Medaillen ausgestellt sind. Sie werden euch gefallen; es ist, wie wenn man sich ein Album mit sehr alten Photographien anschaut, – nur können diese Bronze-Medaillen nicht, wie Photographien, verblassen. Sie sehen heute noch genauso aus wie damals, als sie angefertigt wurden.

Im Victoria- und Albert-Museum kann man auch das Original

des Hockers von Seite 48 besichtigen, den Löffel und die Gabel von Seite 106, Gefäße wie die, die Messer Antonio, mit Süßigkeiten gefüllt, aus Italien mitbrachte, und noch manch andere kleine Gegenstände, die in diesem Buch abgebildet sind.

Schließlich wird es euch sicher interessieren zu erfahren, daß das Treiben Messer Antonio Baris auf Tatsachen beruht, wenn ich auch Namen und Jahr geändert habe. 1458 gab es eine berühmt gewordene Untersuchung in der Guildhall, dem Rathaus von London, die sich mit den Vergehen eines Messer Simon Nori befaßte, eines vornehmen lombardischen Kaufherrn und Bevollmächtigten der Medici, der beschuldigt wurde, Wolle geschmuggelt und Woll-Packer dazu angestiftet zu haben, Säcke zu »frisieren«.

Cynthia Harnett

Eine Ladung »Einhorn« verschwindet

Die abenteuerliche Geschichte von Londons erstem Drucker. Aus dem Englischen von Lena Lademann-Wildhagen. 256 Seiten, gebunden, mit zahlreichen Zeichnungen (ab 12 J.).

Im 15. Jahrhundert führen Kaufleute zum ersten Mal Papier in großen Mengen nach London ein. Bendy, der als Lehrling bei Caxton, der den Buchdruck nach England einführte, arbeitet, ahnt nicht, daß seine Halbbrüder etwas mit dem Verschwinden von Caxtons Papier zu tun haben . . .

Inge Ott

Der Cid

Das Leben und die Heldentaten des berühmten spanischen Ritters Rodrigo Diaz von Vivar, 2. Auflage, 240 Seiten, gebunden (ab 13 J.).

»El Cid« – das ist der sagenumwobene Nationalheld des erwachenden Spaniens, leidenschaftlich verwickelt in die Kämpfe des sich bildenden spanischen Königreiches.

Inge Ott

Geier über dem Montségur

Der heldenhafte Kampf einer Schar auserlesener Ritter gegen König und Papst. 189 Seiten, gebunden (ab 13 J.).

»Dieses Buch schildert den tapferen, trotz aller Aussichtslosigkeit doch zuversichtlichen Kampf der Ritter auf der Burg des Montségur gegen das zahlenmäßig weit überlegene Heer des französischen Königs und der vom Papst aufgebotenen Kreuzritter. Es ist das schönste Jugendbuch, das wir seit langem gelesen haben.«

Gegenwart

Mary Ray

Flucht nach Delphi

204 Seiten, gebunden, mit zahlreichen Zeichnungen.

Einem Waisenjungen, der mißgünstigen Verwandten entflieht, gelingt es, in die Sängerschule am Tempel von Delphi aufgenommen zu werden. Er bildet sich zum Sänger und Dichter heran, und seine größte Sehnsucht erfüllt sich, als er bei den delphischen Spielen den Dichterlorbeer erringt, während sein Jugendfreund, den er dort wiedertrifft, sportlichen Ruhm erringt.

Rosemary Sutcliff

Robin Hood

Aus dem Englischen von Sabine Gabert, 258 Seiten, gebunden, mit zahlreichen Zeichnungen (ab 12 J.).

Robin Hood findet als Geächteter Zuflucht in den Wäldern. Bald hat er sich den Ruf des Beschützers der Armen gegen reiche Ausbeuter und Unterdrücker erworben. Die bekannte englische Jugendbuchautorin Rosemary Sutcliff schildert die verwegenen Taten der Männer aus dem »Greenwood« fesselnd und farbig.

NORTHLEACH

In *Northleach* ist der Treffpunkt der Wollhändler.

Burford in den Cotswo der Schauplatz dieser schichte, Nicolas lel Burford.

LEACHS SCHEUNE

In *Faringdon* hat der Abt von Beaulieu ein Haus.

In *Newbury* stehen viele Webstühle, dort wird Tuch hergestellt und ein großer Jahrmarkt abgehalten. Cecily wohnt in Newbury.

Packpferde auf Wolltransport.

Southampton, eine von Mauern umgebene Stadt, ist ein großer Hafen; dort laden Galeeren Seide und Gewürze aus und nehmen Wollballen an Bord.

BEAULIEU

Beaulieu, im New Forest, ist eine Abtei der Zisterzienser.

In *Lepe* bauten die Römer einen Kai.

Auf der *Insel Wight* gibt es gutes Trinkwasser und manchmal einen Seeräuber.